한국 정당정치 연구방법론

나남
nanam

나남신서 · 1649

한국 정당정치 연구방법론

2012년 10월 19일 발행
2012년 10월 19일 1쇄

편저자_ 장 훈 · 임성학 外
발행자_ 趙相浩
발행처_ (주) 나남
주소_ 413-756 경기도 파주시 교하읍
출판도시 518-4
전화_ (031) 955-4601(代)
FAX_ (031) 955-4555
등록_ 제 1-71호(1979.5.12)
홈페이지_ http://www.nanam.net
전자우편_ post@nanam.net

ISBN 978-89-300-8649-3
ISBN 978-89-300-8001-9(세트)

책값은 뒤표지에 있습니다.

나남신서 · 1649

한국 정당정치 연구방법론

장 훈 · 임성학 外

나남
nanam

Approaches to Studying Korean Political Parties

by

Hoon Jaung, Sunghack Lim & associates

nanam

머리말

학문의 자유가 급격히 신장된 지난 20여 년 사이에 가장 눈에 띄는 성장을 거듭해온 분야의 하나로서 정치학에서는 틀림없이 정당·선거 분야를 꼽을 수 있다. 소규모 모임이던 정당연구회는 열성적인 회원들이 꾸려가는 역동적인 학회로 성장하였고, 〈한국정당학회보〉는 이 분야 전공자들의 논문만으로도 매년 수십 편의 논문을 출판하기에 이르렀다. 또한 정당·선거 연구자들은 다양한 경로를 통해 우리 사회의 공론과정에 적지 않은 영향을 미치고 있다.

이 같은 눈부신 양적 성장과 뚜렷한 대조를 이루는 것은 정당연구의 적실성과 의미의 빈약함에 대한 최근의 진지한 반성이다. 일련의 연구자들은 최근 들어 그간 실증주의가 지배해온 정당연구의 이론적, 사회적 적실성에 대해서 문제를 제기하기 시작하였다. 이는 단지 양적 성장 이후에 찾아오는 공허감이나 새로운 도약을 위한 막연한 고민 이상의 의미를 갖는다.

모든 정치학은 마땅히 당대 정치사회의 성격을 깊이 반영하게 마련이다. 이 점에서 지난 수십 년간 한국의 정당연구가 미국 사회과학이 주도해온 실증주의의 깊은 영향하에 놓인 것은 지극히 자명한 이치였을 것이다. 하지만 이제 우리는 곳곳에서 '미국의 세기' 이후에 다가오는 (무) 질서에 대해서 생각하기 시작했고, 시선은 점차 미국이라는 지평을 넘어서는 곳으로 향하고 있다. 따라서 정당연구 역시 그간의 익숙한 지평선 너머를 고민할 시점에 도달한 셈이다.

이 책은 그간 실증주의가 주도해온 정당연구의 공헌을 계승하면서도 그 한계를 넘어서기 위한 노력의 일환이다. 2011년 초 정당학회는 이런 문제의식을 가지고 정당연구의 전문가를 섭외하고 집필방향과 내용에 대해 논의하였다. 필자들은 기존 정당연구가 지닌 이론의 적실성의 한계와 더불어 다양한 방법론과 이론의 모색이라는 관점에서 연구의 새로운 나침반을 함께 찾아 나섰다. 필자들은 전통적 연구방법인 합리적 선택이론(김재한), 정치경제 접근(유진숙), 역사적 접근(박명림)에서부터 새로운 시도인 복잡계 이론(임성학), 정치인류학(이현출), IT정치론(장우영, 금혜성), 참여관찰 방법(김용호)에 이르기까지 정당연구의 다양한 흐름과 새로운 가능성을 짚어보기로 하였다.

각기 다양한 이론과 방법을 검토하면서도, 우리는 몇 가지의 공통적인 강조점에 도달하였다. 첫째, 한국의 정당연구의 대상은 훨씬 더 확장될 수 있고, 또 그래야만 한다는 점이다. 예컨대 김재한은 합리적 선택이론이 선거연합이나 유권자의 전략적 투표 등에 대한 분석을 넘어서, 한국 정당의 주요한 구성요소인 계파나 개별 정치인들의 행동과 선택을 분석하는 데에도 크게 유용할 수 있음을 지적한다. 또한 이현출은 주요 정당정치인들의 생애사나 구술사의 축적을 통해서, 지금까지 거의 외면되어온 정당정치 행위자들의 내면과 의식에 대한 분석을 시도할 수 있다고 강조한다.

둘째, 정당연구의 방법론적 혁신을 위해서는 다양한 방법론과 접근들 사이의 융합과 소통이 매우 절실한 과제라는 점이다. 장우영과 금혜성은 온라인상의 정치행위들이 오프라인상의 정치적 맥락(예를 들면 제도적 환경에 대한 제도론적 분석)에 대한 분석과 결합될 때 좀더 입체적으로 이해될 수 있음을 밝혔다. 또한 김용호와 이현출은 선거과정에 대한 참여관찰을 통해서 기존의 실증주의 분석의 대종을 이루는 집합자료나 설문조사 자료에 대한 분석 등이 보완되고 강화될 수 있다고 주장한다.

셋째, 정당연구는 여전히 이론을 날카롭게 다듬으면서 이를 통해 이론의 적실성을 높여야 하는 과제를 안고 있다는 점이다. 예컨대 유진숙은 연구자들 사이에서 개념과 조작적 접근을 둘러싼 공통의 언어와 틀이 개발될 때 이론의 심화에 다가갈 수 있다고 본다. 또한 김재한은 국내 학자들이 제시하는 연구성과를 우리 스스로 적극적으로 또한 비판적으로 축적해 갈 때 이론의 심화를 이룰 수 있다고 역설한다.

우리 필자들이 모여서 이 책을 준비하는 동안 유형, 무형의 지원을 적지 않게 받았다. 한국연구재단이 지원하는 "민주주의의 삼중 위기" 팀과 함께한 워크숍은 공동연구가 흔히 겪는 몇 가지 조정의 문제를 해결하는 데 큰 보탬이 되었다. 또한 의회발전연구회는 2011년 봄 정당학회 학술회의에서 필자들이 초고를 발표할 수 있도록 도움을 아끼지 않았다. 또한 이 연구는 한국의회발전연구회의 2011년도 연구용역 과제인 "한국적 정당연구방법론의 모색 및 정당연구 외연의 확대"를 통해 학술적, 재정적 도움을 받았다. 정당학회 회원들이 수년 만에 내놓는 공동연구의 결실인 이 책이 정당연구의 심화에 미력이나마 도움이 되기를 희망해 본다.

저자를 대표하여 장 훈 · 임성학

나남신서 · 1649

한국 정당정치 연구방법론

차 례

제 1 장

한국 정당연구의 적실성 문제와 역사적 접근으로의 전환 *

장 훈 중앙대

동지들이여 오시오. 드디어 유럽의 게임은 끝났소. … 이제 새로운 역사를 시작하는 것은 제3세계의 문제요.
– 프란츠 파농(Frantz Fanon)

어쨌든 철학은 항상 늦게 오기 마련이다. 세계에 대한 사유로서 철학은 오로지 현실이 자신의 형성과정을 완결하고 끝마쳤을 때에만 등장한다. … 미네르바의 부엉이는 황혼이 시작될 무렵에야 비로소 날기 시작하는 것이다.
– 프리드리히 헤겔(George Wilhelm Friedrich Hegel)

1. 문제의 제기: 한국 정당연구의 적실성 문제와 스트라우스의 탄식

최근 정당연구자 집단 내에서 한국 정치학의 오래된 아킬레스건을 다시금 주목하려는 움직임이 활발해지고 있다. 정당연구가 과연 오늘의 한국 정당현실에 대해 적실성 높은 설명을 내놓고 있는지에 대한 자기 점검이 다양한 각도에서 제기된다(강원택, 2009; 김용호, 2008; 장훈, 2009). 한편에서는 대중정당형 정책정당이 한국 민주주의의 핵심과제

* 이 글은 한국연구재단 한국사회기반연구사업(NRF-2010-330-B00027) "한국국익론: 이론, 역사, 실천"의 지원으로 이뤄졌으며 〈한국과 국제정치〉(27권 2호, 2011년)에 게재되었다.

라는 입론에 대해서, 서유럽 민주주의의 역사경험을 단순히 한국 현실에 짜 맞추려는 유럽중심주의라는 비판이 제기된다(장훈, 2009). 다른 한편에서는 미국 경험의 영향을 적지 않게 받은 이른바 '원내정당론'의 현실적합성에 대한 비판과 반비판이 활발해지고 있다(임성호, 2003; 정진민, 1999·2008·2009; 최장집·박찬표·박상훈, 2007).

사실 정당연구를 포함한 한국의 정치학과 사회과학에서 이론의 현실적실성에 대한 문제의식은 간헐적이지만 끈질기게 지속되었다. 1970년대 중반 문승익이 자아준거적 정치학이라는 개념을 통해서 이 문제를 체계적으로 제기한 이후에도 이론의 자아준거성 혹은 현실적실성이라는 문제는 한국 정치학의 의식 주변을 꾸준히 맴돌았다(문승익·백창재·정병기, 2007; 임희섭, 1999; 이홍구, 1986). 예를 들자면, 역대 한국의 정치학회장들은 취임연설에서 이론의 현실적실성 문제를 반복적으로 제기하면서 이에 대한 근본적 성찰을 촉구하곤 하였다.[1)]

정당연구에서 적실성 논의가 새삼스레 활발해지는 이유로는 여러 가지를 떠올릴 수 있지만, 문제의 핵심은 정당현실의 위기의 지속과 정당연구의 활성화라는 희비쌍곡선의 기이함에 있다. 현실세계에서 한국 정당은 민주화 이후 20여 년간 축적해온 역사에도 불구하고 여전히 위기라고 할 수 있다. 정당과 정부의 관계, 정당과 시민사회의 연계와 대

1) 1986년 회장연설에서 이홍구 교수는 "근대 한국 정치학 백 년: 그 한계성의 극복을 위한 자성"이란 연설에서 현대 한국 정치학은 내용과 형식의 외래성과 이에 함몰되지 않으려는 주체지향성이라는 두 갈등적 요소에 의해 이끌려왔으며, 이는 유길준의 《정치학》에서부터 꾸준히 이어진다고 역설하였다. 이후에도 1996년 신정현 회장, 1994년 김호진 회장, 2004년 심지연 회장도 취임연설에서 한국 정치학의 정체성과 적실성의 문제를 상기시켰다.

표, 정당의 내부동태에 위기의 증상은 다양하고도 깊게 드러나고 있다(송경재, 2007; 임성학, 2009; 장훈, 2010).

그런데 정당현실의 위기와는 대조적으로 정당연구는 양적으로나 질적으로 급속히 성장해왔다고 할 수 있다. 정당의 사회적 지지기반의 변동, 정당엘리트와 당원들의 이념성향, 정당들의 이합집산과 불안정성의 요인들을 비롯한 다양한 측면들에 대한 경험적 연구가 꾸준히 축적되었다. 하지만 이러한 정당연구의 양적, 질적 성장에도 불구하고, 현재의 정당연구는 '스트라우스의 탄식'으로부터 자유로울 수 없다. 1950년대 미국 정치학에서 이른바 행태주의 혁명이 본격화하고 이에 대한 찬반논쟁이 가열되는 와중에서, 고전적 정치학의 미덕을 옹호하던 스트라우스(Leo Strauss)는 실증주의 혁명의 불모성을 강렬히 비판한 바 있다. 즉, 서구 민주주의의 현실이 밖으로는 전체주의의 위협에 의해서, 안으로는 자유주의의 내재적 취약함 때문에 위기에 봉착했음에도 불구하고 〔역사 속의 민주주의를 상징하는 로마는 불타는데(*Rome was burning*)〕, 행태주의자들은 무의미한 연구에 몰두한다고(*fiddlers fiddled at liberalism's pyre*) 비판하였다.[2] 같은 논리에서 한국의 정당은 연구의 활성화와 현실의 위기라는 패러독스 안에 갇혀 있다. 숱한 연구업적의 축적에도 불구하고 한국 정당은 조직적으로, 정치적으로, 정책적으로 취약한 상태에서 벗어나지 못하였으며, 결과적으로 한국 민주주의의 성숙을 견인하지 못하였다.

구체적으로 말하자면, 현재의 정당연구를 양분하는 거시접근과 실

---

2) Barber, 2006: 542에서 재인용. 당시의 방대한 논쟁에 대한 최근의 간략한 재조명으로는 Barber(2006), Smith(2006)를 볼 것.

증주의 연구는 한국 현실에 대해 적실성 있는 연구문제를 설정하고 이를 토대로 정당현실을 설명하고 이해하는 데 심각한 한계를 안고 있다. 거시접근은 서구중심주의적 역사관에 사로잡혀, 한국의 정당현실에서 무엇이 결핍되었는가를 검토하는 데 집중하는 이른바 '부재(不在)의 사회과학'에 머물러 있다. 또한 실증주의 연구는 연구문제가 연구활동을 이끌기보다는 자료의 가용 여부와 방법론이 연구활동을 이끄는 '과학적 정치학'의 한계에 갇혀 있다.

정당연구의 적실성을 높이기 위한 연구전략으로서, 이 글에서 우리는 한국 정당정치의 역사로 돌아갈 것을 제안하려 한다. 역사로 돌아간다고 할 때, 우리가 다른 지역과 차별화되는 독자적인 현실을 '한국적인 것'으로 절대화하거나 낭만화할 것을 제안하려는 것이 아니다. 정당현실을 포함한 정치현실은 역사적으로 조건 지어진다는 관점에서 한국정당의 역사적 뿌리를 탐구하지만, 이와 같은 역사적 조건은 서구경험과의 단순 비교보다는 오히려 주변부 발전국가와의 비교를 통해서 탐구될 수 있다고 본다.

이 글은 다음의 순서로 전개된다. 2절에서는 그동안 한국 정당연구를 이끌어온 두 개의 큰 흐름이 연구활동의 적실성에서 안고 있는 문제를 비판적으로 논의하게 될 것이다. 3절에서는 1970년대 이후 실증주의 정치학에 대한 비판적 흐름 속에서, 미국의 정치학이 적실성을 회복하려는 노력의 일환으로 추진했던 역사적 접근의 수용배경, 논리, 사례들을 검토할 것이다. 끝으로 4절에서는 한국 정당연구가 보다 적실성 높은 연구를 지향하기 위하여 역사적 접근을 수용하려 할 때 채택 가능한 연구전략을 간략히 논의할 것이다.

2. 정당연구의 두 흐름과 적실성의 위축 : '부재의 사회과학'과 '과학적 사회과학'의 문제

1987년 민주화 이후 정당연구는 한국 정치학의 핵심분야의 하나로 성장하였는데, 이는 크게 두 가지의 대별되는 접근이 주도해 왔다. 하나는 미국 주류 사회과학의 영향을 깊이 받은 실증주의 접근이며, 다른 하나는 거시적이고 구조적인 측면을 강조하는 구조적 접근이다.

이 가운데 정당연구의 주도적 위치를 차지하는 것은 실증주의 접근인데, 이는 1987년 민주화 이후 진행된 한국 정치학의 실증주의 혁명에서 비롯되었다고 할 수 있다. 1940~1950년대 미국 정치학에서 절정에 오른 실증주의 혁명이 한국 정치학에서 1987년 이후에 이뤄진 것은 우연이 아니다. 무엇보다 1987년 민주화와 더불어 정치적 경쟁과 참여가 실질적인 의미를 얻으면서, 정당선거 정치가 정상화된 것이 1차적인 요인이었다. 권위주의 시대와는 달리, 선거경쟁이 실질화되고 정당들의 역할이 확대되면서 정당선거 정치의 다양한 측면에 대한 경험적 분석이 실질적인 의미와 중요성을 갖게 되었다. 권위주의 시대의 정당선거 정치가 갖가지 유형의 관권선거, 금권선거를 통한 불법과 탈법행위로 얼룩졌다면, 1987년 이후의 정당선거 정치는 부정, 탈법선거라는 과거의 관행으로부터 대체로 벗어났다. 이와 더불어 주로 미국에서 실증주의 방법론으로 훈련받은 연구자의 대폭적인 유입이 1990년대 이후에 이뤄졌다.[3] 따라서 실증적 방법론으로 무장한 연구자와 정당선거

3) 1990년대 이후 미국에서 훈련받은 연구자들의 대거 유입의 1차적인 뿌리는 제 5 공화국 정부하에서 이뤄진 대학정원의 대폭확대와 해외유학 규제의 완화였다.

정치의 정상화가 만나면서, 정당선거 정치의 다양한 측면들에 대한 분석적 연구가 질적, 양적으로 괄목할 만한 성장을 이루었다.4)

또한 이 같은 실증적 분석을 가능케 하는 다양한 자료의 공급이 급격하게 팽창하였다. 선거경쟁의 실질화와 더불어 정당선거 정치의 여러 측면에 대한 경험적 자료가 다양하게 구축되고 연구자들에게 공급되었다. 선거가 거듭되면서 여론조사 회사, 정치컨설팅 회사가 늘어났을 뿐만 아니라 언론기관이나 연구기관, 선거관리위원회도 방대한 양의 경험자료를 제공하기 시작하였다.

그러나 이 같은 실증주의 혁명은 '자의식이 충분하지 않은 혁명'의 한계를 안고 출발하였다. 실증주의 접근의 방법론은 매우 세련되고 수준 높은 방식으로 유입되어 정당선거 정치의 행태분석에 기여하였지만, 실증주의 정치학이 미국에서 성립되던 배경이나 그 사회적 기능과 역기능에 대한 면밀한 검토는 빈약한 상태였다. 따라서 실증주의 연구가 한국의 정당현실이나 정치현실 분석에 어떤 의미와 기능/역기능을 갖는지에 대한 자기의식과 의문은 대체로 생략되었다.

구체적으로, 근대 서구에서 확립된 자연과학의 핵심적 특징인 법칙정립적 과학주의가 미국 정치학에서 본격적으로 확립되기 시작한 것은 1920년대 전후의 일이다. 19세기의 내전과 산업화, 정치현상의 전국화를 거치면서 20세기 초반에 들어 미국 사회에서 민주주의와 자본주

4) 1990년대 초반에 선거에 대한 실증적 연구를 전문으로 하는 연구자 집단인 선거연구회가 태동하였고, 이 무렵 정당연구회도 시작되었다. 이들 연구자 집단은 이후에 한국정당학회와 한국선거학회로 확대 발전하면서, 회원 수의 빠른 증가, 독자적인 학술지의 창간, 연구자들의 정체성을 확보하면서 성장하였다. 물론 이들 연구자 집단의 성장에 대한 학문사적 분석은 아직 이뤄지지 않았다.

의가 안정적으로 지속되리라는 폭넓은 합의가 형성되기 시작하였다. 윌슨(Wilson)의 표현에 따르자면, 이제 영속적이고도 독특한 체제가 미국에서 뿌리내렸다는 것이다. 이에 따라서 정치학을 포함한 사회과학은 안정적 민주체제 내에서 발생하는 사회적 문제들을 통제할 수 있는 과학적 지식을 생산하는 역할을 떠맡으면 충분하다는 인식이 지배적 위치를 차지하였다(로스, 1999; 백창재 · 정병기, 2007). 달리 말해, 미국의 정치학은 안정적인 미국 민주주의 안에서 발생하는 단기적 문제들에 대한 처방을 위한 실증주의적 도구로서 변신하였다고 할 수 있다. 이는 결국 로위가 1992년 미국정치학회장 취임연설에서 강렬하게 비판한 바와 같이, 실증주의 정치과학이 미시적인 문제만을 다루고, 언어도 미시적으로 사용하며, 정부가 마주치는 문제들에 대한 처방만을 다루는 과학으로 바뀌었다는 것이다(Lowi, 1992). 이러한 과학화를 통해서 미국 정치학은 현실로부터 멀어지고 이념적 변동을 포함한 정치사회적 변동에 대한 예민함을 잃었다는 것이다.[5]

모든 정치체제는 그 성격에 상응하는 정치학을 갖게 마련이고(Lowi, 1992), 미국 민주주의가 20세기에 구축한 자유주의적 합의체제는 과학적 정치학을 거느렸다고 할 수 있다. 이런 맥락에서 보자면, 우리가 흔히 87년 체제라고 부르는 한국의 민주정치와 정당연구를 포함한 실증주의 정치학 사이에 충분한 조응성이 있다고 말하기는 어렵다. 미시적 문제풀이에 집중하는 실증주의 정치학과, 권위주의 세력과 민주화 세력 사이의 좁은 동의를 토대로 출범한 87년 체제가 적절히 부합하지는

5) 1970~1980년대 역사로의 전환이 시작되면서, 미국 정치학의 역사에 대한 활발한 논의가 함께 이어졌다. 몇 가지 주요한 예를 들자면 Dryzek & Leonard (1995), Gunnell(2004), Seidelman(1985) 등이 있다.

않기 때문이다.

정당선거 정치를 포함한 민주제도와 과정의 측면에 초점을 맞추어 보자면, 이른바 87년 체제가 보수와 진보를 포함한 다양한 정치세력 사이의 폭넓은 합의에 기반을 둔 안정적 체제라고 말하기는 어렵다. 1987년 6·29 민주화 선언 직후에 여야 정당대표들로 구성된 8인 정치회의는 그 해 9월 16일까지 약 70여 일 사이에 100여 개 헌법 개정사항을 포함한 주요 정치제도와 질서에 대한 합의에 이르렀다. 이를 토대로 1987년 12월 대통령 선거가 치러졌고, 이듬해 봄에는 국회의원 선거가 치러졌다.[6] 권위주의 세력과 민주화 세력 사이의 정치협약은 협약내용과 의제의 범주, 참가자의 포괄성 등의 측면에서 단지 협의의 협약이었다고 할 수 있다. 당시 정치협약의 의제는 주로 대통령과 국회의 권한, 대통령과 국회의원 선거제도 등에 집중되었으며, 민주화와 민주주의를 통해서 어떤 가치를 실현할 것인지에 대한 폭넓고 진지한 논의는 부재하였다. 실제로 민주화 세력 내에서도 제도권 야당과 재야라 불리던 민주화운동단체, 노동세력 사이에 민주화를 통해서 실현하려는 가치에 대한 합의는 거의 존재하지 않았다. 또한 민주화 세력 가운데 오직 제도권 야당대표들만이 정치회의에 참여함으로써, 이 협약은 폭넓은 합의를 이뤄내기 어려웠다.

달리 말해 87년 체제는 정치제도의 설계나 지향하는 정치이념과 가치에 있어서 상당한 수준의 분열과 대립을 내포한 체제였다.[7] 예컨대,

---

6) 이행 당시의 정치협약의 내용과 과정에 대한 논의로는 조지형(2010), Cho(2000) 등을 볼 것.

7) 이른바 87년 체제의 성격에 대한 논쟁은 꾸준히 진행되었지만, 최근 들어 논쟁은 다시 활발해지고 있다. 김종엽(2009), 김호기(2007), 손호철(2009) 등의

87년 체제 성립 이후에도 대안적인 정부형태의 개헌을 포함한 개헌논의는 정치권이나 지식인들 사이에서 끊임없이 제기되었다. 비록 정략적인 계산에 따른 것일지라도, 1990년의 3당 합당이나 1997년의 DJP 연합은 모두 내각제 개헌이라는 고리를 매개로 해서 성사된 바 있다. 또한 1987년 민주화를 새로운 출발보다는 과거의 지속으로서의 성격이 더 강하다고 보는 진보적 지식인들은 꾸준하게 개헌을 포함한 정치제도의 변경을 주장해왔다.[8] 결국 좁은 합의, 특히 정치제도를 중심으로 한 타협을 기반으로 출범한 87년 체제는 처음부터 이념적 지향이나 제도설계의 방향을 둘러싸고 꾸준한 대립이 내부적으로 지속될 성격을 내포하였다고 할 수 있다. 이러한 점에서, 정치체제가 마주치는 미시적 문제의 실증적 해결에 집중하는 실증주의 정치학은[9] 체제성격을 규정하기 위한 보수-진보의 각축이 여전히 심각한 87년 체제에 잘 들어맞는 조합이라고 말하기는 어렵다.

87년 체제는 20여 년 이상 존속하였다는 점에서는 성공적이지만, 그 20여 년의 역사 속에서는 중대한 이념적, 사회적 변동이 거듭해서 진행 중이다. 하지만 실증주의 정당연구는 이 같은 이념적, 사회적 변동을 충실하게 설명하기에는 연구질문의 방식이나 방법론이 적절하지 않은

논쟁을 볼 것.

8) 함께하는 시민행동(2007), 양건·박명림·박은정·김재원 외(2008).

9) 물론 실증주의 정치학은 1987년 이래로, 이른바 정치개혁론이라는 주제 아래 1987년에 채택된 정치제도, 특히 선거제도와 정당체제, 의회제도의 변경에 관한 논의를 꾸준하게 지속해왔다. 실제로 2004년에는 이러한 꾸준한 정치개혁 논의가 부분적으로 현실화되어 선거제도, 정당제도의 변경이 이뤄지기도 하였다. 하지만 이 같은 정치개혁론은 대체로 87년 체제가 안고 있는 이념적, 정치적 기원과 맥락에 대한 검토보다는 제도의 효과나 정합성의 관점에서 진행되었다.

경우를 종종 드러내곤 한다. 예를 들자면, 민주화 이후에도 정당의 대표기능이 부실한 현상이 지속되면서, 시민들은 정당보다는 이른바 신사회운동을 주요한 의견집약의 통로로서 의존하였다. 환경보호에서부터 반미운동에 이르기까지 시민들은 신사회운동을 정치적 의제의 표현과 정부에 대한 압력행사의 주요 수단으로 의존하였다. 심지어 2000년 총선에서는 시민들의 연합단체가 기성정당들의 후보공천에 저항하고 비판하는 운동까지 주도하였다. 다시 말해, 동맥경화에 빠진 서구 정당들을 서구 신사회운동이 대체하듯이, 한국에서는 저발전된 정당의 역할을 신사회운동이 대행하는 대의의 대행현상이 폭넓게 진행되고 있다. 하지만 실증주의 정당연구는 이 같은 중대한 변동에 대해서 진지한 관심을 충분히 기울이지 않고 있다. 신사회운동의 정치적 동원과 유지의 메커니즘, 내부의 조직구조와 특성, 구성원들의 배경과 이념성향 등에 대한 연구는 충분치 못하다.[10]

정당연구의 또 다른 큰 흐름은 이른바 구조적 접근이다. 구조적 접근은 국가-정치사회-시민사회의 삼분 구조 속에서 정당의 위상과 역할에 대한 분석을 시도한다. 거시접근의 핵심적 연구문제는 지역주의 정당들에 의한 정당정치의 독과점 현상과 계급정당의 부재현상이라고 할 수 있다. 실증적 접근이 주로 지역주의 투표의 양상이나 지역주의 투표의 등락이라는 미시적 문제에 초점을 맞추는 반면에, 거시접근은 지역

---

10) 사실 그동안의 신사회운동 연구는 대부분 사회학자들이 주도해 왔다. 임희섭(1998), 권태환・임현진・송호근(2001) 등이 그 예이다. 정치학자들이 신사회운동을 포함한 대안적 운동의 분석을 본격화한 계기는 아마도 2008년의 촛불시위였다고 할 수 있다. 정치학자들에 의한 촛불시위의 분석으로는 송경재(2009), 윤성이(2009), 고원(2009) 등을 들 수 있다.

주의 정당 독과점 현상의 저류에 자리 잡은 정치적, 사회적 요건들을 강조해 왔다.

거시접근이 보다 적실성 있는 연구문제에 천착하고 있음에도 불구하고, 정당현실에 대한 적실성 높은 이해를 가로막은 것은 서구 중심적이며 목적론적인 역사관이다.[11] 이 접근은[12] 20세기 초반 서유럽의 몇몇 산업사회에서 출현한 계급균열구조 중심의 대중정당 체제를 정당정치의 이상적인 상태로 상정한다. 따라서 이 접근은 민주화 이후 한국의 시민사회와 정당정치가 빚어내는 현실에 대한 분석과 개념화보다는, 한국에서 왜 계급균열 중심의 대중정당 체제가 출현하지 못하는가의 문제에 집중한다. 20세기 초반 중심부 자본주의 사회 내부의 갈등구조를 토대로 서유럽의 민주화라는 변화의 공간에서 출현하였던 대중정당이 21세기 후발 주변부 자본주의 사회라는 전혀 상이한 시간적, 공간적 맥락의 한국 사회에서 재현되기를 기대한다는 점에서, 이 접근은 유럽의 역사가 공간과 시간을 넘어서 보편적으로 실현될 수 있다는 믿음에 기초해 있다.

하지만 이 같은 믿음은 실제로는 주변부 사회의 현실에 의해서 배반당해왔고, 당연히 한국 사회의 현실과도 동떨어져 있다(강정인, 2004; 고부응, 2005). 중심부 자본주의의 힘에 의해서 왜곡된 사회관계를 갖는 주변부 자본주의 사회에서, 노동-자본의 균열구조가 견실한 조직을 갖춘 대중정당에 의해서 대표되는 강한 정당체제가 등장한 사례는 거

11) 여기서부터 25쪽 중간까지는 장훈(2009: 6~7)의 내용을 일부 수정한 것임.

12) 최장집의 일련의 저작에서 가장 일관되고 체계적인 형태로 제시된 바 있는 대중정당 중심의 '강한 정당론'은 구조-역사접근론, 계급정당론, 진보정당 추진론을 중심으로 폭넓게 수용되고 있다.

의 찾아보기 어렵다.[13] 여기에 더해서 분단체제의 특성과 아울러 지구화라는 새로운 변동의 압력을 받는 한국 사회가 고전적인 대중정당을 정착시킬 하부구조를 가졌다고 보기는 어렵다.

자본주의 사회의 계급정치라는 보편성이 부정될 수는 없다. 그러나 현실에서 실현되는 계급정치는 공간적, 시간적 맥락에 따라 변형되는 복수의 계급정치들로 존재한다. 즉, 계급정치가 정당정치에 반영되는 양식에는 다양한 경로가 존재하는 셈이다.[14] 따라서 우리 사회가 사회적 기반이 공고한 정당체제를 갖추더라도 그 구체적인 모습은 지구화에 따른 새로운 사회적 갈등구조와 분단체제라는 특성 위에서 실현될 뿐, 20세기 초반 영국, 프랑스, 독일의 대중정당 체제가 재현될 수는 없다.

정당정치가 한국 민주주의에서 주변화해 있고, 민주주의 20년의 역사를 통해서도 이 같은 주변성을 벗어나지 못하는 요인과 과정, 그 결과들이 한국 정당연구에서 적실성 높은 연구질문의 요체라고 할 수 있다.[15] 달리 말해 실증주의 접근이 집중해온 미시적 연구질문은 시간과

---

13) "다른 나라에서 일반적으로 발견되는 것처럼 정치갈등의 영역을 전국적으로 최대화하는 계층적, 직능적, 기능적 이익과 균열을 따라 대중을 동원하는" 정당정치가 성립된다는 최장집의 주장은 과장된 것이고 주변부의 현실에 부합하지 않는다. 예컨대 남미와 아프리카, 아시아의 주변부 사회에서 대중정당은 지극히 예외적으로만 출현하였을 뿐, 대부분 진보정당들은 이념적 희석, 취약한 조직과 허약한 사회적 기반에 시달려왔다(Mainwaring, 1999; Randall, 1988).

14) 로버트 영(Robert Young)은 유럽이 걸어온 역사의 보편성을 믿는 대문자 역사(*History*)에서 탈피하여 차이가 인정되는 다양한 역사경로를 받아들이는 것이 유럽 중심주의를 극복하는 출발이라고 본다(Young, 2008: 20).

15) 거시 접근이 집중하는 연구질문인 계급정당의 부재는 이 같은 주변성의 한 측면이라고 할 수 있다.

공간상의 확장을 필요로 하는 셈이다. 87년 체제가 주조한 제도적 질서 안에서의 미시적 행위와 제도의 효과 못지않게 그 같은 제도와 행태의 역사적이고 구조적인 뿌리의 규명이 절실하다고 할 수 있다.[16] 또한 1987년 민주화 과정의 보수적 성격을 강조함으로써 역사적 시선을 1987년이라는 결정적 분기점에만 고정시키는 거시접근 역시 시간적 시야의 확장이 필요하며, 아울러 단선적 역사관의 극복이 절실한 과제로 떠오른다.

우리가 시간적 시야를 확장하고 주변화한 정당현실의 역사적 뿌리를 탐구하는, 이른바 정당연구의 역사적 전환을 시도한다는 것이 단순히 우리 역사를 들여다보고 과거를 탐구하는 낭만적인 역사쓰기를 의미하지는 않는다. 단지 사료를 부지런히 모아서 정당의 역사 이야기를 풀어내는 개별기술적 역사학을 넘어, 사회과학이 지향하는 이론 세우기 방식과 소통할 수 있는 역사적 사회과학으로서의 정당연구 역사론의 방법론적 모색이 이 같은 역사로의 전환의 핵심과제라고 할 수 있다. 실증주의 정치학과 역사적 접근의 대화와 종합을 다양한 차원에서 시도해온 미국 정치학에서의 역사적 접근의 성과와 한계를 우리 나름의 관점에서 비춰보는 작업이 요구된다.

---

16) 예를 들자면, 현행 대통령 중심제의 정부형태를 바꾸거나 혹은 이를 부분적으로 수정하는 개헌논의가 꾸준하게 진행되었지만, 이러한 논의들은 대체로 특정한 제도구성의 효과에 주로 관심을 맞춰왔다. 정작 대통령 중심제가 현대 한국정치의 역사에서 차지하는 위치와 역할, 또한 1980년대 민주화운동과 1987년 이행과정에서 대통령 중심제라는 상징적 언어가 행사하던 의미와 영향력이 이후의 제도선택과 유지에 미쳐온 방식이나 방향에 대한 분석을 찾아보기는 쉽지 않다.

3. 적실성 논쟁의 실마리를 찾아서: 미국 정치학에서 실증주의 이후 역사연구로의 전환

실증주의 정치학의 종주국인 미국에서 그에 대한 반성은 미국 민주주의 현실의 변동에서 비롯되었다. 1960년대 후반 무렵부터 미국에서는 이른바 자유주의적 합의의 붕괴(혹은 자유주의적 합의가 존재한다는 인식의 해체)가 노골화되었다. 흑인 중심의 민권운동, 기성체제의 폐쇄성에 대한 젊은 세대의 저항의 폭발, 자유주의 체제의 이면에 방치되었던 빈곤의 재발견 등으로 인하여 미국 민주주의의 안정성은 붕괴되었다. 이러한 변동에 대한 실증주의 정치학의 무기력한 대응은 실증주의 주류 정치학에 대한 맹렬한 비판으로 이어졌고, 이에 대한 대안을 모색하는 과정에서 역사적 접근을 강조하는 흐름이 일어났다.[17]

달리 말해 정치학을 포함한 사회과학에서, 연구활동의 적실성이란 역사적으로 조건 지어지고(*historically contingent*) 사회적으로 구성되게(*socially constructed*) 마련인 연구질문에 대한 사회과학자들의 대응의 수월성에 달려 있다는 평범한 진리가 미국 정치학에서 1970년대 이후에 점차 회복되었고, 이는 1970년대 이후 역사적 연구가 크게 성장하는 이른바 역사로의 전환(*historic turn*)으로 이어졌다.

변화하는 미국 민주주의의 현실에 대응하고, 실증주의 혁명 이후에 역사로부터 분리되었던 정치학을 다시 역사로 복귀시키는 노력은 미국 정치학에서 1970년대 이후에 방대하게 진행되었다.[18] 하지만 다양한

17) 사회과학 전반에서 진행된 역사로의 전환에 대한 종합적인 정리에 대해서는, MacDonald(1996), Monkonnen(1994) 등을 볼 것.

18) 스카치폴은 최근 글에서 사회과학이 한편으로 변화하는 현실에 예민하게 대응

수준과 시야에서 폭넓게 진행된 정치학 연구의 변화였던 만큼, 이러한 전환의 전모를 여기에서 논의하기는 불가능하다. 다만 다음의 몇 가지 측면에 초점을 맞추어 이러한 전환의 특성을 논의할 수 있을 것이다.

첫째, 미국 정치학이 역사학을 수용하기 위해서 스스로를 어떻게 정의하였는지, 또한 역사학을 어떻게 이해하였는지를 간략히 살펴볼 것이다. 둘째, 이러한 초기의 자기정의 혹은 자기이해를 기반으로, 역사적 전환 이후에 정치학이 추구하려는 변화된 목표 혹은 새로운 자기 정의는 어떤 모습을 갖는지를 검토할 것이다. 셋째, 변화된 목표와 자기정의를 바탕으로, 미국 정치학자들이 어떤 방식으로 역사적 전환을 추구하였는지, 그 구체적인 사례들을 짤막하게 논의해보고자 한다.

1) 두 문화[19]의 자기이해와 소통과 충돌의 기반 : 미국 정치학이 보는 역사학, 미국 역사학이 보는 정치학

사실 정치학이 무엇을 추구하는 학문인지에 대한 폭넓은 합의가 존재하기란 거의 불가능하지만, 실증주의 혁명 이후에 과학화한 정치학, 그리고 역사접근을 통해서 새로운 돌파구를 찾으려는 정치학의 자기정

하고, 동시에 학문공동체 내에서 기존의 접근들과 대화하고 경쟁하면서 새로운 시각을 끊임없이 가다듬는 것이 요구된다는 평범한 진리를 강조하며, 이를 사회과학이 지녀야 할 양날의 칼이라고 표현한다(Skocpol, 2003).

19) '두 문화'(*two cultures*)라는 표현은 스노(C. P. Snow)가 1959년 캠브리지대학에서 행한 리드 강연(Rede Lecture)에서 비롯되었다. 스노는 자연과학과 인문학의 대조적인 논리를 비교 검토하는 데 집중하였지만, 이 글에서 우리는 학문분과 내의 지배적 흐름을 대조하는 데 두 문화라는 표현을 쓰기로 한다(Snow, 1998).

체성은 몇 가지 핵심요소를 품고 있었다. 1990년대 정치학과 역사학의 대화논쟁에 적극적으로 참여했던 잉그람(Edward Ingram)과 슈뢰더(Paul Schroeder)의 입장에 따라서 정리해보자면, 첫째, 정치학은 시공간을 넘어서 일반화가 가능하고 적용 가능한 명제나 이론을 구축하는 데에 목표를 둔다. 반면에 정치학이 보는 역사학은 일반화한 이론보다는 특정한 사례나 사건에 깊이 몰두하며 그에 대한 풍부하고 맥락 민감한 이해와 설명을 추구한다. 둘째, 이에 따라서 정치학자들은 이론을 먼저 수립하고 그 후에 근거와 자료를 찾아가면서 가설과 이론을 지지하려 한다. 한편 역사학자들은 사료와 근거를 우선시하고 그 이후에나 거의 암묵적인 방식으로 설명이나 가설을 제시하는 작업을 시도한다. 셋째, 정치학자들은 이론과 설명의 구축과정에서 간결함(*parsimony*)을 우선적으로 추구하는 반면에 역사학자들은 한 현상이나 사건의 배후에 있는 여러 요인들을 실증적으로 다양한 각도에서 검토함으로써 복합적 인과성(*complex causality*)을 밝히려 노력한다는 것이다(Ingram, 1997; Schroder, 1997).

이처럼 확연히 구분되는 이론적 지향성을 염두에 둘 때, 과학주의 혁명 이후를 지향하는 새로운 정치학은 역사학이 지닌 몇 가지 대안적인 특성들을 수용해야 한다고 판단했다 할 수 있다. 예컨대 설명대상에 대한 풍부하고 맥락 민감한 설명방식이라든가, 단순한 독립-종속변수 사이의 대응보다는 복합적 인과성의 구조를 밝히려는 노력과 같은 특성들이 정치학이 역사로 복귀하는 통로가 될 수 있다고 믿었다.

하지만 정치학이 역사로 복귀하려는 노력은 다양한 비판과 내재적인 함정에 직면하였다. 실증주의 혁명 이후에 상당히 분리된 길을 걸어온 정치학과 역사학이 갑작스레 소통을 시도한다는 것은 이러한 내재적 위험을 안고 출발하는 것이었다.[20] 이러한 어려움은 몇 가지로 분류할 수 있는데, 첫째, 역사로의 귀환을 통해서 정치학이 새로이 지향하려는 이론의 성격이 어떠한 것인지에 대한 논의가 충분하지 않은 채로 급작스레, 다시 말해 충분한 자기성찰이 이뤄지지 않은 채로 갑자기 역사로 뛰어들었다는 비판이 제기되었다(Goldthorpe, 1991). 둘째, 역사학적 접근이나 역사학의 성과가 정치학을 어떻게 도와주고 어떤 방식으로 정치학의 탈과학화에 기여할 수 있을지에 대한 가능성과 구체적인 전략은 진지하게 논의되지 않았다.

이에 따라서 역사로 전환하려 한 정치학자들(사회과학자들)은 몇 가지 전형적인 문제들과 직면하였다. 첫 번째 전형적인 함정은 역사학의 접근방식이나 철학을 정치학의 학문하는 방식 안으로 수용하기보다는 단지 역사학자들의 연구성과를 정치학자들이 자신들의 이론적 주장을 지지하는 버팀목으로 사용하는 경향이다. 대표적으로 신랄한 비판을 받은 것은 사회과학계에서 역사로의 전환의 물꼬를 텄다고도 할 수 있는(혹은 역사적 접근이라는 고전적 접근을 고수했던) 배링턴 무어(B. Moore, 1966)와 그 제자인 스카치폴(Skocpol, 1979)의 연구였다. 프랑스, 러시아, 중국 등지의 근대 정치체제 성립의 구조를 밝히려 시도한 무어의 연구와 프랑스, 중국, 러시아 등의 사회혁명의 구조를 규명하려 했던 스카치폴의 연구가 이러한 비판에 직면하였다.[21] 이들은 역사

20) 정치학을 포함한 사회과학의 여러 분야에서 역사접근을 강조하는 역사학으로의 질주(*rush to history*)가 벌어지기 시작했을 때, 이러한 질주의 위험을 지적하고 나선 것은 물론 주로 역사학자들이었다.

21) 같은 맥락에서 잭 골드스톤(Jack Goldstone)은 근대적 혁명과 인구구조의 관계를 규명하려 했고(1991), 트림버거(Ellen K. Trimberger)는 일본, 터키, 이

학자들이 영국, 프랑스, 러시아, 중국의 근현대사에 대해 구축해온 성과를 완제품의 형태로 도입해서 자신들이 축조하는 이론의 집의 벽돌로 사용했다는 비판에 직면하였다(Goldthorpe, 1991: 220~221).

문제의 뿌리는 무어나 스카치폴이 자신들의 이론 틀의 논증과정에서 동원하는 역사학의 연구성과들이 실은 확정된 사실이라기보다는 하나의 해석이라는 데에 있다. 이미 20세기 역사학에서 거의 합의된 바와 같이, 역사학자들의 연구성과란 단순한 사료의 집합이 아니다. 역사학적 성과는 역사학자들이 사료로부터 뽑아낸 추론과 논증을 담은 연구자의 해석인 셈이다. 무어나 스카치폴이 사회과학적 이론의 집을 짓는 과정에서 마치 단단한 벽돌처럼 사용한 역사학의 성과는 고정불변의 사실이라기보다는 역사학자들 사이의 경쟁 속에서 진화하고 변화해가는 해석의 하나일 뿐이다. 결국 무어나 스카치폴이 역사로의 전환을 통해서 쌓아올린 이론의 집이란 '해석의 해석'에 기초한, 따라서 대단히 불안정한 집일 수밖에 없다는 것이 이들에 대한 주된 비판이었다.[22]

집트를 포함한 제3세계의 군부정치와 근대화의 관계를 규명하려 시도했다(1978). 이 그룹에 속하는 연구성과들 가운데 이후에도 지속적으로 논의되고 있는 예로는 Anderson(1974), Hall(1986), Mann(1986), Poggi(1978) 등을 꼽을 수 있다.

22) 러스틱(Ian Lustick)은 1990년대 중반에 들어서, 정치학자들이 하나의 해석으로 구성되는 역사학자들의 성과(흔히 내레이션이라 불리는)를 적절히 수용할 수 있는 연구전략에 대해 논의하였다. 러스틱은 첫째, 정치학자들이 다양한 방법론과 입장을 지닌 역사학자들의 연구를 동시에 이용하는 개방된 자세를 견지해야 하며, 둘째, 정치학자들이 내세우는 기본적인 주장과 역사학자들이 제시하는 '새로운 사실'(실은 해석)의 일치 여부를 면밀히 살펴야 하고, 셋째, 역사학의 연구성과들이 제시한 발견과 주장들이 정치학자들의 이론의 범주와 가설 속에서 위치 지어지고 풀이되어야 함을 강조한다(Lustick, 1996).

두 번째 함정은 역사로의 전환을 단지 과거에 대한 정치학적 분석으로 간단히 이해하는 것이다. 많은 정치학자들이 자신들의 이론 틀을 수립하거나 논증하는 과정에서 '사례를 늘리는 수단'으로서 역사를 대하거나 혹은 역사학자들처럼 과거 그 자체에 대한 사회과학적 관심을 기울이는 데에 그치고 만다. 이러한 흐름이 역사로의 전환 이후에 적지 않게 늘어나고 있지만, 이 같은 연구경향은 정치학자들이 역사로의 전환을 통해서 궁극적으로 지향하려 했던 목표, 즉 장기적인 시간의 축 위에서 형성, 변동, 유지되는 역사구조적 정치현상의 이면에 자리 잡은 시간성의 인과구조(*temporal causality*)를 밝히는 데에는 거의 기여하지 못했다고 할 수 있다. 즉, 과거가 중요하다면, 그 과거는 어떤 인과성의 고리를 통해서 오늘날에 의미 있는 정치현상을 형성하거나 혹은 제약하는지를 밝히는 데에까지 이르지 못한 것이, 과거를 사례로서만 대하는 사회과학의 함정에 빠진 결과라 할 수 있다.

2) 정치학과 역사학의 소통을 향한 몇몇 접근들

초기의 높은 기대와 내재적 위험을 겪으면서, 정치학자들은 다양한 방식으로 역사학의 논리를 정치학 연구에 수용하기 위한 노력들을 계속해왔다. 이 같은 시도들은 근대 자연과학의 논리를 수용해온 현대 정치학의 논리구조를 근본적으로 비판하고 나선 탈근대 정치학부터, 합리적 행위자라는 과학주의 정치학의 핵심을 여전히 견지하면서도 행위자들의 전략적 상호작용을 역사가들이 이야기를 서술하듯이 맥락과 사례를 풍부하게 서술하면서 풀어가는 분석적 내레이션(*analytic narratives*)에 이르기까지 다양한 흐름을 포괄하였다.

여기서 우리는 다양한 흐름들 가운데 몇몇 사례의 특성과 한계를 간략히 논의해보려 한다. 아마도 과학주의 정치학의 뿌리를 가장 굳건히 지키면서 역사학의 논리를 제한적으로 수용하려는 노력을 대표하는 것이 이른바 분석적 내레이션이라고 할 수 있다. 일단의 합리적 행위자론자들은 1990년대부터 고전적인 합리적 행위자론에서 벗어나 행위자들의 합리적 선택과 이들 사이의 상호작용을 구체적인 사례의 맥락 속에서 풍부하고도 상세하게 서술하는 절충적 연구들을 시도하기 시작하였다(MacDonald, 1994; Levi, 1998). 이들은 스스로가 거시구조적 변동을 서술하는 역사학자들의 메타 내레이션과는 달리, 구조적 요소들이 구체적인 결과로 전환되는 과정에서 작용하는 행위자들의 합리적 선택과 상호작용을 내레이션함으로써 기존의 합리적 행위자론과 역사적 내레이션의 절충을 표방하였다. 이들은 기존의 합리적 행위자론처럼 하나의 보편지향적인 이론적 주장(*covering law*)을 지향하기보다는 구조변동이라는 구체적인 시간과 공간 속에서 행위자들의 합리적 선호와 행동의 과정을 이야기로 구성함으로써 개별기술적 접근과 법칙정립적 접근의 소통을 시도한 셈이다. 이들은 스스로의 작업을 한편으로 역사와 그 안에 내재된 불확실성의 영향력을 고려하면서 아울러 행위자들의 합리적 선택뿐만 아니라 그 한계까지도 인식하는 접근이라고 자평하였다. 구체적인 예를 들자면 《분석적 내레이션》(*Analytic Narrative*)이라는 공동저작에 실린 경험연구에서 그레이프(Avner Greif)는 12세기 이탈리아 도시국가 제노아가 지중해의 상업패권을 장악하고 평화를 유지하는 핵심적 기제로서의 뽀데스따(*podesta*)에 주목하고, 이러한 제도를 구축해가는 과정에서 제노아 도시국가 내의 유력한 가문들 사이의 상호작용 과정을 추적한다. 또한 레비(Margaret Levi)는 19세기 미국, 프랑스, 프러시아에서 징집제도가 형성되는 과정에 대한 세밀한 내레이션을 주요 행위자들의 합리적 선택의 게임이라는 틀을 통해서 시도하였다(Grief, 1998; Levi, 1998).

또 다른 흐름으로는 경로의존성(*path dependency*) 중심의 연구경향을 들 수 있다. 흔히 정치제도, 정치경제적 제도의 변동과 진화과정에 대한 분석에서 활발하게 이루어지는 경로의존성 연구는 현재에 드러나는 강력한 요인들로 정치현상을 설명하려는 기능주의에 대한 비판으로부터 비롯되었다. 기능주의의 정태적 설명을 기각하면서, 이들은 정치현상의 유지와 변동은 하나의 장기적 과정 속에서 파악해야 한다고 본다. 이러한 장기과정은 과거에 이뤄진 결정이 하나의 경로로서 이후 제도의 유지/변동에 지속적인 영향을 미친다는 것이다. 즉, 하나의 경로가 선택되면 그것은 나름의 자기지속적인 속성을 갖는데 그것은 기존에 투입된 비용의 고려, 긍정의 결과를 낳는 환류과정(*positive feedback process*) 등에 의해서 유지된다. 이처럼 과거에 선택된 경로가 제도의 유지/변동에 중대하게 작용하는 것으로 인식되면서, 이들 경로의존성 연구는 경로의 순서(*sequence*)와 시기(*timing*)가 미치는 영향에 주목하여 비교적 정교한 방식으로 시간적 인과성(*temporal causality*)을 규명하는 노력을 지속해 왔다. 미국 국가기구의 발전과정을 규명하려는 스코라닉의 연구, 관료기구의 자율성 확장과정에 대한 카펜터의 연구, 피어슨의 유럽연합의 제도적 진화에 관한 연구, 어트만의 유럽 국가기구의 발전과정에 대한 연구 등을 포함한 방대한 연구가 진행되었다(Carpenter, 2001; Ertman, 1996; Pierson, 1994; Skowronek, 1982).

이 같은 연구경향들은 결국 정치학자들이 하나의 구조적 정치현상 이면의 역사가 작용하는 방식에 대해서 점차 정교한 틀에 접근하였다는 점을 시사한다. 단지 과거가 중요하다든가 혹은 과거가 사회과학적 이론 틀을 보강하는 데에 동원되는 벽돌이라는 인식을 넘어서, 과거가 작용하는 방식과 방향, 그리고 그 한계에 대해서 〔이를 시간적 인과성(*temporal causality*)이라고 통칭한다면〕 정밀하고 세심한 입론들이 진화하였다고 할 수 있다(Sewell, 1996).

이러한 입론들이 축적되면서, 점차 시간적 인과성의 성격과 구조에 대한 이해는 풍부해지면서도 하나의 새로운 지향으로 이어졌다. 첫째, 과거의 시점에서 이뤄진 행위자들과 구조의 선택은 하나의 경로를 형성하고 이는 다양한 메커니즘에 의해서 이후의 정치현상의 내용과 방향을 결정한다. 즉, 경로의존성은 정치현상의 과거와 현재를 잇는 핵심적인 고리이다. 둘째, 과거가 이후의 정치현상에 영향을 미치는 시간적 인과성은 단일하고 일관되게 작용하기보다는 개방적이고 다양한 방식으로 작용한다(*temporal heterogeneity*). 이는 과거의 경로를 형성하고 결정하는 행위자들의 결정과 판단은 시공간을 초월하여 일관된 법칙에 따르는 것이 아니라 행위자들이 처한 구체적인 맥락 속에서 이뤄지기 때문이다(Sewell, 1996). 결국 역사로서의 경로의존은 시간과 공간의 맥락 속에서 조건 지어지는 것이며 따라서 개방적인 과정일 수밖에 없다. 따라서 결국 논리적으로 우리가 해명하고 이해하려는 정치적 현상들은 지구적 차원에서 볼 때 지구적 다양성으로 이어질 수밖에 없다. 구체적으로 말해서 계급정당을 예로 든다면, 대중계급정당을 주도하는 노동계급은 영국이나 한국, 브라질에서 지극히 상이한 시간적, 공간적 맥락 안에 위치한다. 단지 노동계급의 내적인 일체감이나 정치적 구상능력에서만 각국 노동계급이 차별적인 것이 아니라, 이들이 마주하는 국가의 능력과 계급정치에 대한 태도, 보수세력의 태도와 정책은 매우 상이한 양식으로 나타나게 된다. 따라서 산업자본주의의 태동기에 중심부의 타협적인 국가와 마주한 영국 노동계급의 계급정당과, 후기자본주의 시기에(혹은 금융자본주의가 노골화된 시기에) 이전부터 강력한 동원과 배제의 역사적 경험과 능력을 갖춘 국가와 마주한 한국과 브라질의 노동계급의 계급정당은 전혀 이질적인 경로를 걸어가는 것이 정상인 셈이다.[23] 정리하자면, 역사로의 전환을 통해서 미국 정치학이 도달한 일차적인 성과는 경로의존성, 시간적 인과구조의 복합성 그리고 지구적 다양성에 대한 분명한 인식이라고 할 수 있다.

3) 역사로의 전환 이후의 정치학의 존재론과 방법론

1970년대 이후에 꾸준히 이뤄진 역사로의 전환은 결국 정치학이 탐구하는 대상의 성격에 대한 인식과 접근하는 방법의 중대 전환을 가져왔다고 할 수 있다. 역사 접근을 중시하는 정치학자들은 더 이상 탐구대상으로서의 정치현상이 균질적이고 규칙적이며, 예측 가능하고 선형적이라고 믿지 않았다. 20세기 중반에 강력해진 과학주의운동이 상정하던 규칙적이고 균질적인 정치현상은 현실과 매우 동떨어진 것이라는 인식이 확산되었다(Hall, 2003).[24] 1960년대 이후에 미국 민주주의가

---

23) 메인워링(Scott Mainworing)은 민주화 전후 브라질의 정당정치를 분석하면서, 권위주의 국가의 선제적인 발전이 이후의 정당정치의 파행을 가져온 매우 중대한 시간적 순차였음을 강조한다(Mainwaring, 1999).

24) 세계체제론자인 월러스틴(Immanuel Wallerstein)은 20세기를 포함한 현대의 사회과학이 자연과학의 논리와 철학을 수용하게 된 과정과 그 부정적인 효과, 그리고 이에 대한 대안을 모색하는 작업을 일련의 꾸준한 저작을 통해서 지속 중이다(Wallerstein, 2004 · 1999 · 1996).

겪게 된 혼란과 위기뿐만 아니라, 미국이 주도하는 근대화 프로젝트를 수용했던 제3세계의 정치에서 1960년대 이후에 벌어진 퇴행과 혼란(경제사회적 근대화가 가져온 군부독재와 권위주의 정권의 확산 등과 같이)은 이러한 인식의 전환에 도화선이 된 셈이다. 결국 정치현상은 우리가 일상생활에서 흔히 경험하는 무질서와 불규칙성에서 드러나듯이, 비균질적이고 예측 불가능하며 일관되지 않은 세계라는 인식이 점차 확산되었다고 할 수 있다.[25)]

이러한 정치현상에 대한 인식의 전환은 결국 정치현상을 탐구하는 방법론, 그리고 정치학 이론의 성격에 대한 규정의 변동과 아울러 이뤄졌다. 다시 말해, 정치학자들은 여전히 구조적인 사고를 통해서, 설명하려는 정치현상의 이면에 자리 잡은 중대하고 장기적인 요인을 밝혀내려는 '큰 질문'을 지향하는 구조적 사고를 추구한다고 할 수 있다(Sewell, 1996). 달리 표현하자면, 정치현상을 구조 짓는 역사적 배경과 요인에 관심을 갖지만, 이러한 요인들이 자연과학이 지향하던 바와 같은 법칙정립적인 이론 틀을 구성할 수는 없다고 본다. 그보다는 정치현상에 작용하는 구조와 행위자들은 시간의 전개라는 시간적 맥락과 사회적 맥락 속에 놓여 있으므로, 정치학자들의 이론적 작업은 이 같은 시간적, 사회적 맥락에 대해서 예민하고도 유효한 틀을 구축하는 방향으로 진행된다(Levy, 2001: 78~81).

25) 이미 1970년대 중반에 한배호는 유사한 문제의식을 제기한 바 있다. 그는 "한국에서의 정치현상은 질서정연한 모습으로 연구자 앞에 놓여 있지는 않다. … 그러나 연구의 불투명성이나 고도의 유동성만을 탓한들 정치학의 불모성이 정당화될 수는 없다"고 썼다(김영국, 1977: 46에서 재인용).

4. 결론: 역사연구 전환의 실마리를 찾아서

한국의 정당문제에 대해 보다 적실한 연구전략으로서 역사적 접근을 적극적으로 수용하려 노력할 때에조차, 여전히 우리는 주류 사회과학을 이끌어온 미국 학자들의 논의에 기대서 출발하는 스스로를 발견하게 된다. 우리가 역사로서의 경로의존성에 주목하고 비동질적 인과성에 따라서 정치현상의 (정당정치를 포함한) 지구적 다양성을 의식할 때조차, 여전히 이 주제를 풍부하게 앞서서 논의해온 구미학계의 연구성과로부터 충분히 독립적일 수는 없다.[26] 우리의 '일그러진 근대' 경험이 구미가 주도해온 근대질서의 일부를 형성하였듯이, 우리가 이 시점에서 사고하는 주체성과 적실성 역시 한편으로 구미가 주도해온 관념과 질서의 산물이면서 동시에 그 질서의 극복상태를 의미한다. 주체성과 적실성이 품고 있는 이 같은 역설은 결국 우리가 주체성을 향해 달려가려는 의지가 강렬한 만큼 좌절과 실패의 반복을 예고한다고 할 수 있다. 독자적 주체성과 그 역사적 뿌리를 의식할수록, 우리가 구미가 주도해온 하나의 질서에 깊이 편입된 한 부분임을 이해하게 될 가능성은 크다.[27] 역사철학자 헤겔의 표현대로라면, 우리가 주변적 위치를 넘어 어느새 주체적인 위치에 이르렀을 때에야 비로소 주체성과 적실성

26) 한국의 전통사상 혹은 100~200년 전의 사상가들로부터 한국 정치연구의 뿌리를 찾으려는 진지하고 끈질긴 노력이 한편에서 진행되고 있기도 하다. 다만 이들의 논의는 여전히 현대 주류 정치학과 대화와 소통의 통로를 찾지 못하는 것이 현실이다. 예를 들면, 배병삼(2003)의 논의를 대표적으로 들 수 있다.

27) 이와 관련된 최근의 흥미 있는 논쟁으로는 김경만(2007), 강정인(2004)의 논의를 볼 것. 이와 관련한 제3세계 지식인들의 논의로는 Canclini(1995), Larrain(2000).

이 이해될 수 있을지도 모른다. 이 같은 역설과 좌절을 전제하고라도 적실성 있는 정당연구에 다가서려 한다면, 우리는 다음의 몇 가지 연구 전략을 생각해볼 수 있다.

첫째, 현재 정당정치의 주변성이 역사적으로 축조되어온 하나의 역사-특수적 구조라고 한다면, 그 역사적 뿌리의 일차적 매듭은 1960년대의 한국 정치이다. 거시접근론자들은 흔히 오늘날 정당정치의 파행의 원죄를 1987년의 보수적 민주화에서 찾고 있지만, 사실 그 뿌리는 1960년대부터 본격적으로 형성되었다고 할 수 있다. 거시접근론자들 스스로가 강조하듯이 1987년 민주화는 급격한 전환보다는 '과거의 지속'으로서의 의미가 크다. 따라서 1987년 민주화에도 불구하고 지속, 유지된 과거는 바로 1960년대부터 형성된 한국 정치의 질서이다.

예컨대 정당이 대통령과 행정부에 대해서 지극히 종속적인 위치에 놓이고 정책과 이념의 주변부에 머무르는 구조의 일차적 뿌리는 1960년대의 한국 정치에서 비롯되었다. 1960년대 초반, 근대적 의미의 정당이 싹을 형성하기 이전부터, 한국의 국가는 주변부 발전국가의 한 사례로서 빠른 성장을 거듭하였다. 제도, 이념, 세력으로서의 발전국가가 성장하면서, 한편으로 정치적 정당화를 시도하고 동시에 시민사회에 대한 억압과 배제의 구조를 구축해갈 때, 정당에게 허용된 것은 오직 주변적인 역할이었다.[28] 제한적 역할을 하는 정당선거 정치를 통해서 정당은 발전국가에게 형식적 의미의 정당성을 부여하는 보조장치로서만 기능할 뿐이었다. 또한 발전국가가 관료조직, 농협과 같은 반(半) 관료조직을 통해서 시민사회를 동원하고 억압하는 과정에서 정당의 역

28) 이러한 맥락에서 1960년대 정당정치에 대한 분석시도로는 Jaung(2010).

할은 조연에 머무르는 것이었다. 다시 말해 선(先) 발전국가 성장과 후(後) 정당정치 구축 노력이라는 역사적 순차(*sequencing*)가 1960년대부터 형성된 정당정치 주변성의 뿌리라고 할 수 있다. 결국 정당정치 주변성의 기원과 특성을 해명하기 위해서 우리는 1960년대로 돌아가야 한다. 1960년대의 발전국가-허약한 정치사회-동원된 시민사회의 삼분구조 속에서 정당정치의 역할과 위상이 해명될 때, 우리는 주변화한 정당정치의 경로의존적 역사와 시간적 인과구조를 이해할 수 있다.

둘째, 1960년대의 역사로 돌아갈 때에, 우리는 역사학자들의 연구성과에만 의존하기보다는 스스로 사료의 창고를 구축하고 이를 넓혀가야 한다. 앞에서도 논의한 바와 같이, 역사적 구조를 해명하기 위해 정치학자들이 역사학자들의 연구성과를 벽돌 완제품으로서 들여오는 것은 또 다른 실증주의 함정이다. 역사연구의 성과는 하나의 해석으로서만 의미를 갖기 때문이다.

게다가 1960년대 한국의 정당선거 정치에 관한 사료는 현재로서는 풍부하다고 말하기 어려우며 또한 현재로서 가용한 자료의 성격들은 매우 불균형하다고 할 수 있다. 대통령 기록관, 민주공화당, 선거관리위원회 등이 축적해놓은 공식자료는 쉽게 접근 가능하지만, 이 자료들은 당시 정당선거 정치라는 역사의 바다에서 단지 수면에 떠 있는 빙산의 일부만을 밝혀준다고 할 수 있다. 예컨대 관료조직과 준관료조직들이 어떤 방식으로 선거 시와 비선거 시에 지방 시민사회를 정치화하고 지방사회의 공식, 비공식 권력구조를 장악하고 이들을 동원, 억압, 호명했는지의 과정을 공식자료는 밝혀줄 수 없다. 또한 이러한 동원, 억압의 과정에서 정당들이 담당한 보조적인 역할의 구조와 성격 역시 공식자료가 말해줄 수 없다.

달리 말해, 1960년대의 정당선거사에 접근하기 위해서는 당시의 중앙정치뿐만 아니라 지방사회의 정치생활을 재구성할 수 있는 다양한 비공식자료(언론기사에서부터 주요 행위자들의 구술에 이르기까지)의 발굴과 구성이 요구된다. 1990년대 이후 새로운 연구관심과 연구자들의 대거 진입에 힘입어 한국 현대사 연구는 역사학자들의 활발한 연구무대로 부상하였지만, 여전히 정당선거사는 한국 현대사 연구의 부흥으로부터 벗어나 있다.

셋째, 정치학과 역사학 사이에 놓인 다양한 이론적 흐름들 사이에서 적극적이고 개방적인 소통과 논쟁을 통해서 정치학 연구가 지향하는 목표에 대한 자기질문과 자의식을 꾸준하게 가다듬어야 한다. 이미 우리의 정치학과 역사학 사이를 가로지르는 다양한 흐름들이 시도되고 있는 것은 사실이다. 실증적 자료를 꾸준히 집적하는 데에 몰두하는 '가위와 풀의 정치사'에서부터 정치현상의 과거에 대한 사회과학적 분석의 흐름에 이르기까지 다양한 노력이 시도되고 있다. 이러한 흐름 사이에서 주목할 것은 우리가 직면한 중대한 질문을 어떻게 이해할 것인가를 둘러싼 활발한 상호비판과 대화가 결여되어 있다는 점이다.

참고문헌

강원택(2009), "한국 정당연구에 대한 비판적 검토", 〈한국정당학회보〉 8집 2호.

강정인 · 이상익(2004), "동서양 사상에 있어서 정치적 정당성의 비교: 유가의 공론과 루소의 일반의지론을 중심으로", 〈정치사상연구〉 10집 1호: 83~112.

고부응(2005), "균열된 상상의 공동체: 베네딕트 앤더슨의 민족과 민족주의 이론", 〈비평과 이론〉 10집 1호.

김용호(2008), "한국 정당연구의 학문적 정체성 확립을 위한 성찰", 〈한국정당학회보〉 7집 2호: 65~81.

김호기(2007), 《한국시민사회의 성찰》, 서울: 아르케.

문승익(1974), "자아준거적 정치학 그 모색을 위한 제안", 〈국제정치논총〉 13집: 111~118.

배병삼(2003), "한국 정치학의 기원과 정체성 탐색", 〈한국정치학회보〉 37집 2호.

백창재 · 정병기(2007), "로스(Dorothy Ross)의 논의를 통해 본 한국 사회과학의 정체성 문제", 〈한국정치연구〉 16집 2호: 1~25.

손호철(2009), "한국체제 논쟁을 다시 생각한다: 87년 체제, 97년 체제, 08년 체제론을 중심으로", 〈한국과 국제정치〉 25집 2호.

송경재(2007), "웹 2.0 정치 UCC와 전자민주주의: 정당, 선거 그리고 촛불시민운동의 시민참여를 중심으로", 〈담론21〉 11집 4호.

이홍구(1986), "근대정치학 백년: 그 한계성의 극복을 위한 자성(회장 취임연설)", 〈한국정치학회보〉 20집 2호.

임성학(2009), "참여민주주의와 정당체제", 〈한국과 국제정치〉 25집 1호: 61~92.

임성호(2003), "원내정당화와 정치개혁: 의회민주주의 적실성의 회복을 위한 소고", 〈의정연구〉 15호: 133~167.

임희섭(1998), 《한국의 시민사회와 신사회운동》, 서울: 나남.

장　훈(2009), "민주화 20년의 정당정치", 〈한국과 국제정치〉 25권 1호.

정진민(2009), "원내정당론을 둘러싼 오해들에 대한 정리", 〈한국정치연구〉 18집 1호: 29~49.

______(2008), "정당정치의 제도화와 한국 정당의 과제", 〈한국정치연구〉 17집 2호: 33~53.

______(1999), "민주화 이후 한국의 선거정치", 〈한국정치학회보〉 33집 2호.

최장집 · 박찬표 · 박상훈(2007), 《어떤 민주주의인가: 한국 민주주의를 보는 하나의 시각》, 서울: 후마니타스.

Anderson, P. (1974), *Lineages of the Absolutist State*, London: New Left Books.

Barber, B. R. (2006), "The Politics of Political Science: 'Value-free' Theory and the Wolin-Strauss Dust-up of 1963", *American Political Science Review*.

Carpenter, D. (2001), *The Forging of Bureaucratic Autonomy: Reputations, Networks, and Policy Innovation in Executive Agencies* 1862~1928, Princeton: Princeton University Press.

Canclini, N. (1995), *Hybrid Cultures: Strategies for Entering and Leaving Modernity*, University of Minnesota Press.

Cho, J. K. (2000), "From Authoritarianism to Consolidated Democracy in South Korea", Unpublished Dissertation, Yale University.

Dryzek, J. S. (2006), "Revolutions without Enemies: Transformations in Political Science", *American Political Science Review*, *100*(4).

Ertman, T. (1997), *Birth of Leviathan: Building States and Regimes in Medieval and Early Modern Europe*, Cambridge: Cambridge University Press.

Geertz, C. (2000), *Local knowledge: Further Essays in Interpretive Anthropology*, Basic Books.

Goldthorpe, J. (1991), "The Uses of History in Sociology: Reflections on Some Recent Tendencies", *Veterinary Pathology*, *28*: 544~546.

Greif, A. (1998), "Self-Enforcing Political Systems and Economic Growth: Late Medieval Genoa", in Levi et al. (eds.), *Analytic Narratives*, Princeton: Princeton University Press.

Gunnell, J. G. (2006), "Political Science on the Cusp: Recovering a Discipline's Past", *American Political Science Review*, *100*(4).

Hall, P. (2003), "Aligning Ontology and Methodology", in Mahoney and Rueschemeyer.

Ingram, Ed. (1997), "The Wonderland of the Political Scientist", *International Security*, 22(1): 53~63.

Jaung, H. (2010), "The Historical Origins of Frail Party Politics in South Korea: The Abortive Experiment of Democratic Republican Party, 1963~1979", unpublished manuscript.

Larrain, J. (2000), *Identity and Modernity in Latin America*, Cambridge: Polity Press.
Levi, M. (1998), "Conscription: The Price of Citizenship", in M. Levi, J. Rosenthal & B. Weingast(eds.), *Analytic Narratives*, Princeton: Princeton University Press.
Lowi, T. J. (1992), "The State in Political Science: How We Become What We Study", *American Political Science Review*, *86*(1): 1~7.
Lustick, I. S. (1996), "History, Historiography and Political Science: Multiple Historical Records and the Problem of Selection Bias", *The American Political Science Review*, *90*(3): 605~618.
MacDonald, T. (2008), *The Historic Turn in the Human Sciences*, Ann Arbor: University of Michigan Press.
Mainwaring, S. (1999), *Rethinking the Party systems in the Third Wave of Democratization*, Stanford: Stanford University Press.
Mann, M. (1986), *The Sources of Social Power*, Cambridge: Cambridge University Press.
Monkonnen, E. (1994) (ed.), *Engaging the Past: The Uses of History Across the Social Sciences*, Durham, NC: Duke University Press.
Moore, B. (1966), *Social Origins of Dictatorship and Democracy*, New York: Beacon Press.
Pierson, P. (1994), *Dismantling the Welfare State: Reagan, Thatcher, and the Politics of Retrenchment*, Cambridge: Cambridge University Press.
______(2004), *Politics in Time: History, Institutions, and Social Analysis*, Princeton: Princeton University Press.
Poggi, G. (1978), *The Development of the Modern State: A Sociological Perspective*, Stanford: Stanford University Press.
Randall, V. (1988), *Political Parties in the Third Word*, London: Sage.
Schroeder, P. (1994), "Historical Reality vs. Neo-realist Theory", *International Security*, *19*(1): 108~148.
Schroeder, P. W. (1997), "History and International Relations Theory: Not Use or Abuse, but Fit or Misfit", *International Security*, 22(1): 64~74.
Seidelman, R. (1985), *Disenchanted Realists: Political Science and the*

American Crisis, 1884~1984, Albany: State University of New York.

Sewell, W. (1996), "Three Temporalities: Toward An Eventful Sociology", in T. MacDonald (ed.), *The Historic Turn in the Human Sciences*, Ann Arbor: University of Michigan Press.

Skocpol, T. (2003), "Doubly Engaged Social Science", in J. Mahoney & D. Rueschemeyer (eds.), *Comparative Historical Analysis in the Social Sciences*, New York: Cambridge University Press.

______(1979), *States and Social Revolutions: A Comparative Analysis of France, Russia, and China*, New York: Cambridge University Press.

Skowronek, S. (1982), *Building a New American State*, New York: Cambridge University Press.

Snow, C. P. (1998), *The Two Cultures*, Cambridge: Cambridge University Press.

Walter, D. M. (2000), *Local Histories/Global Design*, Princeton University Press.

Ross, D. (1991), *The Origins of American Social Science*, 백창제 · 정병기 역(2008), 《미국사회과학의 기원》, 서울: 나남.

Wallerstein, I. (1991), *Unthinking Social Science*, 이수훈 역(1996), 《사회과학의 개방》, 서울: 당대.

______(1998), *Utopistics, Or, Historical Choices of the Twenty-first Century*, 백영경 역(1999), 《유토피스틱스, 또는 21세기의 역사적 선택들》, 서울: 창비.

______(2004), *The Uncertainties of Knowledge*, 유희석 역(2007), 《지식의 불확실성》, 파주: 창비.

Young, R. (1991), *White Mythologies: Writing History and the West*, 김용규 역(2008), 《백색신화: 서양이론과 유럽중심주의 비판》, 부산: 경성대학교 출판부.

제 2 장

한국 정당연구의 정체성 확립을 위한 성찰*

김용호 인하대

1. 서론: 문제의 제기

이 글의 목적은 한국 정당연구의 정체성 확립에 필요한 핵심과제를 제시하려는 것이다. 이를 위해 미국 사회과학이 유럽으로부터 독립된 학문적 정체성을 확립한 과정이 우리에게 시사해주는 바를 간략하게 정리하였다. 이를 토대로 한국 학자들이 지금까지 한국 정당연구의 정체성을 확립하기 위해 얼마나 노력해왔는지를 평가해보고, 앞으로 한국 정당연구의 정체성을 더욱 공고히 확립하기 위한 방안을 논의하고자 한다.

1970년대에 한국의 정치학자를 포함한 사회과학자들이 정치학을 비

* 이 글은 〈한국정당학회보〉(7권 2호, 2008년)에 게재된 원고를 수정한 것이다.

롯한 사회과학의 자기정체성 확립문제를 제기한 이래 지난 30여 년 동안 기존 연구에 대한 수많은 비판과 함께 정체성 확립을 위한 다양한 제안이 있었지만 한국의 사회과학은 아직도 미국을 비롯한 서구중심주의에서 벗어나지 못한다는 평가를 받는다(황성모, 1977; 문승익, 1979). 최근 강정인, 서규환, 백창재, 정병기 등 새로운 학문세대들이 다시 한국 정치학의 정체성 문제를 제기함으로써 새로운 돌파구를 모색하고 있다(강정인, 2004; 서규환, 2007; 백창재·정병기, 2007). 민주화의 심화와 정보화의 진전으로 인해 한국 정당연구도 새로운 도전에 직면하였는데, 이러한 역사적 계기를 활용하여 한국 정당연구의 자기정체성을 확립하려면 무엇을 해야 할 것인지를 논의해보자.

2. 미국 사회과학의 정체성 확립과정: 미국이 한국에 주는 교훈

로스(Dorothy Ross)는 미국 사회과학은 미국은 유럽과 다르다는 이른바 미국 예외주의(American Exceptionalism)로부터 스스로의 정체성을 확립하였다고 주장한다(Ross, 1991). 유럽 대륙의 사회과학은 역사에 근본적인 뿌리를 두고 있으나 미국 사회과학은 영국과 같이 자연과학을 모델로 하며, 자유주의적 개인주의를 바탕으로 발전해왔다. 그리하여 자유주의적 가치 중시, 실용주의적 경향, 역사적 상상력에 대한 상대적 소홀, 기술에 대한 신뢰 등이 미국 사회과학의 두드러진 특징이 되었다.

미국 사회과학은 19세기 말에 미국 사회가 당면한 위기를 극복하는 과정에서 이러한 정체성을 확립하였다. 당시 미국 사회과학자들은 산업화의 진전과 남북전쟁을 통한 사회 전반의 세속화에 따라 미국의 건국신화가 약화되면서 새로운 돌파구를 모색하여 유럽과 다른 길을 가기 시작했다. 1880년대와 1890년대 들어 미국 자본주의와 산업화가 새로운 문제를 만들어내면서 계급투쟁과 급진적인 운동이 등장하였다. 이제 미국 건국 이후 오랫동안 믿어온 신화, 즉 신의 섭리에 의해 미국이 독립하여 입헌공화정을 수립하였다는 신화가 위협을 받게 되었다. 영국이나 유럽대륙의 학자들이 자본주의와 산업화의 문제를 해결하는 방편으로 사회주의에 관심을 보인 반면 미국 사회과학자들은 불평등의 불가피성을 인정하는 것을 바탕으로 개인과 사회집단 간 이해관계의 갈등을 조정하는 방편으로 고전적 자유주의의 원리 위에 새로운 자유주의와 보수주의를 발전시켰다. 경제학계의 피셔(Irving Fisher)와 베블렌(Thorstein Veblen), 사회학계의 로스(Edward A. Ross)와 쿨리(Charles Cooley), 철학계의 듀이(John Dewey) 등이 각각 수립한 신고전경제학과 사회통제의 사회학, 그리고 실용주의 철학 등 새로운 패러다임은 20세기 미국 사회과학의 토대가 되었다(백창재 · 정병기, 2007: 17~18).

한편 제1차 세계대전을 전후하여 유럽대륙에서는 러시아 공산혁명이 성공하고 사회주의가 풍미하였으나 미국은 "민주주의와 자본주의는 안정적으로 지속될 것이라는 합의가 이루어졌고, 이제 사회과학은 그 과정에서 야기되는 사회문제를 통제하는 과학적 지식을 생산하면 되는 것"으로 방향을 설정하였다(백창재 · 정병기, 2007: 18). 결국 미국 경제학자들은 먼저 물리과학을 모델로 하여 자연과 인간본성의 필요에 뿌리를 둔 새로운 패러다임, 즉 신고전경제학을 발전시켰으며, 제도경제학자들과 사회학자들 및 일부 정치학자들은 자유주의 원리를 바탕으로 변화하는 세계를 분석하는 경험과학을 추구했다. 미국 사회과학자들은 자연주의적 사회과학 자체를 목적으로 내세우고 도구적 실용주의의 영향 아래 실증주의적인 과학적 방법을 탐구의 기준으로 삼기 시작하였다. 그리하여 과학주의가 현대 미국 사회과학을 지배하게 되었다.

미국 사회과학이 유럽과 구별되는 학문적 정체성을 확립하게 된 과정은 우리에게 많은 점을 시사해주며, 특히 한국 정당연구의 정체성 확립에 필요한 여건을 말해준다. 첫째, 한국 정당연구자들이 우리나라 정당정치의 가장 절박한 문제를 설명하고 해결하기 위한 노력 없이는 정체성 확립이 불가능하다는 점이다. 둘째, 정체성을 확립하려면 정당연구는 물론 철학, 사회과학 전반에 걸친 새로운 이론과 방법론을 개발해야 한다. 마지막으로 지적할 점은 정치경제적 위기상황이나 새로운 국면이 정당연구자를 포함한 사회과학자들에게 새로운 학문을 모색하는 계기가 되었다는 것이다. 미국 사회과학이 정체성을 확립하는 역사적 계기는 1880년대와 1890년대 미국 자본주의의 위기, 그리고 남북전쟁으로 인한 정치적 위기였다.

3. 한국 정당연구의 정체성 확립을 위한 방안

1) 연구주제의 적실성 제고

이제 한국 정당연구 분야를 중심으로 미국 사회과학의 첫 번째 교훈인 연구주제의 적실성 문제를 검토해보자. 우리나라에 서구의 정당 개념이 최초로 도입된 조선조 말 이후 지금까지 한국 정당에 관한 기존 연구의 주제를 검토해보면 적실성이 매우 떨어진다. 다른 학문분야와 마찬가지로 정당연구 분야에서도 우리나라에 서구학문이 들어온 이후 심각한 학문적인 단절이 발생하였다. 과거 유교사회에서 정당과 비슷한 기능을 수행한 정치단위로 '붕당'(朋黨)이 있었으나 조선조의 붕당정치와 오늘날의 정당정치를 비교해보려는 시도는 거의 없었다.[1] 우리들은 서구정당의 원형(*prototype*)으로 영국의 휘그당이나 토리당을 자주 언급하지만 한국 정당의 원형으로 조선의 노론, 소론 등을 언급한 연구는 매우 적다. 강주진이 '정치과학도로서 이조시대의 정치문제를 과학적으로 정리하려고 시도한' 《이조당쟁사 연구》(1971)가 있지만, 이 연구는 역사적 사실에 대한 재해석에 불과하여 '과학적'이라고 하기에는 너무나 부족하다. 강주진 이후 정치학자들은 조선 당쟁에 관심을 기울이지 않았고, 이에 대한 연구는 거의 전적으로 역사학자들에게 맡겨졌다. 예외적으로 배성동이 오늘날의 정당정치와 조선조의 파벌정치를 연결하여 설명해보려는 시도가 있었으나 조선조의 당쟁에 관한 기존의 연구를 자기 식으로 서술하는 데 그쳤고, 양자를 연결하여 설명하려는 이론적 시도는 미미하였다.

물론 한국 정당정치의 기원을 조선조의 당쟁에서 찾는 것이 타당한가의 여부에는 논란의 여지가 있고, 또 조선조의 당쟁과 오늘날의 파벌정치를 연결하는 이론적 틀을 만들 수 있을지에 대해서는 심층적인 연구와 토론이 필요하다. 여기서 지적하고자 하는 것은 한국 정당의 기원

---

1) 우리 선조들은 '정당' 대신 '붕당'(朋黨)이라는 용어를 많이 사용하였다(이태진, 1985: 14).

을 찾으려는 노력 없이 한국 정당연구의 정체성을 확립하기란 어렵다는 점이다. 즉, 한국 정당의 기원을 조선조의 당쟁에서 찾을 것인지, 조선조 말 개화파의 독립협회를 비롯한 정치단체에서 찾을 것인지, 일제하 독립운동을 전개한 정당에서 찾을 것인지, 해방 이후 등장한 정당에서 찾을 것인지 등에 대한 고민과 함께 심층적인 연구가 필요하다. 이러한 노력은 19세기 말 서구학문이 들어온 후 단절된 우리의 학문적 전통을 복원시킬 수 있는 방안이 될 것이다.

한국 정당연구의 주제에 적실성이 약하다는 점을 여실히 보여주는 사례는 남북한 정당에 대한 비교연구가 제대로 이루어지지 않았다는 점이다. 우리나라가 분단국가라는 매우 독특한 성격을 가지기 때문에 한국 정당연구도 당연히 이러한 점을 반영할 것으로 기대되지만 아직 이 방면의 연구가 없다. 1948년 남북한에 2개의 정부가 세워지면서 남쪽은 여러 정당이 경쟁하는 정당다원주의(*party pluralism*), 북쪽은 공산당의 일당 통치를 정당화하는 정당일원주의(*party monism*)를 표방한 이래 한국 정당을 연구하는 학자들은 남한에 국한하여 연구하였고, 북한 정당에 관한 연구는 북한전문가들에게 맡겨졌다. 남북한의 정치지도자들이 서로 상대방을 의식하며 통치전략을 수립하였기 때문에 남북한 정당들은 눈에 띄지 않는 경쟁의식을 가지고 상호작용하였고, 따라서 남북한의 정당을 비교 연구하는 것은 이론적으로 매우 의미 있는 연구주제이지만 아직 이러한 시도가 본격적으로 이루어지지 못하고 있다.

이처럼 한국 정치학자들이 우리들에게 절박한 연구주제를 소홀히 한 채 서구학자들이 제시한 연구과제에 더 많은 관심을 가지는 경우 학문적 정체성을 확립하기 어려울 것이다. 예를 들면 서구의 경우 정당의 쇠퇴, 또는 정당의 변화에 관심이 많은 반면 우리의 경우 아직도 제대로 된 대중정당이 없는 상태에서 정당의 쇠퇴나 변화를 논의하는 것은 남의 문제를 다루는 것이지 우리의 문제를 다루는 것은 아닐 것이다. 서구에서 최근에 개발된 카르텔정당 개념만 하더라도 이들 나라의 정당이 쇠퇴한 것이 아니라 변화되었다는 점을 보여주기 위해 등장한 것이다. 따라서 우리의 경우 정당의 쇠퇴나 변화를 설명하려는 노력보다는 민주화에도 불구하고 명실상부한 대중정당이 등장하지 못한 근본적인 원인을 밝히려는 노력이 필요하다.

더욱이 미디어와 시민단체가 급속히 발달한 오늘날의 상황에서 우리들이 대중정당을 만들어 정당정치를 제도화하는 것이 불가능한 것으로 판단되면 정당 대신 국가와 시민사회를 연결하는 새로운 매개체를 만드는 것이 바람직한지에 대해서 고민해보아야 할 것이다. 세계화와 정보화가 급속도로 진행되면서 기존의 영토국가의 역할이나 기능이 축소되고 있다는 주장이 제기되는 가운데, 대의제 민주주의의 새로운 대안을 모색하는 논의가 진행되고 있다. 그런데 서구의 경우 여전히 정당이 굳건히 버티고 있기 때문에 국가와 시민사회를 연결하는 새로운 매개체를 만드는 것이 오히려 우리보다 어려울지 모른다. 우리의 경우 정당이 뿌리를 내리지 못하기 때문에 오히려 국민의 의사를 결집하여 국가권력을 차지하기 위해 경쟁하는 새로운 정치조직을 만들어내기가 수월할지도 모른다. 이제 한국의 정치학자들이 이런 고민을 포함하여 우리가 당면한 문제를 다루어나가는 것이 학문적 정체성을 확립하는 첫걸음이라고 생각한다.

2) 연구주제의 편협성 극복

해방 이후만을 고려하더라도 한국 정당연구의 역사가 반세기가 넘었으나 아직도 다루지 못한 연구대상과 영역이 많은데, 한국 학자들이 이러한 미개척분야에 뛰어들지 않고 다른 학자들이 다룬 비슷한 주제를 반복적으로 연구하는 경향이 있는바, 이를 시정해나가야 한다. 앞으로 특히 2가지 측면에서 한국 정당연구 주제의 편협성을 해결해야 한다. 첫째, 한국 정당연구의 주제가 주로 중앙당에 한정되어 있고, 또 정당 지도자나 정당제도를 중심으로 이루어져, 지방당이나 일반당원, 대의원, 그리고 정당 구성원의 실제 행동에 대한 연구가 거의 없다는 점이다. 둘째, 한국 정치학자들은 정당조직, 당원실태, 공직후보 선정방식 등을 비롯한 한국 정당의 현실을 정확하게 이해하려는 노력보다 수많은 개혁방안의 제시에 치중하는 경향이 있다. 특히 서구 정당모델이나 이론을 기반으로 한국 정당의 문제점을 해결하는 처방을 내리는 경향이 강하다. 그리하여 한국 정당현실에 대한 실증적인 연구가 부족한 가운데 학자들이 제시한 정당개혁 방안은 비현실적이어서 실현하기 어렵거나, 또는 현실에 적용하는 경우 예상하지 못한 폐해가 발생하게 된다. 후자의 대표적인 사례가 정당의 공직후보 선정방식으로 채택한 예비선거(*primary*) 제도인데, 이 제도가 과거 반세기 이상 내려온 중앙당 지도자의 하향식 밀실 공천방식을 개선하는 데에는 기여하였으나 이로 인해 의도하지 않은 폐해가 발생하였다. 예비선거를 도입한 목적은 공천방식의 민주화 외에 예비선거에 참여한 유권자들을 정당의 지지자나 당원 또는 후원인으로 만들어 정당 지지기반을 조성하려는 것인데, 정당이 예비선거 후에는 여기에 참여한 유권자들에게 전혀 관심을 보이지 않은 결과 유권자들의 정당불신을 증대시키는 결과를 가져오지 않았나 우려된다.

서구 정당의 공직후보 선정방식을 도입하는 데만 관심을 기울일 것이 아니라 한국 정당의 공직후보 선정제도와 과정에 대한 심층적인 연구가 먼저 이루어지고 규범적인 차원에서 개혁방안을 제시해야 한다. 예를 들면 한국 정당의 대통령 후보 경선에 관한 비교연구가 선행되어야 할 것이다. 1959년 민주당의 조병옥과 장면 후보의 경선, 1970년 신민당 40대 기수(김영삼, 김대중, 이철승)들의 대통령 후보 경선, 1997년 신한국당의 대통령 후보 경선, 2002년 새천년민주당의 국민참여 경선, 그리고 2007년 한나라당의 대통령 후보 경선 등을 비교 분석하여 한국의 대통령 후보 선정방식에 관한 이론을 개발해낼 수 있을 것이다.

더욱이 한국 정당연구 주제의 편협성을 극복하고 보편적인 이론을 개발하려면 우리의 관심사를 전 세계적으로 확대해야 한다. 특히 한국 학자들이 미국을 비롯한 외국의 정당활동을 직접 참여관찰하여 외국 학자들이 보지 못하는 것을 발견해내면 우리의 정당연구가 더욱 풍부해질 것이다. 예를 들면 우리 정당과 미국 정당의 대통령 후보 경선방식을 비교 연구하기 위해 한국 정치학자들이 미국 아이오와(Iowa)의 당원대회(Caucus)와 뉴햄프셔(New Hampshire)의 예비선거(Primary)를 직접 참여관찰하면 양국 간의 공통점과 차이점은 물론 장단점을 우리의 눈으로 분석함으로써 새로운 것을 많이 얻게 될 것으로 기대한다. 다시 말해 서구의 이론으로 한국의 정당을 분석해온 방식을 역전시켜 우리의 눈으로 서구의 정당을 분석해보는 것이다. 이러한 연구는 한국 정당연구에 신선한 자극제가 될 것으로 판단된다.

한국 정치학자들이 전 세계적으로 눈을 돌려야 할 또 하나의 연구주제는 최근 민주화에 성공한 신생 민주국가와 한국의 정당정치를 비교 분석하는 것이다. 우리의 정당정치를 서구보다는 신생 민주국가의 정당정치와 비교하는 것이 적실성이 높을 것이다. 그리고 한국 정당정치 연구가 사례분석으로 끝나지 않고 보편적인 이론으로 발전하려면 우리가 개발한 이론을 다른 나라에도 적용해보아야 한다. 예를 들면 최근 민주화에 성공한 신생 민주주의 국가 중 정당정치의 제도화가 비교적 이루어진 나라와 우리나라를 비교 분석하여 후발 민주화 국가의 정당정치에 관한 새로운 이론을 개발해낼 수 있을 것이다.

3) 새로운 정당이론과 방법론의 개발

우리나라 최초로 서구의 정당개념을 소개한 유길준 이래 우리나라 학자들은 지난 1세기 이상을 서구의 정당과 정당정치에 대한 이론을 소개하는 데 몰두하였고, 또 우리나라가 서구의 정당정치를 배워야 한다는 입장을 철저히 추종해왔다고 해도 과언이 아니다.[2] 그리하여 지금도 우리 학자들의 서구이론에 대한 일반적인 입장은 철저한 비판보다는 거의 무조건적인 수용에 가깝다. 몇 가지 구체적인 사례를 들어보자. 해방 후 정치학자가 출판한 최초의 정당에 관한 저서라고 추정되는 김성희의 《정당론》(박영사, 1957)을 보면 일본학자(高橋淸吾, 大石兵太郎, 吉村正 등)들과 서구학자(V. O. Key, Arthur Bentley, R. Michels,

---

2) 일본과 미국 등지에서 최초로 서양 정치학을 배우고 귀국한 유길준은 1887~1889년에 걸쳐 집필한 《서유견문》(西遊見聞)을 1895년에 출간하였는데, 제11편에 정당론이 수록되어 있어 우리나라 최초의 정당에 관한 저서로 평가 받는다(김학준, 2000: 39~43).

J. Bryce, A. Vierkandt 등) 들의 저서를 인용하여 서구 정당이론과 영국, 미국, 프랑스, 독일, 소련 등의 정당정치를 소개하였다. 한국 정당에 관한 설명은 맨 마지막 장인 14장의 12페이지에 불과하다.

이러한 현상은 최근까지 계속되고 있다고 해도 과언이 아닌데, 시기별로 소개된 주요 외국학자들을 보면 1950년대에는 영국의 맥켄지(R. T. McKenzie), 미국의 키(V. O. Key), 브라이스(James Bryce), 독일의 미헬스(R. Michels), 1960년대에는 헌팅턴(S. Huntington)의 정당제도화 이론, 듀베르제(Maurice Duverger)의 정당이론 등이 소개되었다. 그리고 1970년대에는 미국 비교정치학 분야의 프린스턴 시리즈(Princeton Series) 중 하나인 *Political Parties and Political Development*, 키르하이머(Otto Kirchheimer)의 포괄정당(*catch-all party*) 개념, 립셋(S. M. Lipset)과 로칸(S. Rokkan)의 사회균열이론 등이 소개됐고, 1980년대 이후에는 잉글하트(Ronald Inglehart)의 탈물질주의 가설, 사르토리(Giovanni Sartori)의 정당이론, 파네비앙코(Angelo Panebianco)의 선거전문가정당 모델, 메이어(Peter Mair)의 카르텔정당 개념 등이 새로 소개됐다.

한국의 정당정치를 설명하는 데 있어 이러한 서구의 정당이론을 활용하는 것이 무조건 잘못되었다고 볼 수는 없다. 한국의 정당정치와 현실을 이해하고 설명하는 데 유용한 경우 서구의 정당이론을 배척할 이유는 없다. 다만 서구이론을 무분별하게 또는 무리하게 적용하는 것이 심각한 문제라고 생각된다. 이러한 사례가 매우 많지만 여기서는 카르텔정당 개념과 헌팅턴의 정당제도화 이론을 예시로 들어보자. 최근 일부 정치학자들이 민주화 이후 한국 정당정치의 특징을 설명하면서 카르텔정당 개념을 도입하였다(장훈, 2003; Jin-young Kwak, 2003). 이들은 한국의 기존정당들이 서구정당처럼 전국구 의석배분 방식 등에 관한 선거제도나 정당등록 요건 등과 관련하여 진입장벽을 높임으로써 신당의 진출을 가로막고 현행 정당들이 돌아가면서 집권하는 카르텔을 형성하였다고 주장한다. 그리고 서구의 카르텔정당처럼 당원의 당비보다 국고보조금에 의존하는 정도가 높은 점에서 알 수 있듯이 시민사회와의 연계가 약하고 국가와의 연계가 크다는 점에서 한국의 정당들이 카르텔정당이라고 주장한다. 이러한 주장은 겉으로는 타당성이 있는 것처럼 보이지만 서구의 개념을 과도하게 적용한 결과 한국 정당의 본질을 흐리게 한다. 한국의 현행 정당이 카르텔정당이라면 어찌하여 만들었다가 부수고, 이합집산을 거듭하는지 설명하기 어렵다. 더욱이 한국의 현행 정당은 서구의 정당처럼 이념이나 노선을 지지하는 열렬한 당원을 확보하여 시민사회에 대중적인 기반을 제대로 구축한 적이 없어 정당지도자의 정치적 부침에 따라 창당과 해산을 거듭하는 대중이전정당(*pre-mass party*)에 불과하다. 따라서 서구 대중정당의 변화를 설명하는 카르텔정당 개념을 한국에 무리하게 적용하는 것은 무정형을 기본속성으로 하는 한국 정당정치의 본질을 호도하게 된다. 다시 말해 한국 정당은 여전히 유동적이며 무정형의 정당으로 대중정당, 포괄정당, 카르텔정당, 선거전문가정당의 요소를 모두 조금씩 가진 잡동사니 정당(*hodge-podge party*)에 불과하다.

한국에 과대 적용한 서구이론의 또 하나의 전형적인 사례가 헌팅턴의 정당제도화 이론이다. 1960년대에 헌팅턴은 자신의 저서 《변동사회》(*Political Order in Changing Societies*)에서 박정희와 김종필을 비롯한 한국 군부가 민주공화당을 창당하여 새로운 정당체제를 수립하려는 노력을 높이 평가하였다. 한국의 일부 학자들은 그의 이론을 한국에 적용하면서 한국의 군부가 서구식 민주적 정당체제를 수립하는 것으로 오해하였다. 당시 한국의 군부출신 지도자들은 자신들의 장기집권을 위하여 민주공화당을 창당하였을 뿐이지, 결코 민주적 정당체제의 수립을 목표로 하지 않았다. 이들이 공화당을 창당하면서 고안한 장기집권 구상이 성공했다면 과거 멕시코의 제도혁명당(PRI, Party for Institutionalized Revolution)과 같은 패권정당(*hegemonic party*)이 등장했을 것이다(Yong-Ho Kim, 1989). 그러나 여러 가지 이유에서 이러한 구상이 실패로 돌아가고 박정희 대통령이 유신을 선포하는 바람에 공화당을 만든 본색이 드러났다. 결국 유신 이전에 한국의 일부 학자들은 헌팅턴의 이론을 무분별하게 받아들인 결과 군부정권의 장기집권을 일시적으로나마 정당화하는 결과를 초래하였다.

이제 우리들은 서구이론으로 한국 정당을 설명하는 이른바 하향식(*top-down*) 방식에서 벗어나 한국의 정당현실을 직접 관찰하고 분석하여 보편적인 이론을 개발하는 상향식(*bottom-up*) 방식을 채택해야 한다. 서구이론이 하늘에서 떨어진 것이 아니라 서구의 정당현실에 대한 관찰을 토대로 만들어진 것이듯, 우리들도 정당지도자, 정당관료, 당원, 지지자, 유권자들의 활동을 장기간에 걸쳐 자세하고 체계적으로 관찰하여 이론을 개발해야 한다. 이를 위해 이들이 왜 이런 행동을 하는지에 관한 정치심리학적, 정치인류학적 분석이 필요하다. 이제 한국 정당연구가들이 이런 문제의식을 가지고 인류학에서 개발한 참여관찰 방법론을 활용하여 중앙당과 지방당, 그리고 지도자와 추종자들의 정당관련 활동에 대해 체계적인 연구를 실시해야 한다. 또 이들을 대상으로 정당과 지도자에 대한 인식, 정치의식과 태도 등을 알아보기 위해 정기적으로 설문조사를 실시하여 어떤 변화가 일어나는지를 파악하는 것이 필요하다. 예를 들면 2002년 대선과정에서 노무현 후보를 당선시키는 데 중요한 역할을 했던 노사모(노무현을 사랑하는 사람들의 모임) 회원들을 대상으로 한 체계적인 설문조사가 한 번도 제대로 이루어지지 않은 현실을 보면 우리의 정당관련 연구가 적실성을 결여하였다는 사실을 알 수 있다.

마지막으로 지적할 점은 한국 정치학자들이 한국 정당을 연구하면서 서구의 이론만을 전적으로 추종하고 우리의 정당현실을 독창적으로 연구하려는 노력이 전혀 없었던 것은 아니다. 대표적인 사례로 박찬욱, 김병국, 배성동 등의 시도를 들 수 있고, 최근 한국정당학회와 한국정치학회의 우리나라 선거현장에 대한 참여관찰 등이 있었다. 배성동은 해방 이후 한국의 정당정치와 조선조의 당쟁을 연결해서 설명하려는 시도를 하였다(배성동, 1996). 그리고 김병국은 한국의 정당정치가 왜 무정형인가에 대한 해답을 얻기 위해 노력하였다. 한편 박찬욱은 한국의 국회의원들이 선거구의 유권자와 어떻게 연계를 맺고 선거구를 관리하는지 등에 대한 참여관찰을 통해 새로운 사실을 밝혀내려고 노력하였다(박찬욱, 1994). 그리고 한국정당학회와 한국정치학회 소속 10여 명의 학자들은 각각 2004년과 2008년 총선과 2006년 지방선거 현장을 직접 참여관찰하여 한국식 선거운동 방식 등을 고찰하였다. 앞으로 이러한 연구를 더욱 발전시켜나가야 할 것이다.

4) 정당환경의 변화와 정당의 장래에 대한 연구 필요

미국 사회과학이 정체성을 확립하게 된 것은 결국 19세기 말 자본주의가 위기에 봉착하여 미국의 건국신화가 깨어지면서 새로운 학문을 추구한 결과이다. 한국 정당연구에서도 최근의 민주화, 정보화, 세계화라는 새로운 정치적 국면은 새로운 학문을 모색할 수 있는 역사적 계기를 마련해준다. 최근 전 세계적으로 급속히 전개되는 민주화, 세계화, 정보화가 정당정치에 미치는 영향은 매우 크다. 특히 정보화로 인해 정당이 수행하던 국가와 시민사회 간의 매개역할에 커다란 변화가 일어나고 있다. 시민들이 인터넷을 통해 시간이나 공간에 구애받지 않고 적은 비용으로 중앙정부나 지방정부와 직접 쌍방향 의사소통을 하여 정당의 매개역할을 축소시키고 있다. 그리고 정당과 후보의 선거운동 방식도 크게 달라지는바, 이익집단이나 미디어 못지않게 네티즌 집단의 지지나 반대가 선거과정에 미치는 영향이 점차 커지고 있다. 2002년 노무현 후보를 지지한 노사모, 미국의 2004년 민주당 예비선거에 돌풍을 일으킨 하워드 딘(Howard Dean)의 네티즌 지지자집단(Deaniacs) 등이 대표적인 사례다. 이제 정당들이 당원이나 후원인에 못지않게 네티즌 지지자를 만들기 위해 노력하고 있다. 앞으로 이러한 정당환경의 변화가 정당정치를 어떻게 변화시키는지에 대한 체계적인 연구를 토대로 세계화와 정보화가 정당정치에 미치는 긍정적, 부정적 영향을 심층적으로 분석할 필요가 있다. 더욱이 정당이 정보화를 비롯한 사회경제적 환경의 변화에 어떻게 효과적으로 대응하는지를 분석해야 한다.

우리들이 정당환경의 변화와 정당관련 새로운 정치현상에 주목하는 최종목표는 미래에 정당을 대체하는 새로운 매개체를 창출하려는 것이다. 근대 초기에 서구에서 정당이 파벌과 동일시되어 정치적 정통성을 인정받지 못한 점에서 알 수 있듯이 정당이 영원히 매개역할을 할 것이라는 보장은 없다. 우리들이 정당의 대안에 관심을 가지는 이유는 한국 정당의 후진성이 역설적으로 이런 새로운 대안을 창출하는 데 더 유리할 수 있기 때문이다. 서구의 정당은 오히려 과도하게 제도화하여, 그 역할이나 기능이 제대로 작동하지 못하는 시기가 오더라도 정당을 유지하려는 기득권 세력이 새로운 대안의 등장을 가로막을지도 모른다. 물론 정당의 대안을 개발하는 작업은 국가의 이념적 기반이나 운영원리에 관한 새로운 패러다임이 제시되어야 가능할 것이다.

4. 결론: 비판과 논쟁을 피하는 학문풍토 개선

비록 한국 정당연구가 정체성을 확립할 수 있는 역사적 계기를 맞았다고 하더라도 우리의 학문풍토를 개선하지 않으면 이러한 작업은 불가능하다. 우선 우리나라 학자들이 외국 학자들의 저서나 논문을 중시하고, 한국 학자들의 연구결과에 대해서는 상대적으로 경시하는 풍조를 개선해야 한다. 또한 우리나라 학자들이 동료학자들의 저서나 논문에 대해 치열한 비판과 논쟁을 피하는 학문풍토를 개선해야 발전이 있을 것이다.

그동안 왜 치열한 논쟁과 비판이 부족하였나? 첫째, 서구학문에 너무 의존하다 보니 한국 학자들이 매우 참신하고 독창적인 연구결과를 내놓지 못하였기 때문에 한국의 저서나 논문을 경시하게 된 것으로 보인다. 더욱이 서구이론에 매달리다 보니 자연적으로 우리 학자들의 저서나 논문을 자세하게 읽고 비판할 시간을 가지지 못하였다. 그리하여 우리 학자들이 우리의 학문보다 서구학문을 열심히 하는 바람에 전자가 더욱 발전을 이루지 못하는 악순환을 거듭하고 있다. 특히 우리나라 대학졸업생들이 우리나라 대학원 석·박사 과정에 진학하지 않고 외국

대학에 유학을 가는 바람에 우리나라 대학원은 학문 후속세대를 양성하는 가능이 현저히 약하다. 이런 학문풍토를 개선하는 노력은 한두 사람의 힘으로 이루어질 수 없기 때문에 악순환의 고리를 끊지 못하는데, 하루빨리 이의 개선을 위해 집단적인 노력을 기울여야 한다.

둘째, 우리나라 학자들 간에 비판과 토론이 부족한 이유 중에는 문화적인 요인도 있다. 우리 사회의 인간관계가 수평적이라기보다 여전히 수직적이기 때문에 학계에서도 젊은 학자는 선배 학자의 저서나 논문을 비판하는 것을 '위험한 일'로, 선배 학자는 젊은 학자의 주장을 비판하는 것을 '점잖지 못한 일'로 보기 때문이다. 이러한 학문풍토가 하루빨리 개선되어야 할 것이다.

참고문헌

강정인(2007), "한국정치사상 어떻게 할 것인가?: 반성과 대안", 〈사회과학연구〉 15권 1호, 서강대 사회과학연구소.

강주진(1971), 《이조당쟁사 연구》, 서울대 출판부.

김경만(2007), "독자적 한국 사회과학, 어떻게 가능한가?: 몇 가지 전략들", 〈사회과학연구〉 15권 1호, 서강대 사회과학연구소.

김성희(1957), 《정당론》, 박영사.

김영명(2006), 《우리 정치학 어떻게 하나》, 오름.

김학준(2000), 《한말의 서양정치학 수용연구: 유길준, 안국선, 이승만을 중심으로》, 서울대출판부.

문승익(1979), "한국정치학의 정립문제: 정치이론의 경우", 〈한국정치학회보〉 13권.

박찬욱(1994), "국회의원과 지역선거구민간의 연계: 제13대 국회를 중심으로", 구영록교수 화갑기념논총 편집위원회 편, 《국가와 전쟁을 넘어서: 국제환경의 변화와 한국정치》, 법문사.

배성동(1996), "한국정당정치의 역사적 배경: 조선당쟁", 윤정석·신명순·심지연 편, 《한국정당정치론》, 법문사.

백창제·정병기(2007), "로스의 논의를 통해 본 한국 사회과학의 정체성 모색", 〈한국정치연구〉 16권 2호, 서울대 한국정치연구소.

서규환(2007), "한국정치의 자기 정체성 논의에 대한 비판적 논고", 한국정치학회 주최 한국학 세계대회 발표, 8월 25일, 부산.

이태진(1985), "당쟁을 어떻게 볼 것인가?", 《조선시대 정치사의 재조명》, 범조사.

장 훈(2003), "한국의 카르텔정당체제의 형성과 발전: 민주화이후 한국의 경우", 〈한국과 국제정치〉 19권 4호.

황성모(1977), "사회과학의 토착화에 대하여", 한국사회과학연구소 편, 《현대사회과학방법론》, 민음사.

Huntington, S. P.(1968), *Political Order in Changing Societies*, New Haven, Conn.: Yale University Press.

Kim, Y-H.(1989), "The Rise and Fall of the Democratic Republican Party in South Korea: Authoritarian Leadership and Party Dynamics", University of Pennsylvania Ph. D. Thesis.

Kwak, J-Y.(2003), "The Party-State Liaison in Korea: Searching for Evidence of the Cartelized System", *Asian Perspective*, *27*(1).

La Palombara, J. & M. Weiner(1966), *Political Parties and Political Development*, Princeton: Princeton University Press.

Ross, D.(1991), *The Origins of American Social Science*, 백창제·정병기 역(2008), 《미국사회과학의 기원》, 서울: 나남.

제 3 장

한국 정당연구와 역사구조적 접근 : 문제와 대안 모색

박명림 연세대

1. 문제의 제기

현대 민주주의의 기축은 오랫동안 정당정치로 알려져 왔다. 한 고전적 연구가 말하듯 "정당은 현대정치의 생명선"이라고 불린다.[1] 현대 정치학에 큰 영향을 끼친 그람시(Antonio Gramsci)는 일찍이 — 그의 논의를 사회주의와 자본주의 국가의 정당들로 확대하여 이해할 때 — 정당을 '현대의 군주'(*the modern prince*)로 명명하였다.[2]

그러나 1987년 민주적 이행 이후 한국은 정당정치의 주기적 소멸을 보여왔다. 즉, 한국 민주주의는 정당민주주의가 아니라 무(無) 정당,

1) Neumann(ed.), 민완기 · 오병헌 · 양호민 공역, 1960: 1.

2) Gramsci, 2007: 258~284, 1971: 123~157.

〈표 3-1〉 1987년 이후 대통령의 탈당과 비정당 통치, 1987~2008[3)]

대통령	무정당 통치 / 지배당 소멸시기	비 고
노태우	1992. 9. 18~1993. 2. 25 (총 160일)	민주화 이후 첫 번째 대통령 탈당
김영삼	1997. 11. 7~1998. 2. 25 (총 110일)	건국 이래 최초의 평화적 민간정부 등장
김대중	2002. 5. 6~2003. 2. 25 (총 295일)	건국 이래 최초의 평화적 여야 정권교체
노무현	2007. 2. 28~2008. 2. 25 (총 362일)	

탈(脫)정당, 비(非)정당 민주주의 통치를 반복해온 것이다. 이러한 예외적인 상황에도 한국 정치의 현실과 연구에서 무정당, 탈정당, 비정당 통치의 원인과 대안에 대한 포괄적 문제제기와 분석은 없었다. 이는 정당을 넘어 한국 민주주의 연구에서 중대한 결락이라고 할 수 있다. 대의제 국가에서 어떻게 지배당이 존재하지 않는 통치를 상상할 수 있는가?

〈표 3-1〉은 1987년 민주화 이후 한국 민주주의가 반복적으로 직면했던 문제를 나타낸 것이다. 현행 6월항쟁 헌법 아래에서 노태우 정부 이래 네 정부 모두 대통령의 탈(脫)정당으로 인한 무정당·비정당 통치를 지속해왔음을 보여준다. 현직 대통령의 탈정당으로 인한 무정당·비정당 통치기간은 전부 합하여 2년 반에 달하는 매우 긴 시간이었다.

이러한 반복성과 규칙성은 누구의 또는 무엇의 책임인가? 집권당을 지켜내지 못한 네 대통령들의 책임인가, 아니면 대통령의 탈당을 요구한 지배당(*ruling party*)과 반대당(*opposition party*)의 책임인가? 만약 이러한 현상이 한두 정부에 한정되었다면 우리는 이를 그 시점의 대통령이나 지배당의 책임이라 할 수 있을 것이다. 그러나 네 정부 모두에서

3) 박명림, 2010b: 388.

〈표 3-2〉 87년 헌정체제와 총선 유효정당 수 추이[4)]

총선	88년 총선	92년 총선	96년 총선	00년 총선	04년 총선	08년 총선	평균
유효정당 수	4.3개	3.6개	4.2개	3.4개	3.0개	3.87개	3.7개

반복적으로 나타났다는 점은 이 현상들이 특정 리더십이나 사람으로부터 비롯된 것이 아니라는 점을 분명하게 보여준다. 즉, 제도요인이 기본원인이라는 점을 암시하는 것이다. 이것은 한국 민주주의 연구가 그동안 이론적 · 실천적으로 대답하지 않은 핵심문제가 아닌가 싶다.[5)]

또한 현대 정당이론의 주요 법칙의 하나로, '단순다수대표제', '소선거구제', '양당체제'가 만난다는 '듀베르제의 법칙'(Duverger's law)이 왜 1987년 이후 한국에서는 적용되지 않는가? 다시 말해 한국은 단순다수대표와 소선거구제를 결합하였는데도 왜 양당제가 아닌 다당제가 지속되는가?[6)] 실제로 민주화 이후 총선에서의 평균 유효정당 수는 3.7개에 육박하며, 대선에서의 유력후보 역시 유사한 수치를 나타낸다. 그리고 후자는 대통령 당선자의 심각하게 낮은 득표율로 연결된다.

셋째, 대통령 배출정당의 계속적인 소멸과 집권상실이라고 할 수 있다. 물론 이 점 역시 항상 반복된다는 특성을 갖는다.[7)] 민주정의당(노태우), 민주자유당(김영삼), 새정치국민회의(김대중), 새천년민주당

4) 이상묵, 2006: 45. 2008년 총선은 김형철 박사의 도움을 받아 추가하였다.

5) 이명박 대통령의 경우 한나라당의 해체-새누리당 창당과 박근혜 당으로의 변환으로 인해 '사실상의 탈당' 상황에 직면하였다. 이 말은 민주화 이후 모든 대통령들이 임기 후반에 들어서는 비정당 통치를 반복해왔음을 의미한다.

6) 이 문제에 대한 정교한 연구는 이상묵(2006: 33~58)을 참조.

7) 박명림, 2010b: 392.

(노무현), 한나라당(이명박)은 모두 대통령을 배출했으나 자신들이 배출한 대통령의 재임기간 중 전부 소멸되었다. 흥미롭게도 대통령 배출 정당은 반드시 소멸하거나 권력을 상실하는 현상이 반복되고 있다.

넷째, 1987년 이후 한국에서는 단 두 번의 정권교체에도 불구하고 지배당은 무려 8번(사실상 9번)이나 변천했다. 대통령 임기 중 매번 새로운 지배당이 등장했기 때문이었다. 여기에는 보수-진보 정당의 차이가 없었다. 물론 특정 정부에 한정되지도 않았다. ① 노태우 정부: 민주정의당으로 집권(1988년 2월) 후 민주자유당 창당(1990년 1월 22일), ② 김영삼 정부: 민주자유당으로 집권(1993년 2월) 후 신한국당(1995년 12월) 및 한나라당 창당(1997년 11월), ③ 김대중 정부: 새정치국민회의로 집권(1998년 2월) 후 새천년민주당 창당(2000년 1월 20일), ④ 노무현 정부: 새천년민주당으로 집권(2003년 2월) 후 열린우리당(2003년 11월 11일) 및 대통합민주신당(2007년 8월 5일) 창당, ⑤ 이명박 정부: 한나라당으로 집권(2008년 2월) 후 새누리당 창당(2012년 2월). 이러한 지배당의 반복적인 소멸과 재창당은 헌법체제와 정당체제의 충돌을 포함한 헌정체제 및 선거주기와 밀접한 관련이 있다.

위의 몇 가지 현상들을 연결해보면 많은 부분 한국의 정당과 정당정치 연구는 좁은 의미의 정당 및 정당정치의 범주 밖에서 접근해야 할 필요성이 제기된다. 즉, 좀더 길고 넓으며, 거시적이고 구조적인 전체 정치지형 및 헌정체제 차원에서 정당정치의 문제를 접근해야 한다는 점을 시사한다.

한국의 정당연구에 대한 간략한 주제적·이론적 문제를 다루게 될 이 글은 정당연구에 관한 시론적 관견을 정리한 것에 불과하다.[8] 논의 역시 일반적·전체적 수준에 한정된다. 그러나 일정한 초점과 문제의식이 전혀 없는 것은 아니다. 그것은 정당연구를 밖에서 보았을 때 제기하고 싶은 약간의 문제제기와 제언을 함축한다. 특별히 좁은 의미의 전문성이 종종 단절성과 사투리성, 독재성으로 연결되곤 하는 점을 넘어 소통성과 보편성을 향한 열린 대화를 추구하려 한다.

필자는 부족한 대로 최근 보편한국학을 향한 한국의 민주학에 대한 문제제기,[9] 학문의 사회성과 사회의 인문성의 동시 제고를 위한 통(統/通) 학문체계로서의 사회인문학(*social humanities*)의 제안,[10] 역사학과 사회과학의 통합을 추구하기 위한 역사사회과학(*historical social science*) 제창,[11] 헌법과 정치 및 헌법개혁과 정치개혁의 결합[12] 등 일련의 분과융합적(*inter-disciplinary*), 분과통합적(*trans-disciplinary*), 분과횡단적(*cross disciplinary*) 학문방법론에 대한 문제제기를 시도한 바 있었다. 요컨대 개별독특성과 법칙정립성을 결합하여 점점 다양화·복합화·중층화 — 이 말은 전체화와 부분화, 통합화와 개체화의 동시 진행을 의미한다 — 하는 현대사회를 적절하게 설명하기 위한 시도들이라고 할 수 있다. 그것들은 사회의 복합화에도 불구하고 더욱 더 파편화·분절화·세분화하여 인간과 사회의 전체성을 파악하지 못하거나, 또는 다학문적(多學問的, *multi-disciplinary*) 접근에 머물러 진정한 의미

---

8) 한국의 정당연구에 대한 전문적인 정리와 문제제기에 대해서는 김용호(2008: 65~81), 강원택(2009: 119~141), 장훈(2010: 15~41) 참조. 이 세 연구는 한국의 정당연구에 대한 가장 포괄적이며 체계적인 정리가 아닌가 싶다.

9) 박명림, 2009: 129~163.

10) 박명림, 2010a: 27~81.

11) 박명림, 2006: 31~56.

12) 정치와 헌법, 정당과 헌정 문제를 동시에 고려한 상세한 경험적 분석은 박명림(2010b: 384~429)을 참조.

의 학제적 연구로 나아가지 못하는 현대 한국 학문의 한계를 극복해보기 위한 나름의 소박한 문제제기의 의미를 담는다.

오늘날 한국의 정당연구 역시 과연 사회 전체와의 관련성 속에서 통합적으로 연구되고 있는지에 대해서는 적지 않은 의문을 갖게 된다. 이를테면 고령화 문제 하나만 보더라도 이로 인한 유권자 구성, 정당체제, 당원분포, 정책, 이념성향, 투표참여 및 투표행태에의 영향에 대한 통합적인 연구는 찾기 어렵다. 정보화와 세계화가 초래하는 노동 및 산업구성의 근본적 변화로 인한 비정규직, 청년실업, 고용 없는 성장의 문제 역시, 사회갈등 유형 및 정당성격과 대표체계에 어떤 중층적 영향을 주는지 탐색한 뒤, 거시적 관점에서 초기 산업화 단계의 대량생산체제 대두 시기에 등장하였던 노동 및 산업구성과 사회갈등, 농촌실업, 대표체계의 변동문제와 비교한다면 상당한 시사를 얻을 수 있지 않을까 싶다. 그러나 그러한 연구는 아직 찾기 어렵다.

한국에서 정당의 저발전에 대한 비판이 이렇게 오래 제기되고, 정당발전을 위한 프로젝트와 기획, 정치개혁과 법률개혁이 이토록 많이 제안되고 실행되었음에도 불구하고 전체 사회에서 정당의 위상과 역할은 외려 더욱 축소되는 현실에 대한 대안모색 역시 아직 해답을 찾지 못하고 있다. 권력창출을 위한 선거시기의 특정 기능을 제외하면 일상시기의 한국에서의 정당의 역할은 전체 사회지평에서는 거대기업이나 거대언론, 거대종교의 그것에조차 미치지 못하는지 모른다. 정당문제를 전체 사회지평에서 보지 못한 채 너무 좁은 정당연구의 범주 안에 머물러 있기 때문은 아닐까?

이 글은 이른바 역사구조적 시각에서 오늘의 한국 정당연구가 문제 삼아야 할 것들은 무엇인지를 살펴보고, 그것을 한국 현실에 견주어보려는 문제의식으로 진행된다. 그러나 상세한 이론적 검토는 생략한 채 기초적·대강적(大綱的) 수준의 문제를 중심으로 논의를 전개하려 한다. 사실 한국의 인문사회과학에서 '역사적', '구조적'이라는 표현처럼 모호하고 폭넓은 함의를 갖는 용어도 드물 것이다. 때문에 먼저 범주를 한정하자면, 여기에서 역사적이라 함은 특정 사회의 현상을 일정한 시한을 갖는 과거로 거슬러 올라가서 계기적으로 설명하려는 방식을 말하며, 구조적이라 함은 사회 전체에 대한 사유나 분석틀을 전제한 접근을 말한다.

그 점에서 거시적인 근대화와 정당체제·정당정치의 관계는 출발적 논점의 하나가 될 수 있을 것이다. 모든 국가들에게 근대화는 '피할 수 없는 의제'이기 때문이다. 이때 말하는 근대화는 좁은 의미의 산업화를 넘어 근대적 국가 및 사회체계의 구축과 변환을 포괄한다. 그렇다면 근대 이전에는 정당이 존재하지 않았음에 비추어 근대화와 정당체제는 불가분의 관계에 놓인다고 말할 수 있을 것이다. 따라서 근대화의 방법, 궤적, 경로, 전략은 정당의 체제, 구조, 편제에 결정적인 영향을 끼친다고 할 수 있다. 이제 한국의 정당연구는 이 문제를 정면으로 대면해야 하지 않을까 싶다.

2. 한국 정당연구 논의의 한 전제

정당연구에 관한 간략한 문제제기를 다루게 될 이 글은 아래의 몇 가지 점에 대한 개략적 이해의 토대 위에서 논의를 전개하고자 한다. 이들은 필자가 이해하기에 정당은 물론 의회, 선거, 헌법, 리더십, 권력구조,

이익집단, 시민사회 등을 포함한 한국 정치학 연구의 중심주제와 영역들이 좁은 의미의 형식적인 하위분과적(*sub-disciplinary*) 전문성에 매몰되면서 한국의 정치현실에 대한 적절한 통합적 이해와 대안제시에 한계를 드러내고 있다는 함의를 포괄한다.

정직하게 말해서 국가이름과 몇몇 통계수치만 바꿔 끼우면 한국을 다룬 것이 아닌 듯한 연구들이 한둘이 아닌 것을 발견하고는 장소성(*topos*)을 상실한 정치학의 근본 존재이유를 제기하게 하는 것이다. 구체성을 상실한 이러한 연구들이 훗날 수준 높은 한국 정치분석과 해석으로 받아들여질 학문적 근거는 거의 존재하지 않을 것이다. 보편성은 구체성의 산물이기 때문이다. 보편적인 이론적 기여도 없으면서 학문의 장소성마저 실종된다면 그 연구의 존재이유는 없는 것이나 마찬가지이다. 따라서 일반이론과는 반대로, 한국의 경우 근본적 문제에 천착하는 인문학이 오히려 보편적·거시적이고, 서구의 이론적 유행을 과도하게 좇는 사회과학이 되레 상황적·단기적이라고 해석할 수 있을는지 모른다.

정당연구에 필요한 첫 번째 전제는 정치에 대한 이해의 교정이다. 한국의 많은 정당연구들은 정치를 매우 협애하게 이해하는 경향을 가진다. 이를테면 최근 정당과 대의민주주의를 배타적으로 강조하는 주장들은 상당히 문제가 많다고 할 수 있다. 과거의 운동만능주의 못지않게 정당의 역할에 대한 과도한 강조에서는 마치 정당독점, 또는 정당유일주의를 통해 정치문제를 해결하려는 문제의식마저 엿보인다. 정당이 현대정치의 핵심요소인 것은 분명하지만 정치의 전부는 아니다. 그럼에도 마치 정당정치만이 정치의 모든 것인 양 주장하며 해법을 모색하는 접근은 거꾸로 정치축소의 대표적인 접근이 아닐 수 없다.

따라서 정당 무시와 정당 폄하도 안 되지만, 동시에 정당유일주의나 정당만능주의 역시 해법이 아니다. 특히 대의・정당・제도 정치를 과도하게 강조하는 담론들은 자주 한 사회의 보수적 관점을 대변해왔다는 점에 유념할 필요가 있다. 민주주의 발전에 필수적인 정당・선거・의회의 발전을 위해서라도, 후술하듯 참여・시민정치・직접민주주의를 포함한 정치에 대한 이해의 확장은 필수적이다. 시민참여의 증대 없는 대표체계의 발전은 없었다는 점에서 정당과 운동, 대의와 참여를 상충적 관계로 놓고 전자만을 강조하는 시각은 오히려 정당과 대표체계의 발전에도 바람직한 접근이라고 할 수 없다.

둘째는 현실과 학문의 관계이다. 인간 삶의 구체적 존재조건의 개선에 기여하지 않는 학문은 거의 존재이유를 갖지 못한다고 할 수 있다. 정당연구의 존재이유는 근본적으로 정당과 민주주의의 발전에 기여하는 것이다. 말을 바꾸면 정당연구는 시작부터 실천적이라는 점이다. 수준 높은 정당연구로부터의 대안제시 없이 바람직한 정당체제를 상념한다는 것은 불가능하다. 한국 정당의 저발전은 부분적으로 한국 정당연구 저발전의 반영이라고 할 수 있다. 그것은 한국의 민주주의, 헌법, 복지, 평화 등의 경우에도 동일하게 해당된다. 나아가 정당연구는 현실정치 및 민주주의의 부분연구라는 점을 인정해야 한다. 물론 정당 이외에도 거의 모든 연구는 기본적으로 부분적이라고 할 수 있다. 그러한 부분연구들이 모여 전체로서의 한국 정치와 민주주의 연구를 구성한다.

셋째, 역사사회과학의 모색이다. 즉, 인문학과 사회과학의 결합을 말한다. 정당은 가장 정치(학)적이며 가장 근대적인 조직이라고 할 수 있다. 그러나 정당에 대한 연구는 제도를 넘어 아래의 몇몇 범주들에 대한 철학적이며 사회학적이고 인문학적인 도움 없이는 포괄적일 수 없다. 물론 최근의 일부 정당연구들이 보여주듯, 경제학적인 문제까지 확장하면 더욱 완벽한 모습을 갖출 수 있을 것이다. 그것들은 권력, 갈등, 조직, 파벌, 선호, 이견조정에 대한 인간과 사회의 본질적인 문제의식과의 결합을 말한다. 이를테면 권력의지와 경쟁, 조직 내부 또는 조직 간 및 사회적 갈등의 원인과 양태, 인간조직의 구성과 운영에 대한 일반적 원리와 관리방식, 파벌의 등장요인과 해소방법, 타협과 합의의 도출방식 등에 대한 고찰을 말한다.

이를테면 짐멜(Georg Simmel)[13]과 코저(Lewis Coser)[14]의 갈등이론과 정당연구와의 결합이나, 파벌에 대한 매디슨(James Madison)의 견해와 정당연구의 만남은 분과학문을 가로지르는 커다란 기여를 할 수 있을 것으로 사료된다.[15] 전자는 정당연구가 사회 및 조직 일반의 더 큰 전체적 본질이나 지반에 대한 고찰과 함께하지 않으면 안 된다는 점을 함의한다. 한 사회에서 사회갈등의 요인, 등장 및 해결과정, 방식에 대한 사회학적 천착은 정당연구에서도 중요하다. 갈등의제에 따른 직접적 해결과 정치적 해결의 유형과 방식, 비중을 탐색하면 정당연구의 수준을 획기적으로 높일 수 있지 않을까 싶다. 또 주지하듯 매디슨의 대의제, 대표, 민주주의에 관한 이론이 그의 파벌에 대한 견해로부터, 특히 "파벌의 원인은 제거될 수 없고 오직 파벌의 영향을 조정하는 방법에 의해 치료할 수밖에 없다"는 주장을 담은 《연방주의논설》 10번에서 나왔음에 비추어 후자 역시 중요한 함의를 갖는다.[16]

---

13) Simmel, 1955.

14) Coser, 1956.

15) Hamilton, Madison & Jay, 김동영 옮김, 1995: 61~68.

끝으로는 보편한국학의 모색이다. 보편한국학의 모색이란 정당연구를 포함해 한국을 사례로 한, 또는 한국에서의 연구가 보편적 사유체계나 이론구축에 도전하고 소통·기여하도록 하는 문제의식을 말한다. 표현이 약간 어색하지만 보편적 한국학을 통한 세계학문의 시도라고 해도 좋겠다. 이것은 특정 서구 설명체계나 접근방식을 베낀 뒤 적당한 사례나 수치를 대입하여 한국을 해명하는 문제와는 차원을 달리한다. 요컨대 한국에 대한 연구가 주제나 분야에 관계없이 자기만의 관점과 설명방법에 바탕해 한국의 경험을 보편적으로 이해 가능하도록 객관적으로 진술할 수 있는 '주관적 객관성' 내지는 '객관적 주관성'을 말하는 것이다.

정당을 포함해 한국은 인문학과 사회과학의 실험장이라고 할 수 있을 정도로, 정교한 설명을 필요로 하는 독특한 현상들이 계속 빈발하는 인간공동체요 사회현장이라고 할 수 있다. 이러한 현상들을 수준 높게 설명하려는 학문적 도전을 통해 우리는 식민주의·종속·민족주의·문화·군부통치·다문화·국제관계·정당 등에 관한 일반적 이론을 낳은 다른 사례연구들처럼, 한국 사례를 통해 보편적 설명체계를 산출해낼 수 있을 것이다. 근대로의 진입 이래 1세기 반, 건국 이래 두 세대를 경과하였지만, 적어도 인문사회과학에서 그것이 어느 분야이건 한국에서, 또 한국을 사례로 한 연구에서 세계와 소통하는 자기진술이 거의 없다는 점은 한국 학문의 전체적 모방성, 이론 수입성과 소비성으로 인한 창조성·독특성·보편성의 결여를 가장 잘 보여주는 지표가 아닐까 싶다.

16) Hamilton, Madison & Jay, 김동영 옮김, 1995: 64.

3. 초기 출발의 역사적 · 구조적 제약조건과 가능조건

한국 정당에 대한 역사적 구조적 접근을 시도할 경우 무엇보다도 근대로의 이행 시기 독립협회를 포함해 다양하게 족출했던 초기의 원형정당들(*proto-party*)에 대한 정당이론에 바탕한 연구가 중요해 보인다. 근대적 정당들의 초기 기원문제에 천착하자는 말이다. 특정 사회에서 정당의 외양과 정책은 크게 변화할 수 있지만, 내부 동학과 형태에는 큰 차이가 없을 수 있기 때문이다. 따라서 근대 초기 군주체제의 붕괴과정 및 초기 부르주아의 형성단계에서 나타났던 다기다양한 정치운동과 조직에 대한, 정당의 기원과 등장 관점에서의 연구가 필요한 것이다. 초기 원형정당의 등장에 대한 탐색 없이, 갑자기 역사 없는 실체처럼 특정 시점의 제도를 단절적으로 연구할 경우 정당행태와 조직, 역할은 계통적으로 규명되기 어렵다. 이는 특히 당시가 근대 정당조직의 등장과 궤를 같이하는 입헌주의 · 공화주의 · 자유주의의 초기 등장시기였다는 점과 관련해서도 중요하다.

식민시기의 정당과 정치조직에 대한 연구 역시 필수적이다. 식민시대는 남한과 북한에서 핵심적인 역할을 수행하는 정당 · 정치인 · 조직 · 이념이 형성되는 시기이며, 실제로 이들은 건국 이후 남한과 북한에서의 초기 정당형성과 활동에 필수적 자원과 인맥, 경험과 균열구조로 작용하였다. 식민시기의 정치조직들에 대한 연구 없이는 초기 한국의 정당에 대한 연구는 불가능하다고 해도 과언이 아니다. 인맥과 이념을 포함해 식민시기는 건국 이후 한국 정당정치의 배태기이기 때문이다.

정당연구자 키르히하이머(Otto Kirchheimer)의 개념을 빌리면 국가건설 시기는 한국 정당정치 실험의 이른바 '출발의 제약조건'을 형성해주었다. 우리는 출발의 제약조건(*confining conditions*) 개념을 정치적 · 사회경제적 · 이념적 수준까지 포함하여 특정체제의 출발 시 존재하는 특별한 조건이라고 이해할 수 있을 것이다.[17] 산업화 · 민주화 · 지역균열이라는 요인을 빼면, 때로는 그 시기까지 포함하여, 한국 정당체제와 정당정치는 상당기간 국가형성 시기의 초기 제약조건이 설정한 범주 안에서 움직여왔다. 그것은 곧 남 · 북 두 분단국가 형성이 설정한 남한 내의 보수독점 정당체제였다.[18] 분단국가로서의 출발보다 더 크게 초기 한국 정당정치와 체제를 설정한 요인은 없었다.

국민혁명(*national revolution*)[19] 시기 국민형성과 정당체제의 상관관계에 대한 이해 역시 필수적이다. 이 문제와 관련하여 중요한 시점은 산업화와 계층형성 이후에, 또는 그것들과 맞물리며 근대적 대의제 정부와 보통선거권이 주어진 체제와, 산업화와 계층형성 이전에 대의제 정부와 선거권이 부여된 국가 사이의 차이점이라고 할 수 있을 것이다. 한국의 경우 선거권이 일시에 주어짐으로 인해 노동자들을 포함해 유권자들은 계급으로서보다는 국민으로서 투표해왔다. 젠더 문제 역시 유사하다. 즉, 투표권이 쟁취된 것이 아니라 일거에 주어짐으로 인해 여성들 역시 성정체성을 가지고 투표하기는 어려웠다. 그럴 경우 사회적 이익표출을 반영한 중간기재, 매개체로서의 정당의 발달이 더뎌지면서 대의민주주의보다는 국민투표민주주의로 발전할 가능성이 커진

---

17) 이때 말하는 "출발의 제약조건"은 원래 "특정체제의 출발 시 존재하는 특별한 사회적 지적 조건"을 말하는 개념이다(Kirchheimer, 1969: 385~407). 그러나 필자는 여기에서 이를 좀더 확장하여 적용하려 한다.

18) 최장집, 2005: 61~65; 성경륭, 1995: 150~191.

19) 이에 대해선 Lipset & Rokkan(1967: 13) 이하를 참조.

다. 때문에 한국 정당과 연구에서는 대의기제, 중간기제의 허약화를 초래하는 데 대한, 그럼으로써 국민투표민주주의(*plebiscitarian/plebiscitary democracy*)를 강조하는 데 대한 아래의 벤딕스(Reinhard Bendix)나 탈몬(Robert Talmon)의 문제제기에 대하여 깊이 유념해볼 필요가 있다.

한국은 종족적·문화적·종교적·언어적 균열구조를 거의 갖지 않은 사회이다. 즉, 매우 높은 단일종족성과 문화적 통일성을 향유해온 사회이기 때문에 이들 균열계선을 따라 정당이 형성될 가능성이 매우 낮다. 게다가 계급형성에 대한 국민형성의 선차성은 이후의 투표행태와 정당체계에 결정적인 영향을 끼쳤다. 산업화, 계급형성, 정당체제, 선거권 부여, 대의제 정부의 순서로 등장하였을 경우 선거권(확대과정)은 일정한 계급성과 투쟁성을 띠기 때문에 투표형태와 정당체제 역시 상당한 영향을 받을 수밖에 없다. 그러나 일거에 하나의 국민으로서 투표권이 부여되었을 경우 국민성이 압도하기 때문에 계급성은 드러나기 어렵다. 국민형성과 불가분의 관계를 갖는 것이다. 게다가 한국은 북한과의 경쟁으로 인한 극적인 부정적 통합(*negative integration*)으로서 국가와 국민이 형성되었기 때문에 훨씬 더 강도 높은 이념적 단일성과 통일성을 띨 수밖에 없었다.

결국 정당배열 및 체제와 관련하여 주목하게 되는 것은 전쟁을 포함하여 국민형성과 동원, 선거권의 부여가 갖는 계기와 순서에 관한 이론적 의미이다. 이를테면 유럽의 경우 민주주의의 거시적 발달과정에서 선거권제한체제(*régime censitaire*)를 거쳤다.[20] 그러한 조건하에서 상

20) 이에 대해서는 Bendix(1977: 112~122), 김수진(1997: 33~61), 김수진

업화와 산업화, 자본주의 발전, 계급투쟁, 국민형성, 전쟁을 거치면서 선거권 확대 및 정당과 민주주의 발전을 위한 중대한 진전이 이루어졌다. 그러나 한국은 선거권제한체제를 거치지 않고 1948년의 국가건설 과정에서 모든 국민에게 일시에 선거권이 주어졌다.[21]

이때 선거권을 포함한 시민권 확대를 향한 전쟁의 역할 역시 주목할 만하다. 전쟁이 초래하는 이른바 균등화 효과(*leveling effect*)나 동질화 효과(*homogenizing effect*)를 말한다. 요컨대 전쟁이 민주주의 발전의 중요한 한 원인이 될 수 있다는 점이다.[22] 전쟁에 동원되었던 계층들을 다시 전쟁 이전 체제, 이를테면 선거권제한체제로 복귀시키는 것은 불가능했다. 전쟁을 거치면서 전쟁승리와 국민통합을 위해 하층에게 확대된 시민권을 전후 다시 배제할 수는 없었다. 그러나 한국의 경우는 그렇지 않았다. 한국전쟁이라는 결정적인 전쟁이 존재했지만, 전쟁으로 인한 국민동원과 시민권 확대과정 없이 전쟁 이전에 완전한 선거권 부여, 보통선거제도 실시, 대의제 정부의 수립이 있었기 때문에 국민에 대한 양보는 필요 없었다. 특히 의회와 정부의 구성원칙은 적어도 제도적으로는 전혀 하자 없는 보편적 선거원리에 기초한 대의제 정부의 원리를 대변했다. 이는 이후 정당은 물론 한국의 민주주의 발달과정과 내용에 커다란 영향을 끼쳤다.

유럽과는 달리 미국에서 독자적인 노동계급 정당이 출현하지 못한 이유는 프롤레타리아가 새로운 요구를 투과하기 이전에 이미 대의제

(2001: 21~65) 참조. 김수진은 선거권제한체제를 '납세자정권'으로 이해, 번역한다. 양자의 의미 차이는 크지 않은 것으로 보인다.

21) 최장집, 1996: 20.

22) Therborn, 1977: 21~23.

정부와 광범위한 선거권이 도입되었기 때문이었다. 그러나 영국의 경우 대의제 정부, 도시노동자 계급, 그리고 마지막으로 보통선거권이 출현하는 역사적 선후관계를 보여주었다.[23] 한국은 선거권과 대의제 정부가 미리 주어져 있었기 때문에 전시 국민동원을 보상하기 위한 국가의 정치적 양보가 필요하지 않았고, 계급적 요구에 의한 선거권의 확대과정 역시 필요 없었다. 노동자 계급이 새로운 요구를 제기하기 이전에 대의제 정부와 선거권이 전면적으로 도입될 경우 노동계급의 요구가 반영되는 정당체제나 독자정당이 출현하기는 어렵다. 우리는 산업화와 노동계급의 등장 이전은 고사하고, 아예 국가형성을 위한 전쟁 이전에 이미 대의제 정부와 선거권이 전면적으로 부여되었기 때문에 민주주의와 정치갈등과 정당체제는 계급성에서 대단히 미약할 수밖에 없었다.[24]

한국 민주주의 발전과정의 커다란 독특성 중의 하나는, 적어도 참정권의 경우, 시민권의 제도적 확장과정이 아니라 일거에 주어진 '제도적' 시민권의 '실질적' 행사를 위한 투쟁과정이었다는 점이다. 따라서 민주주의 발전의 관건은 '제도'와 '실천' 사이에 놓인 요소와 조건의 확충 여부였다. 이는 한국 민주주의의 주목할 만한 특징의 하나였다. 한국에서의 역대 선거결과들이 보여주듯이, 근대화가 초래하는 사회변동이 제공한 시민사회의 변화와 발전으로 인해, 위로부터 주어진 선거는 점차 실질적 대의의 기능을 갖게 되었다. 요컨대 제도실현을 위한 조건의 실질적 충족을 의미했다.

---

23) Dahl, 1966: 388~401; Daalder, 1966: 62.

24) 이 점에 대한 검토는 최장집(1996: 20~23), Lipset(1981: 29~30, 1959: 72)을 참조.

선거권이 일거에 주어진 직후 한국에서 나타난 초기 근대화의 모습은 '산업화에 앞선 근대화', 또는 '산업화 없는 근대화'(*modernization without industrialization*)로 개념화할 수 있을 것이다.[25] 즉, 도시화, 언론, 교육, 문자해독률 등 산업구성 및 계급구조를 제외한 다른 부문에서 먼저 사회적 근대화가 진행됨으로써 민주주의의 핵심조건에 앞선 조숙한 사회변동이 되고 말았다. 산업적·계층적 기반이 결여된 근대화가 진행됨으로써 현대 민주주의의 기축요소인 정당의 정상적인 발전은 거의 불가능할 수밖에 없었던 것이다. 사회적·계급적·산업적 기반이 없는 정당체제였기 때문이었다. 결국 '산업화 없는 근대화', '산업화에 앞선 근대화'는 초기 한국 민주주의의 기저적 특징의 하나였다. 이 말은 특정 형태의 근대화가 산업화가 수반하는 경제발전, 산업구성의 변화, 계급구조 재편과 함께하지 않음으로써 쁘띠 부르주아적 자유주의, 또는 시민적 민주주의 요구를 창출하기는 하나, 민주주의를 실현할 만큼의 사회경제적·계급적 기반이 매우 허약한 현상과 동시적으로 진행되는 특성을 지적하기 위한 표현이다. 즉, 산업화 없는 근대화가 초래하는 노동 없는 자유주의, 노동계급 없는 민주주의의 불안정성을 말한다. 그럴 때 근대화가 반드시 민주주의를 위한 정(正)의 효과의 측면만을 갖는 것은 아니라는 점이다.[26]

---

25) 이에 대한 상세한 설명은 박명림(1998: 72~127, 2011) 참조.

26) 산업화에 앞선 근대화, 산업화 없는 근대화 개념은 제임스 커스(James Kurth)의 '산업화에 앞선 자유주의'(*liberalism outpassed industrialization*)로부터 유추한 것이다. 그것은 랭거(William Langer)가 명명한 사회적 기반이 부재한 자유주의운동, 즉 공장주들의 자유주의가 아니라 '지식인들의 자유주의'로 부른 유형을 지칭한다(Kurth, 1979: 333~335).

4. '비동시성의 동시성', 또는 균열구조의 중첩과 펼침의 문제

사회적·경제적·정치적 균열구조의 변화와 정당체제의 조응 여부 역시 중요하게 연구되어야 한다. 전체를 일견할 때 한국에서 정치균열은 대략 다섯 단계를 거쳐왔다고 할 수 있다. 첫째, 건국시기의 좌-우, 공산주의-민족주의, 보수-급진, 점진주의-혁명주의 대결 시기, 둘째, 한국전쟁 이후의 여촌야도 균열 시기, 셋째, 권위주의하의 민주-반민주 균열 시기, 넷째, 민주화 전후의 지역균열구조 시기, 다섯째, 민주화 이후 지역균열과 사회경제균열구조의 중첩 시기가 그것들이라고 할 수 있다. 이때 각각의 균열구조에 따르는 정당체제와 배열의 지속성과 단절성은 중요한 연구주제가 된다.

특히 한국 사회는 초단기간 동안의 고도로 압축적인 발전으로 인해 서로 다른 균열구조들은 한 세대 내에서도 급속하게 등장·소멸·전이하였고 이에 따른 집합적 사회의식과 갈등양태 역시 격심하게 유동하였다. 농업사회에서 산업사회로, 다시 산업사회에서 정보사회로 초단기간 내에 혁명적인 사회변동을 경험한 사회에서의 정치균열과 정당체제의 조응 여부가 매우 중요하게 대두된 것이다. 농업사회였던 1940~1960년대 초반의 정당체제는 어떠하였는가? 토지개혁과 같은 사회경제적 변혁이 정당체제와 정당정치에 끼친 영향은 무엇인가? 비교적 관점에서 보았을 때 정치계급과 정치사회의 역할은 어떠하였는가? 유럽의 경우 정치사회는 봉건적·농업적 사회질서의 중심축으로서 봉건성의 근대로의 연장과 그 적응의 기능을 하였다고 할 수 있지만,[27] 우리

27) Mayer, 1981: 7~9.

의 경우는 어떠하였는가? 산업사회로의 거대전환의 시기였던 1960~1970년대의 정당체제와 정책은? 세계적 차원에서 비교해 보더라도 이토록 빠른 초단기 거시 사회변동을 보여준 사례는 매우 드물다는 점에서 한국에서의 급속한 사회변동과 정당체제의 조응 여부에 대한 연구는 상당한 수준의 일반이론에 대한 도전도 가능하지 않을까 사료된다. 그것은 정당연구를 넘어 사회경제적 변화와 정치변동 사이의 관계에 대한 포괄적인 학제적 연구를 포함한다.

특별히 민주화 이후 민주-반민주 구도가 사회경제나 계층균열을 반영하는 진보-보수 균열구조로 전이하지 않고 지역균열구조와 중첩되어 이행하면서 지역정당체제를 갖게 된 것은 중요한 함의를 지닌다. 즉, 민주화와 지역화의 중첩과정을 탐색하면 한국에서 계층문제, 노동문제가 지배적 담론에 의해서만이 아니라, 민주화 세력이 주도한 정당체제의 의해서도 어떻게 대표되지 않았는지 구명할 수 있지 않을까 싶다. 이 점에서 1987년 김영삼-김대중, 통일민주당-평화민주당의 분열, 그리고 1990년 3당합당은 민주화 이후 한국 사회의 균열구조와 정당배열, 노동-사회경제 의제의 정치 의제로의 전이 여부에 결정적인 국면형성 시기였다고 사료된다. 지역균열구조가 지역정당체제를 결과한 것이 아니라 거꾸로 지역정당체제가 지역균열구조를 강화시킨 것이었기 때문이다.

주지하듯 균열구조와 정당체제의 형성, 등장, 구조, 변화, 지속에 대한 대표적인 설명 노력은 립셋과 로칸에 의해 수행되었다. 기본적으로 두 사람은 정당체제의 발전을 사회균열구조로부터 설명하려 했다. 균열의 두 차원은 지역적(*territorial*)·문화적(*cultural*)·기능적(*functional*) 차원으로 나뉜다. 이로부터 4개의 주요 균열축이 설정된다. 중심과 주변(또는 지배와 종속), 국민국가와 교회, 토지이익과 산업이익(농업이익과 공업이익), 소유주·고용주와 소작인·노동자가 그것이다. 전자의 둘이 국민혁명의 산물이라면, 후자의 둘은 산업혁명의 산물이었다.[28] 국가와 종교가 유럽 특유의 균열구조라면 다른 균열들은 다른 나라의 경우에도 적용 가능한 일반적 균열구조라고 할 수 있다.

한국의 경우를 예로 들면 워낙 짧은 시간 동안 거의 동시에 국민혁명과 산업혁명을 이룬 사회라서 균열의 주요 축(*line*)이나 선후(*sequence*)를 획정하기가 결코 쉽지 않다. 물론 부분적으로는 한국민주당과 이승만·자유당, 여촌야도 균열구조에서 국민혁명 단계의 균열이 일정 부분 드러나지 않았나 싶다. 그러나 초기 농촌-지주 중심의 한국민주당의 후신인 민주당이 훗날 '도시돌파'인 4월혁명의 주요 수혜세력이라는 점은 균열구조의 지속성에 심각한 의문을 던지게 한다. 민주 대 반민주 대립의 경우 권위주의 시기에 한정되었을 뿐만 아니라, 지역적-기능적 균열의 축에 설정하기도 쉽지 않다. 고용주와 노동자의 균열 역시 산업화와 민주화 이후 부분적으로 드러나고 있으나, 지역균열과의 중첩, 그리고 몇몇 지역 투표사례를 통해 볼 때 역시 지배적이지는 않았다. 결국 어느 것도 국민으로서의 투표가 압도적인, 그러면서도 압축발전으로 인해 급격하게 변모해간 한국 사회에서 지배적이며 항구적인 균열구조로 등장하지는 않은 것으로 보인다.

한국 사회에서는 보다 덜 근본적인 균열부터 근본적인 균열로 이어지는 현상이 발견되는가? 이 문제는 이른바 균열기반의 위계(*hierarchy of cleavage base*)[29]와 관련하여 중요하다고 할 수 있다. 한국의 경우 초

---

28) Lipset & Rokkan, 1967: 9~23.

기 국가형성기에 체제성격 및 북한과의 경쟁을 둘러싼 가장 근본적인 균열이 존재하였다. 그러나 근본 균열의 소멸 이후에 한국전쟁, 4월혁명, 군사쿠데타, 민주화운동 등 항상 '정당 밖의 갈등'이 '정당 간 갈등'보다 더욱 중요한 균열계선의 결정요소인 동시에, 훨씬 더 심각한 갈등 양상을 보여주었다. 균열계선은 언제나 정당요인을 제외한 채 형성되고 유동하였던 것이다. 또한, 비록 초기에 비해서는 덜 근본적인 균열이었으나 결코 제도 내의 기능적인 균열은 아니었다.

최근 들어서는 민주화 이후 통일문제의 등장 및 사회경제적 양극화의 심화로 인해 진보-보수 사이의 균열이 좀더 근본적인 형태로 돌아가는 균열기반의 역진현상이 등장하고 있다. 그리하여 일부 의제는 초기 국가형성기의 좌-우 균열과 유사한 양태를 보이기도 한다. 결국 한국에서는 주요 균열들이 시차적으로 발생하여 시계열적으로 해결되었는가? 아니면 문제들이 해소되지 않고 누적되어 새로운 균열과 중첩되었는가? 강조할 필요도 없이 사회적·정치적 긴장을 초래하는 의제들을 그때그때 해결하는 것은 안정된 정치체제에 기여한다. 물론 그렇지 않을 경우는 반대이다.[30]

한국에서 갈등의 완화에 실패하는 가장 큰 이유는 타협을 통한 갈등의 제도화의 실패이다. 정당의 역할결여는 그 중심요인의 하나임에 틀림없다.[31] 따라서 타협의 실패로 인한 '갈등'과 '제도화' 사이의 간극만큼 해당의제의 해소에 들어가는 인간적·사회적 비용들은 커질 수밖에 없다. 국가형성 이래 오늘에 이르기까지 한국 사회에서 지속되는 '높은

29) Lipset & Rokkan, 1967: 6.

30) Lipset, 1959: 92.

31) 최장집, 2005: 244~262.

갈등-낮은 타협'의 갈등해소 유형은 국가건설, 전쟁, 산업화, 민주화, 평등과 복지를 둘러싼 그 시점 시점마다의 집합적 비용을 막대하게 치르도록 요구하였다. 요컨대 갈등 수준과 타협 수준 사이의 격차만큼 높은 인간적 · 사회적 비용을 치르고 있는 것이다.

그럴 때 사회변동의 속도로 인한 의제중첩의 문제는 결정적으로 중요하다. 서로 다른 시대의제의 동시적 존재, 블로흐(Ernst Bloch)가 말했던 이른바 '비동시성의 동시성'(*the contemporaneity of the uncontemporary*)의 문제를 말한다. 장기적 또는 수 세대에 걸쳐 근대적 의제들을 성취한 국가들과 이들을 한 세대나 단기간에 성취한 사례 사이의 의식 양태, 균열구조, 갈등양상, 정당체제, 유권자 편성, 제도화의 방법의 차이는 크다. 따라서 이 문제를 비교 연구할 필요 역시 크다. 이를테면 단기적 국가형성에 뒤이어 한 세대 만에 산업화와 민주화의 압축적인 동시 성취를 이룬 한국 사례와, 이들을 세대 간 시차를 두고 점진적 · 장기적으로 이룬 사례 사이의 비교연구를 말한다. 압축근대화를 이룩한 국가의 정당체제와 정당정치는 어떠한가? 압축근대화가 산생한 '비동시적인 동시적 균열구조'는 정당정치에서는 과연 어떤 특성으로 연결되었던 것인가? 정당이 기본적으로 대의기구라는 점에서 '비동시성의 동시성'은 무엇보다도 대의형성 문제에 직결되기 때문이다.

이때 '비동시성의 변증법'(*dialectic of non-contemporaneity*)을 원용하는 것은 시민들의 집합적 정치의식을 넘어 의제해소, 사회균열구조의 전이속도와 중첩을 함께 파악하는 데 매우 유리하기 때문이다. 이 개념은 의식과 사회발전의 불균등성과 부분성 혹은 부분적 발전을 지적하는 것으로서 한국 사회의 경우 국가형성, 전쟁, 근대화, 산업화, 민주화, 지역갈등, 정보화, 통일 등 상이한 비동시적 의제의 동시적 존재와 불균등한 발전을 의미한다. 한국은 짧은 시간에 압축적으로 사회발전을 이루는 과정에서 전통과 근대가 혼재하는 것은 물론 같은 근대적 요소 내에서도 격심한 불균등성과 동시성, 혼재성과 부분성, 공존성과 충돌성을 함께 보였다.

부분적 발전을 통해서 어느 부분은 근대성이 앞서가기도 하였고 또 어느 부분은 전통성이 강하게 잔존하기도 하였다. 즉, 비동시적 요인들이 동시적으로 존재하였다. 사회구성원의 의식 역시 개인적 수준에서건 사회적 수준에서건 전통적 농민과 근대적 노동자, 농촌민과 도시민, 토착고향민과 이주타향민, 공동체에 대한 애국을 강조하는 국민과 개인의 자유를 중시하는 시민, 여성과 국민 등이 한 사람 안에서도 긴장되게 공존하거나 내면적으로 자주 충돌하였다. 집단주의와 개인주의, 반공주의와 자유주의의 대결 역시 격렬하였다. 따라서 '비동시성의 동시성'은 다르게 표현하면 복합적 중층결정(*complex over-determination*) 또는 불균등 연합발전(*uneven and combined development*)이라고 할 수 있다.[32]

다른 한편으로는, 이 문제와 관련하여 20세기 최대의 역사가의 한 사람인 페르낭 브로델(Fernand Braudel)의 문제의식을 유념한다면,[33] 우리는 정당연구에서도 하나의 유용한 시사를 얻을 수 있을는지 모른다. 그것은 장기지속, 중기지속, 단기지속 사이에서 어떤 요소가 정당의 여러 측면들을 더욱 중요하게 좌우하느냐는 문제의식을 말한다. 자

32) 정치학, 사회학, 역사학, 철학, 미학, 사회심리학에 걸쳐 이론적·현실적으로 현대 한국을 분석할 때 매우 적실성이 있어 보이는 이 개념에 대해서는 Bloch (1990: 98~116, 195~208)를 참조.

33) Braudel, 이정옥 옮김, 1990: 47~84.

본주의 발달과 같은 '구조'인가, 좀더 중기적인 '국면'인가, 아니면 단기적인 정치 '상황'인가? 1987년의 김영삼-김대중 분열이 정당체제에 끼친 영향을 고려할 때 균열구조와 정당배열은 반드시 구조적이며 국면적인 요인에 의해서만 결정되는 것은 아니라는 점을 알 수 있다. 이 경우 리더십의 선택이 국면과 구조에 영향을 끼친, 또는 그것들을 거의 결정한 사례에 속하기 때문이다.

5. 몇몇 상이한 층위들의 분류와 종합

정당을 포함해 오늘날 정치에 대한 바른 이해는 선거주기(*electoral cycle*)와 기업주기(*business cycle*), 정치주기와 시장주기, 정치체제와 시장체제에 대한 통합적인 연구를 요구한다.[34] 따라서 정치의 중심영역이자 주체의 하나로써 한국(에서)의 정당에 대한 연구 역시 당연히 위의 둘의 통합적 이해에 기초해야 한다. 이는 한국 정당의 현재와 같은 사회적 · 경제적 위축과 사실상의 함몰을 이해하기 위해서는 필수적인 것으로 보인다. 하나의 중요한 질문으로서 한국의 특이한 패권적 경제구조인 재벌체제와 불안정하고 허약한 정당체제 사이에는 어떤 관계가 있는가? 필자가 이해하기에 이 둘은 밀접 불가분의 관계에 놓여 있지 않나 싶다. 그러나 대통령제 권력구조와 정당체제의 관계에 대한 많

---

34) 필자가 이 문제에 대해 처음 이론적 시사를 받은 저작은 정치주기(*political cycle*)와 기업주기(*business cycle*)라는 용어를 사용한 Theodore J. Lowi의 *The Personal President: Power Invested, Promise Unfulfilled*이나, 최근 이 문제에 대해서는 체계적인 저작들이 다수 제출되고 있다.

은 연구에 비하면 이 중요한 문제는 상대적으로 훨씬 덜 연구된 것으로 보인다.

관련하여 정당연구에서 사회학자 밀스(C. W. Mills)의 시각은 매우 중요하다. 이미 1950년대에 정치사회학의 고전적 저작에서 그는 의회중심체제에서 행정부 중심체제로 변전되면 중요한 정치적 결정을 발의하고 결정할 수 있는 핵심적 지위에 있는 인물들은 3/4 이상이 직업 정치인이나 의회의 정당정치 이외의 경력을 가진 인물들로 구성된다고 밝혔다.[35] 밀스의 때 이른 연구는 우리에게 좁은 의미의 정치보다는 훨씬 더 폭넓은 시야를 가질 것을 주문한다. 기업, 언론, 종교, 대학, 군부, 노동과의 관계 등 사회 속의 정당에 대한 연구는 말할 필요도 없다. 이런 상황에서 좁은 인적 구성체로서의 정당에 대한 부분적 하위연구는 정당 자체의 전체적 위상에 대한 통찰과 인식이 결여되어 있을 경우, 전체 사회의 관점에서는 거의 의미를 갖지 못할 수도 있다.

이 점은, 어쩌면 정당민주주의의 전형의 하나로 보이는 미국에서조차 뚜렷하게 구분 지어진 의회중심 정부(*congressional government*), 대통령중심 정부(*presidential government*), 신자유주의 정부(*neoliberal government*)를 거치는 동안 정당역할의 정점을 보였던 의회중심 정부 시기에 대한 저술이면서도 전체 미국민주주의에 대한 탁월한 통찰에서 토크빌(Alexis de Tocqueville)이 정당에 대한 서술은 지극히 소략하며, 또 미국민주주의의 장점을 기술하는 부분에서는 아예 정당에 대한 언급이 전혀 없다는 점과 비유하여, 많은 것을 시사한다고 보인다.[36]

---

35) Mills, 진덕규 역, 1979: 제 10장, 309~330.

36) Tocqueville, 박지동 역, 1997: 171~177, 231~246. 원문은 Translated by George Lawrence, edited by J. P. Mayer, *Democracy in America*를 참조.

그렇다면 민주주의의 발달에 따른 시민권과 정당체제의 관계는 어떤가? 전체 민주화 과정에서의 시민권의 확장 및 실질화 과정, 이를테면 슈미터(Philippe C. Schmitter)나 오도넬(Guillermo O'Donnell)은 민주화의 과정을 시민권의 확대와 관련하여 자유화, 민주화, 사회화로 구분한다.[37] 그것은 대체로 사회학자 마샬(T. H. Marshall)과 벤딕스(Reinhard Bendix)가 말했던 시민권 확대, 즉 시민적 권리(*civil rights*), 정치적 권리(*political rights*), 사회적 권리(*social rights*)와 상응하는 개념으로, 정당을 포함한 대의기구들은 정치적 권리에 조응하는 공적 제도라고 할 수 있다.[38] 한국에서 이러한 시민권의 실질화 과정과 투표 및 선거, 정당체제와의 (부)조응 여부는 어떤 관련이 있을지 연구하면 대단히 좋은 발견점을 확보할 수 있을 것이다.

원래 초창기 비밀투표는 본질적으로 자유주의적인 도시적 정서(*liberal urban mentality*)에 호소한다.[39] 때문에 도시화와 근대화의 산물로서 도시 중산층이 주도한 일종의 '도시돌파'(*urban breakthrough*)[40]로서의 민주혁명과 선거, 정당체제는 불가분의 관계를 갖는다. 정당과 정당체제 변화의 요소로서의 의회구성 및 선거의 역할을 말한다. 한국에서 1950년대 이후, 이를테면 1960년, 1979년, 1987~88년, 1997년 선거를 이러한 관점에서 볼 수는 없을까? 즉, 한국의 정당연구에서 정당체제나 구성의 변화, 투표자 편성의 급변을 보여주고 정치사회의 구성의 변경요구, 변화의 방향을 제시한 중대선거(*critical election*)[41]에 대

37) O'Donnell & Schmitter, 1986: 6~14.

38) Marshall, 1964: 71~134; Bendix, 1977: 89~122.

39) Bendix, 1977: 121.

40) Huntington, 1963: 73~74

한 연구도 한 중심주제라 할 수 있을 것이다.[42]

민주화 이후 한국에서는, 전술했듯, 왜 현대 정당이론의 주요 법칙의 하나인 대표체제, 선거구제, 정당체제 사이의 조응현상이 부재하는가? 즉, '단순다수대표제', '소선거구제', '양당체제'가 만난다는 '듀베르제의 법칙'이 한국에서는 왜 적용되지 않는가? 또, 다른 부조응사례들과 한국의 차이는 무엇인가? 한국은 단순다수대표제와 소선거구제를 결합하였는데도 양당제가 아닌 다당제가 지속되고 있다.[43] 실제로 민주화 이후 총선에서의 평균 유효정당 수는 3.7개에 육박하며 대선에서의 유력후보 역시 유사한 수치를 나타낸다. 그리고 후자는 대통령 당선자의 심각하게 낮은 득표율로 연결된다. 전자 역시 만약, 표의 부등가성에 기초한 제도적 왜곡을 극복하고 등가성과 비례성이 확고하게 보장된다면, 현재의 지배적 정당들의 독점적 위치는 크게 약화될 것이 분명하다. 제도를 통한 대의의 굴절을 제거한다면 현재의 정당체제는 크게 재편될 수 있는 것이다. 이러한 유효정당 수는 선거의 대표성과 대통령제의 근간 또는 정당이론에 대한 도전이라고 할 수 있다. 다당체제는 대통령 선거 및 의회선거를 통한 '권력구성 과정'과 '권력구성 이후'에 정반대의 영향을 끼치기 때문이다. 권력구성 과정에서는 낮은 지지율로 집권하였으면서도, 권력구성 이후에는 독점적 권력행사를 반복하는 현재의 정당체제-권력구성 방식-헌정체제는 심각한 불일치 요소를 안고 있는 것이다.

권력구조 문제와 관련하여 정당정치에서 대통령과 의회의 갈등은 최

41) Key. Jr., 1955: 3~18; Burnham, 1970: 1~10.

42) 이를테면 안병만, 1977: 50~62.

43) 이상묵, 2006: 33~58.

근 들어 헌법이론과 정치이론의 중심 주제의 하나로 떠오르고 있다.[44] 때로는 지배당과 반대당의 갈등 못지않게 심각한 경우도 있다. 한국의 경우 1987년 이후 심각한 충돌을 노정하는 이 문제에 대한 정당이론 관점에서의 정교한 경험적 분석과 대안의 제시가 필요할 것으로 보인다.

정당 자체에 대한 구조 차원의 일반적 문제에 대해서는 조직 문제, 특히 로베르트 미헬스(Robert Michels)가 말하는 정당의 과두화 경향에 대한 연구가 중요할 것이다. 그러나 한국에서 이 문제에 대한 실증적 탐색은 거의 없어 보인다. 이 문제는 민주주의와 정당의 불가분성뿐만 아니라 후자의 과두성으로 인한 전자에의 영향 역시 필수적으로 검토되어야 한다는 점을 함의한다. 미헬스의 언명을 직접 들어보자. "근대의 정당정치에서 귀족정은 민주주의의 형태를 띠는 반면 민주주의는 귀족적인 내용으로 채워진다. 한쪽에는 민주주의의 형태를 띤 귀족정이, 다른 한쪽에는 귀족적인 내용을 담은 민주주의가 존재하는 것이다. 정당정치의 토대가 외면적으로 민주주의의 형태를 띠는 것에만 집중하다가는 모든 정당이 귀족정, 더욱 정확하게 말하자면 과두정으로 변형되는 경향이 있다는 사실을 간과하기 쉽다. 과두적 경향을 밝히는데 가장 적절하고 효과적인 관찰대상은 바로 민주적인 정당들, 그 가운데서도 특히 사회혁명적인 노동자 정당들의 내부구조이다."[45] 대중적 당원제도와 참여방식을 한편으로, 소수엘리트에 대한 위로부터의 폐

---

44) 대통령과 의회의 갈등 문제는 민주주의, 헌법, 정치체제, 정책결정 연구의 핵심의제로 떠오르고 있다. 다음의 몇몇 연구를 참조할 수 있다. Fisher, 1997; LeLoup & Shull, 2002; Pyle & Pious(eds.), 1984; Siavelis, 2000.

45) Michels, 김학이 역, 2002: 54. 영어번역은 대동소이하나, 약간 뉘앙스가 다르다. Michels, translated by Eden and Cedar Paul, 1966: 50.

쇄적인 공천제를 다른 한편으로 갖는 한국의 정당들이 각 분야에서 가장 성공한 극히 소수의 남성 중심의 패권적 구조에 머물러 있는 현실은 미헬스의 문제제기를 간과할 수 없도록 만든다.

따라서 한국에서 한국민주당, 자유당, 민주공화당, 신민당, 민주자유당, 새정치국민회의, 통일민주당, 평화민주당, 한나라당, 새누리당, 열린우리당, 민주노동당 등의 과두화 문제에 대한 종적·횡적 비교연구는 정당연구의 새로운 논점을 제기해줄 수 있을는지 모른다. 아예 정당을 넘어 기업·금융·대학·종교·언론·유통·법조에 대한, 영역을 가로지르는 일반적 현상으로서의 과두적 지배체제를 탐색하는 것도 의미가 클 것이다. 또 만약 한국적 과두화의 특성이 존재한다면 이를 다른 나라의 정당과 비교하여 정당 과두화나 귀족화에 관한 일반명제를 추출해낼 수 있을지도 모른다. 표면을 일견하더라도, 시기별 차이는 있었지만, 민주화 이후 오랫동안 보수우파 정당과 진보개혁 정당 사이에 과두적 지배체제 자체는 거의 유사하지 않았나 하는 인상을 가지게 된다.

사회문화적 차원에서 보자면 동질성이 높은 구심적 사회로서 국가와 국민이 직접 교통하고 관계를 맺으려는 한국 사회의 근본적인 특성에 대한 심층적이면서도 정교한 천착이 필요해 보인다. 지배와 저항의 전통이 동시에 모두 강한, 일견 모순적인 특성처럼 보이는 한국 사회의 독특한 성격에 대한 체계적인 설명의 시도를 말한다. 한말 근대조직들의 분출과 공화주의운동 이래 식민시기 독립운동, 건국운동, 권위주의시기 민주화운동, 민주화 이후의 시민운동 등 오랜 밑으로부터의 강력한 시민참여와 장구한 권위주의 통치의 반복 사이의 접합양태를, 양자의 매개기구로서의 정당정치와의 결합양태에 대한 연구로서 해명해보려 시도하는 것이 중요하다는 것이다. 건국 이후 지속되는 한국 사회의 독특한 특성은 정당발달 문제와도 직결되기 때문이다.

국가와 국민이 직접 관계를 맺으려는 이른바 국민투표주의적 경향은 기능적·집단적 대의의 과정을 생략하는 직접민주주의의 관련되나 이익의 매개(*intermediation*)를 허용하지 않으려 함으로써 정당과 대의민주주의의 발달에는 결코 유리하지 않다. 왜냐하면 국민투표주의적 경향은 국가와 국민/시민을 직접 연결하려 하며, 동시에 국민의 계층적·기능적·직업적 이익의 상이를 인정하지 않기 때문이다.[46] 어떤 중간매개조직으로부터도 견제 받지 않음으로써 국가권력은 종종 무제한적으로 되어간다. 국가와 인간의 배타적인 직접적 관계는 곧 순응을 의미한다. 또한 이는 사회조직의 다층성과 함께하는 다원성에 반대될 뿐만 아니라 인간의 자발성에 근거한 다원성에도 반대된다.[47] 따라서 과거 절대주의와 양립 가능했던 국민투표주의는 오늘날 대의민주주의와 충돌하며 자주 권위주의로 접근한다. 이는 민주화 이전의 한국 사회에 상당히 부합한다고 할 수 있다.

정당을 포함해 한국의 대의민주주의 제도는 국민투표주의적 전통과 통치양식, 지도자와 끊임없이 충돌하면서 존속해왔던 것이다. 그러나

46) 국민투표적 경향과 주의에 대해서는 Bendix(1977: 90~106), Talmon(1952: 46~48, 88, 93, 104~105, 203~207, 235~236, 250~251, 1985)을 참조. Plebiscitarian, plebiscitarianism, plebiscitarian democracy, plebiscitary democracy의 적절한 우리말 개념화는 아직 찾기 어렵다. 필자는 국민주의, 국민투표주의, 국민투표민주주의, 국민민주주의, 동원민주주의라고 일단 번역하였으나 이는 잠정적일 뿐이다. Plebiscite는 '자격을 갖춘 특정 공동체의 모든 유권자가 중요한 공적 의제에 대해 직접 투표한다'는 의미를 갖는다.

47) Talmon, 1985: 250.

대표체계의 우회와 조작으로도 시민사회의 변화를 더 이상 수용할 수 없는 한계에 직면하였을 시민사회의 직접적인 도전은 필연적이었다. 직접적인 관계형성이 오히려 대표체계의 문제해결 능력을 소멸시켜, 이승만-박정희-전두환 체제에서 볼 수 있었듯, 국가와 민중의 직접 충돌을 통해 정권 자체의 붕괴로 나아가지 않으면 안 되는 결과를 초래하였던 것이다. 사회가 기층, 중간매개, 국가의 3층으로 이루어져 있을 때 중간매개의 허약성은 기층과 국가 서로에게 직접적인 관계로 들어가도록 강요하며, 이는 결국 직접적인 광범한 대중행동을 초래하게 된다. 즉 매개관계가 결여되었을 때 참여는 매개를 통한 여과보다는 직접적인 형태를 띠지 않을 수 없게 된다.[48] 국가기구의 중앙집중화 역시 결국은 독립적인 사회조직들에 의한 매개구조를 발전시키고 유지하는 데 있어서의 실패의 산물이었다.

끝으로는 지도자들, 리더십과 정당의 관계에 대한 연구가 필요하다. 이 말은 이승만, 박정희, 노태우, 김영삼, 김대중, 노무현 등을 포함한 지도자 연구에 있어 단순히 권위주의냐 민주주의냐의 양분법을 넘어 보다 객관적인 정당인식과 정당접근을 결합해야 함을 말한다. 특정 지도자나 리더십의 정당인식에 따라 정당의 역할과 행태는 크게 바뀔 수 있기 때문이다. 따라서 리더십 요인과 제도 요인, 구조 요인 사이에 어떤 요소가 정당의 구조, 정책, 행태에 더 큰 영향을 끼치는지 종합적인 비교연구가 필요할 것이다. 이때 대통령과 의회・정당의 관계에 있어 전자의 후자에 대한 과도한 정치적・금전적 개입관행이 정당의 장구한 저발전을 초래한 측면은 없었는지 깊이 있는 연구가 필요하다.

---

48) Kornhauser, 1960: 79~101.

6. 잠정적-현실적 대안을 찾아서

크게 보아 한국 정당연구와 관련해서는 국가형성 이전의 역사적 조건과 정치문화, 국가형성 시기의 헌정체제·제도도입 과정과 특징, 냉전·분단과 남북대결, 근대화 사회변동과 정치균열의 전개, 민주화와 정당제도화, 그리고 정보화·고령화·세계화와 정당변화 등이 역사구조적 요인으로 존재하지 않을까 싶다.

그러나 이들에 대한 검토만으로 바람직한 정당과 정당체제에 대한 이론적 경험적 대안의 제시가 가능할 것 같지는 않다. 특별히 최근 들어 환경, 인권, 재해, 식품, 의료, 질병 등의 문제에 있어 정당의 고전적 역할이 시민단체와 전문가 집단에 비해 위축되는 상황에서 이익과 의견 수렴기관으로서의 정당의 기능은 관료, 시민단체, 언론, 인터넷, 사법기구와 경쟁하면서 크게 축소된 상황이라고 할 수 있다.

의제의 제기, 입법화, 해결과정에서 전문성이 높이 요구되는 문제일수록 정당의 역할은 점점 축소되고 있다. 동시에 관료, 전문가 집단 및 시민단체와의 연대·협치를 통하지 않은 입법은 이제 거의 없는 실정이다. 문제는 현대사회와 정치가 매우 복잡하고 빠르게 변화하면서 정당이 공공성과 전문성을 갖출 시간과 조건이 크게 부족하다는 점이다. 이제 정당발전은 공공성과 전문성을 시민참여 및 민주성과 어떻게 결합할 것이냐에 달려 있다고 해도 과언이 아니다. 공공성은, 시민성은 물론 높은 전문성에 바탕한, 대립하는 사안의 합리적 대안제시 능력과 직결되어 있다는 점에서 전문성의 제고는 공공성을 높이기 위한 지름길이기도 하다. 즉, 오늘날 정당의 공공성, 문제해결 능력의 저락은 시민단체, 관료기구, 학계, 사법기구에 비해 낙후된 전문성에 기인하는 바가 크기 때문이다.

게다가 민주주의에서 가장 중심적인 대의·대표 역할을 행사하던 정당의 위상과 역할은 21세기 들어 크게 축소되었다. 노무현, 이명박, 오바마(Barack H. Obama)를 포함해 정당의 중심에서 활동하지 않던 인물들이 대중조직과의 연계를 통해 선거에 참여하고, 정당 중심의 활동을 하던 기존 인물들을 제압하고 정권을 장악하는 현실은 기존의 정당 연구의 패러다임을 수정할 것을 요구한다. 이제 정당은 여러 복합적인 사회적·정치적 네트워크의 일부이지, 과거처럼 유일한 정치생명선은 아닌 것이다.

즉, 오늘날 대표·정당·선거를 통한 주권 구현의 비중은 크게 약화되어 있다. 정당 및 대표 약화와 직접참여 강화의 경향은 이를 잘 보여준다. 따라서 대의민주주의의 기축원리였던 국민주권은 직접민주주의를 함축하는 인민주권 원리에 의해 보완되어야 한다. 국민주권(론)은 불가분의 국민을 상정한 뒤 이들을 대표하는 의회주의-대표주의에 입각해 있다. 이는 대표위임의 논리이자 대의민주주의-의회민주주의의 원리인 것이다. 그러나 인민주권(론)은 각각의 개별 인민은 불가분·불가양의 주권을 보유하며, 이를 직접 행사할 수 있다고 전제한다. 즉, 직접민주주의·참여민주주의의 논리인 것이다.

협애한 정당민주주의-대의민주주의론은 배타적인 국민주권론에 기반을 둔 것이라는 점에서, 만약 인민주권을 확대하는 방안을 찾지 않으면 현대적 조건에서 대의와 주권, 대표와 인민, 간접민주주의와 직접민주주의는 계속 충돌할 것이다. 즉, 대의민주주의 및 국민주권의 원리가 포용하지 못하는 범주의 계속적인 존재로 인해 대의민주주의의 문제해결 역량은 지속적으로 축소되는 반면 직접 저항과 참여는 더 증대될 것이다. 국민주권과 대의민주주의의 안정과 발전을 위해서도 인민주권과 직접민주주의는 더욱 강화되어야 한다는 점을 알 수 있다. 따라서 국민주권과 인민주권의 대립과 배척을 넘어 융합주권, 통합주권을 모색해야 한다. 주권에 대한 이러한 인식은 오늘날 점점 벌어지는 대의와 참여, 정당과 시민, 헌정주의와 민주주의를 통합하는 유력한 하나의 통로일 수 있을 것이다.

기실 정당경쟁의 영역에서조차 노무현과 오바마의 당선은 풀뿌리 민주주의와 정당의 연대를 통해 협애한 정당정치에 대해 승리를 거둔 것으로 인식된다. 방대한 NGO들과의 연대, 밑으로부터의 직접 참여, 정당 밖의 싱크탱크와의 결합이 없었다면 좁은 의미의 정당정치만으로 노무현과 오바마가 거대정당 조직을 갖는 후보에 맞서 승리할 가능성은 적었다. 고전적 의미에서의 대의민주주의는, 이제 직접민주주의에 의해 채워져야 할 많은 한계를 노정하는 것이다. 그것은 직접민주주의에 대한 강한 열망을 가진 한국에서 더 그러하다. 건국 이래 한국 민주주의의 전개를 볼 때 직접민주주의 요소를 강화하지 않으면 대의민주주의 자체가 중대한 도전에 직면해왔다. 4월혁명, 민주화투쟁, 광주항쟁, 6월항쟁, 촛불시위 등은 모두 직접민주적 도전을 의미한다. 즉, 한국에서 대의민주주의의 회복과 강화조차 기실은 직접민주주의를 통한 (대의) 민주주의 영역의 확장에 기인하였던 것이다.

강조할 필요도 없이 한국에서 의회와 정당은 크게 강화되어야 한다. 특별히 한국사회의 현실에서 종교 · 대학 · 노동조합 · 언론도 모두 기업논리와 시장논리에 매몰되어 이익단체화하며 무너져버려, 공동사회(*Gemeinschaft*)는 사라지고 오직 이익사회(*Gesellschaft*)만 남은 오늘날 의회와 정당의 적절하고 적정한 역할회복은 더욱 절실하다. 공동사회의 전면적인 붕괴시점을 맞아 사회경제적 갈등을 대의기구로 정치화하고 타협하여 낮은 비용으로 해결하기 위해서라도 대표기구의 바른 역할은 필수적인 것이다.

이때 언론·지식인·재벌·종교·사법·시민단체의 정치폄하와 정당조롱을 극복하는 문제는 매우 중요하다. 요체는 대의기구를 크게 확대하여 민중 일반의 참여와 대표성을 대폭 증대함으로써 각 영역의 과두적 엘리트들의 정치폄훼와 이익과점을 극복하는 것이다. 민주주의에서 선출직의 중요성은 아무리 강조해도 지나치지 않다. 대의기구와 민주주의는 발전의 궤를 거의 같이해온 바 있다. 한국에서 강력한 대의기구는 특별히 재벌·금융·기업·언론·종교를 포함한 사회경제적 과두요소들에 대한 견제를 위해 필수적이다. 한 사회에서 의회규모, 즉 선출직으로 구성되는 대의기구의 규모와 이익대표·갈등해소·정당발전·정당체제는 결정적인 관계를 갖는다. 한국은 선진민주국가들과 비교할 때 의회의 규모가 국민 숫자에 비해 가장 작은 사례에 속한다. 대의기구와 선출직이 이렇게 작은 상태에서 정당정치와 타협의 수준을 발전시킨다는 것은 매우 어렵다. 의회 규모의 대폭 증대를 위한 심층적인 비교연구가 진행되어야 함은 재론을 요하지 않는다.[49]

그러나 최근 시민참여의 증대와 직접민주주의 확대 요구에 대해 보수담론과 지배적 민주주의 이론을 중심으로 한 정당중심 문제해결론이 지니는 중대한 문제점은 정치의 영역을 협애한 정당 자체의 영역으로 현저하게 축소시킨다는 점이다. 정치의 영역이 엘리트 중심의 과두적

49) 인구비례에 바탕한 세계 선진민주국가들과 한국의 의회 규모에 대한 상세한 비교에 대해서는 박명림(2010c: 51~111)을 참조.

제도정당으로 축소될수록 시민과 대표의 단절 및 엘리트주의는 더욱 강화될 뿐이며, 기업·관료·사법 엘리트와 의회 엘리트가 결합할 경우 참여를 통한 민주주의의 축소는 불가피하다. 말을 바꾸면 시민참여와 의회확대 없는 정당강화만으로는 정치의 엘리트화, 과두화, 사법화의 강화를 극복할 가능성이 거의 없는 것이다.

현실정치의 영역은 과거와는 비교할 수 없이 넓어졌으며, 특히 중앙 및 지방 정부와 시민의 대면지점, 이해충돌 영역은 훨씬 많아졌다. 인권, 협동조합, 환경 및 소비자 문제를 포함해 중요한 생활정치의 영역에서는 이미 대의민주주의를 넘어 직접민주주의가 크게 활성화되었다. 지방의 경우 시민자치와 자율의 영역은 더욱 증대되고 있다. 따라서 최근 세계적으로 대두되는 직접민주주의 강화 양상은 정치 소비자에 머물지 않고 정치 생산자로 기능하겠다는, 주권 위임에 머물지 않고 주권 직접행사를 시도하겠다는 시민적 의지의 표현이라고 할 수 있다. 대표자의 역할소홀 또는 대의기능 실종에 따른 일종의 주권회수·주권소환의 시도로서 시민들이 직접정치의 생비자(生費者, *prosumer*)가 되려는 것이다. 그렇지 않고 엘리트 민주주의를 돌파할 동력을 확보하기란 불가능하기 때문이다.

따라서 대의기능의 위축으로 인해 참여가 폭발하였음에도 불구하고 정당강화만을 고수하려 할 경우 양자의 반복적 충돌을 통해 정치불안이 지속될 것이 분명하다. 정당약화 현상을 피할 수 없는 현실에서, 민주주의에서 중요한 것은 문제해결을 통한 체제의 안정성이라고 할 때, 문제는 정당강화만으로는 안정성을 보장할 수 없다는 역설적인 현실 때문이다. 결국 불가피하게 직접민주주의 요소의 강화를 통한 반(半) 직접민주주의(*semi-direct democracy*)를 대안으로 사려해야 하는 이유는 생활정치 요소 및 직접민주주의 의제의 증가, 인터넷 발달과 참여의 증대, 정당역할 약화 등 여러 요소의 동시 등장으로 인한 복합적 변환 때문이다. 정당과 대의민주주의만을 강화시킨다면, 의도와는 달리, 거꾸로 계속 불안정한 정당체제와 민주체제가 되고 말 것이라는 점이다. 대의민주주의를 근거 짓는 정당과 의회의 지반 자체를 개혁하지 않는다면 민주주의의 외연은 넓어지기 어렵고 민주적 문제해결 능력의 제고와 체제안정성은 확보되기 어렵다.

현대 대의민주주의에서 다른 한 문제는 선거민주주의의 한계이다. 선거의 종료, 즉 대표의 의회로의 진입과 동시에 시민사회와 단절로 인한 주권과 대의의 절연이 발생하는 것이다. 선거가 끝나면 정당엘리트들은 주권자와 유리된 독립적인 정치사회·정치계급을 구성하려 한다. 따라서 당론 중심의 정당정치에 더해, 의회 내 투표가 비밀투표일 때 대표들의 책임성은 저락하는 반면 폐쇄성과 자율성은 더욱 커진다. 이를 방치해서는 의회와 정당발전은 어려우며, 의회와 시민사회의 연계, 의회에 대한 시민개입과 통제 역시 어렵다. 현재의 대의민주주의 체제 하에서는, 이른바 당론이라는 이름을 통해 정당의 자율성 및 시민과의 단절성이 과도하게 높은 것이다.

따라서 민주주의의 주권이론, 헌법이론, 대표이론에 비추어 의회의 '자유위임원칙'은 '기속위임원칙'으로 변경되어야 한다. 특히 한국은 압도적으로 강한 당론으로 인해 전형적인 자유위임에 가깝고, 때문에 의원들은 주권자가 아니라 정당지도자의 견해에 훨씬 더 복종적이다. 위로부터의 공천제를 즉각 폐지해야 할 이유는 그것이 시민의사를 왜곡할 뿐만 아니라 정당발전과 시민참여, 의회민주주의 발전을 결정적으로 방해하기 때문이다. 폐쇄적 대의의 한계는 너무 분명하다. 위로부터의 공천과 연결된 자유위임 원칙에 의한 투표는 대표의 의견이지 주권자의 의견이 아니기 때문이다. 어떤 형태로든 주권과 위임, 인민·국민과 대표의 분리는 차단되어야 한다. 그것은 민주주의의 근본원리에 위배된다. 현대 대의민주주의의 문제는, 대의기구가 국민·인민이 아닌 대표 자신들을 대표한다는 점이다.

직접민주주의가 강화되는 세계적 추세에 비추어보아 현재 한국 사회의 대의민주주의의 한계는 분명하고 직접민주주의의 반영 정도는 너무 낮다. 강조컨대 제도정치에의 시민참여를 강화하지 않을 경우 대의민주주의의 원래 의도 및 취지와는 반대로 정당은 더욱 허약해질 것이고 정당과 시민사회의 괴리는 지속되며, 노동·환경·보건·에너지·복지·이민·육아·교육 등의 문제를 포함한 핵심적인 정치·사회·경제 의제들은 계속 정당 밖에 존재하며 의회로 수렴되지 않을 것이다. 사실 오늘날 정당에서 결여된 것은 대표기능 못지않게 갈등조정 및 타협기능이다. 주요 갈등이 정당 밖에 존재함으로 인해 갈등조정 기능을 상실한 정당은 당연히 허약해질 수밖에 없는 것이다.

결국 정당의 문제를 정당을 통해 해결하겠다는 것은 전제와 결론이 출발부터 충돌하는 접근이라고 할 수 있다. 이러한 접근방식은 철학의 용어를 빌리면 일종의 수행모순(*performative contradiction*) 내지는 형용모순(*oxymoron*)에 근접하는지도 모른다. 한국에서 정당·정당정치·정당체제의 문제는 정당 자체의 문제인 동시에 무엇보다도 정당을 구성하는 조건·지반·요인들의 문제이기 때문이다. 일부 담론들이 참여를 위축시키려는 목적하에, 정당과 의회에 들어와 문제를 해결하라고 소리를 높여도 갈등요인들이 해소되지 않고 문제해결이 요원한 것은 이로부터 연원한다. 특정 주체나 조직, 기관이 문제가 있으면 그것을 구성하는 조건·변수·제도를 수정해주어야 하는 것이지 그 주체나 기관이 갖는 문제 자체를 고치라는 것은 대기주의(待期主義)에 가까운 실현 불능의 대안이기 때문이다.

요체는 정당 폄하와 참여 폄하의 양극단을 넘는 대안의 추구이다. 직접민주주의와 간접민주주의, 정당과 참여는 기실 이항대립의 양자택일 관계가 아니다. 대의기구의 역할은 부정되어서도 안 되지만 과장되어서도 안 되며, 대의민주주의를 강조한다고 해서 참여를 비판해야 하는 것은 아니다. 마찬가지로 참여민주주의를 확장하려 한다고 해서 대의를 부정해서도 안 된다. 현대 민주주의의 양대 기축인 참여와 정당은 상호 보완·발전해야지, 어느 하나를 위해 다른 하나를 희생하는 양자택일은 결코 바람직한 대안이 될 수 없다. 즉, 대의민주주의에 바탕을 두고 직접민주주의를 강화하는 반(半)대의민주주의(*semi-representative democracy*) = 반(半)직접민주주의(*semi-direct democracy*)가 우리 앞에 놓인 실현 가능한 최선의 선택일 수 있을 것이다. 이상적 통치체제를 향한 인류의 오랜 꿈이요 원리인 혼합정체(*mixed polity*)를 21세기 현실에서 다시 상상하자는 것이다.

참고문헌

강원택(2009), "한국 정당연구에 대한 비판적 검토: 정당 조직 유형을 중심으로", 〈한국정당학회보〉 8권 2호(통권 15호).

김수진(1997), "서유럽 의회민주정치 발달과정: 비교사적 조망", 최장집 편,

《유럽민주주의와 노동정치》, 법문사.

_____(2001), 《민주주의와 계급정치》, 백산서당.

김용호(2008), "한국정당연구의 학문적 정체성 확립을 위한 성찰", 〈한국정당학회보〉 7권 2호(통권 13호).

박명림(1998), "1950년대 한국의 민주주의와 권위주의: 민주주의 '제도' 외 권위주의 '실천'의 역사적 조건", 역사문제연구소 편, 《1950년대 남북한의 선택과 굴절》, 역사비평사.

_____(2006), "역사사회과학은 가능한가?: 학제적 '현대한국' 연구의 과제와 전망", 〈역사비평〉 75호.

_____(2009), "보편한국학으로서의 한국민주학 서설", 〈동방학지〉 147집.

_____(2010a), "사회인문학의 창안: 사회의 인문성 제고, 인문학의 사회성 발양을 향한 융합학문의 모색", 〈동방학지〉 149집.

_____(2010b), "헌법개혁과 정치개혁; '헌법'과 '정치'의 연결고리에 대한 심층 분석과 대안", 〈역사비평〉 90호.

_____(2010c), "민주화에서 인간화로: 21세기 한국 사회의 이상과 가치", 대화문화아카데미 주최 제3회 여해평화포럼; 오래된 새길, 인간화, 2010년 10월 21~22일, 메이필드 호텔.

_____(2011), "Modernization without Industrialization: Theoretical Implications of the Plebiscitary Democracy in South Korea, 1950s", 2011 AKSE Conference, June, 17~20, 2011, Institute of Asian and African Studies, Moscow State University, Moscow, Russia.

성경륭(1995), "한국의 사회계급과 정당구조: 좌파 배제와 보수독점의 정치체제", 《체제변동의 정치사회학》, 한울.

안병만(1977), "우리나라 정당과 정치발전: 중대선거와 정당체제의 제도화 과정", 〈한국정치학회보〉 11권.

이상묵(2006), "한국 정당체제에 대한 듀베르제 법칙의 적용가능성: 선거제도와 제도외적 요인 분석", 〈비교민주주의연구〉 2집 2호.

장 훈(2010), "민주화 20년의 정당정치: 회색지대 속의 현실과 이론의 전개", 장훈, 《20년의 실험: 한국정치개혁의 이론과 역사》, 나남, 15~41.

최장집(1996), 《한국민주주의의 조건과 전망》, 나남출판.

_____(2005), 《민주화 이후의 민주주의: 한국민주주의의 보수적 기원과 위기》(개정판), 후마니타스.

Alexis de Tocqueville, 박지동 역, 《미국의 민주주의》, 한길사, translated by G. Lawrence(1966, 1994), in J. P. Mayer(ed.), *Democracy in America*, London: Fontana Press.

Bendix, R. (1977), *Nation-Building and Citizenship-Studies of Our Changing Social Order*(New Enlarged Edition), Berkeley and Los Angeles, University of California Press.

Bloch, E., translated by Neville & Stephen Plaice(1990), *Heritage of Our Times*, Berkeley and Los Angeles: University of California Press.

Braudel, F., 이정옥 옮김(1990), "역사학과 사회과학들: 장기지속", 《역사학 논고》, 민음사.

Burnham, W. D. (1970), *Critical Elections and the Mainsprings of American Politics*, New York: W·W·Norton & Company.

Coser, L. (1956), *The Functions of Social Conflict*, New York: The Free Press.

Daalder, H. (1966), "Parties, Elites, and Political Development in Western Europe", in J. Lapalombara & M. Weiner(eds.), *Political Parties and Political Development*, New Jersey: Princeton University Press.

Dahl, R. (1966), "Epilogue", in R. Dahl(ed.), *Political Oppositions in Western Democracies*, New Haven: Yale University Press.

Fisher, L. (1997), *Constitutional Conflicts Between Congress and the President*, Lawrence, Kansas: University Press of Kansas.

Gramsci, A., edited and translated by Q, Hoare & G. N. Smith(1971), *Selections from the Prison Notebooks of Antonio Gramsci*, London: Lawrence and Wishart.

______, edited and translated by J. A. Buttigieg(2007), *Antonio Gramsci: Prison Notebooks, Vol. III*, New York: Columbia University Press.

Hamilton, A., J. Madison & J. Jay, 김동영 옮김(1995), 《페더랄리스트 페이퍼》, 한울.

Huntington, S. P. (1963), *Political Order in Changing Societies*, New Haven: Yale University Press.

Key. Jr., V. O. (1955), "A Theory of Critical Election", *Journal of Politics*, 17.

Kirchheimer, O. (1969), "Confining Conditions and Revelutionary Breakthroughs", in F. S. Burin & K. L. Shell (eds.), *Politics, Law, and Social Change-Selected Essays of Otto Kirchheimer*, New York: Columbia University Press.

Kornhauser, W. (1960), *The Politics of Mass Society*, London: Routledge and Kegan Paul.

Kurth, J. (1979), "Industrial Change and Political Change: A European Perspective", in D. Collier (ed.), *The New Authoritarianism in Latin America*, Princeton: Princeton University Press.

LeLoup, L. T. & S. A. Shull (2002), *The President and Congress: Collaboration and Combat in National Policymaking*, New York: Longman.

Lipset, S. M. (1959), "Some Social Requisites of Democracy: Economic Development and Political Legitimacy", *American Political Science Review*, 53.

______(1981), *Political Man* (Expanded Edition), Baltimore: The Johns Hopkins University Press.

Lipset, S. M. & S. Rokkan (1967), "Cleaves Structures, Party Systems and Voter Alignments: An Introduction", *Party Systems and Voter Alignments: Cross-National Perspectives*, New York: The Free Press.

Lowi, T. J. (1985), *The Personal President: Power Invested, Promise Unfulfilled*, Ithaca: Cornell University Press.

Marshall, T. H. (1964), "Citizenship and Social Class", *Class, Citizenship, and Social Development*, Chicago: The University of Chicago Press.

Mayer, A. J. (1981), *The Persistence of Old Regime: Europe to Great War*, New York: Panteon Books.

Michels, R., 김학이 역(2002), 《정당사회학 - 근대민주주의의 과두적 경향에 관한 연구》, 한길사, translated by Eden and Cedar Paul (1966), *Political Parties: A Sociological Study of the Oligarchical Tendencies of Modern Democracy*, London: The Free Press.

Mills, C. W., 진덕규 역(1979), 《파워엘리트》, 한길사.

Neumann, S. (1960) (ed.), 민완기 · 오병헌 · 양호민 공역, 《현대정당론 上》, 수도문화사.

O'Donnell, G. & P. C. Schmitter (1986), *Transition from Authoritarian Rule: Tentative Conclusions about Uncertain Democracies*, Baltimore

and London: The Johns Hopkins University press.
Pyle, C. H. & R. M. Pious (1984) (eds.), *The President, Congress, and the Constitution: Power and Legitimacy in American Politics*, New York: The Free Press.
Siavelis, P. M. (2000), *The President and Congress in Post−Authoritarian Chile: Institutional Constraints to Democratic Consolidation*, University Park: Pennsylvania State University Press.
Simmel, G., translated by K. H. Wolff and R. Bendix (1955), *Conflict and the Web of Group-Affiliations*, New York: The Free press.
Talmon, J. L. (1952), *The Rise of Totalitarian Democracy*, Boston: Beacon Press.
______(1985), *The Origins of Totalitarian Democracy*, Boulder: Westview.
Therborn, G. (1977), "The Rule of Capital and the Rise of Democracy", *New Left Review*, 103.

제 4 장

합리적 선택 접근방법과 한국 정당연구

김재한 한림대

1. 시작하는 말

정당연구방법은 다양하다. 합리적 선택 접근방법은 과학적이고 분석적이라는 이미지를 연상시킨다. 미국 학계의 경우, 1980년대까지만 해도 이러한 접근은 일부 학자들만 이용하는 것으로 여겨졌으나 그 이후 보편적 연구방법(*the method*)으로 정착했다. 물론 합리적 선택 접근방법은 외국 학계 내에서도 패권적 접근방법 혹은 비현실적 접근방법으로 비판받기도 한다.

국내에서 합리적 선택 접근방법은 미국 학계에 비해 그렇게 많은 사람들에 의해 이용되거나 심도 있게 다루어지지는 않는다. 합리적 선택 접근방법의 장점은 엄밀성과 일관성을 갖춘 방법론이라는 점이다. 그러나 이런 긍정적 효용이 국내에서 잘 체감되지는 않는 듯하다.

합리적 선택이론(*rational choice theory*)이라는 용어뿐 아니라 공공선택이론(*public choice theory*), 공리적 사회선택이론(*axiomatic social choice theory*), 형식이론(*formal theory*), 형식모형(*formal model*) 등 다양한 용어들이 이 접근방법을 지칭하기 위해 사용된다. 연구방법론적 문제는 이러한 다양한 개념들을 명확히 구분하지 않아서 발생한다기보다, 동일한 개념을 다르게 해석해서 발생하는 듯하다.

'rational choice'를 번역할 때 'rational'을 '합리적'(合理的) 대신에 '합목적'(合目的)으로 번역해야 한다는 의견도 있다. 왜냐하면 '합리적'이라는 용어는 논리적 이성을 강조하는 'rational'보다 분별·양식에 중점을 두는 'reasonable'에 가깝고, 이에 비해 '합목적'은 행위자들이 자신의 목적(目的)에 부합(附合)되게 선택하여 행동한다는 전제를 직접 포함하기 때문이다.

개별 연구자들은 합리성이나 합목적성을 조금씩 다른 뜻으로 받아들여 사용한다. 정당연구방법으로서의 합리적 선택 접근방법을 언급하는 국내 중진학자들의 문헌에서도 합리적 선택에 관한 의미가 조금씩 다르다(장훈, 2010; 정준표, 2003·2006; 조기숙, 1995).

정당연구의 합리적 선택 접근이 대의와 규범을 무시한다고 지적되기도 한다. 정권, 정파, 이익, 표, 정략 등의 여러 현실적 논의는 규범적 논의와 반대로 가기 때문이다. 그렇지만 정당의 이기적 행위를 염두에 둔 제도가 현실적으로 효과적인 결과를 만들 수 있는 것이지, 위선에 찬 자기희생적 행위로 민주주의가 확보되는 것은 아니다. 민주주의 공고화와 심화에 기여하는 제도적 정당연구도 합리적 선택 접근에 포함되는 것이다.

합리성에 대한 올바른 정의가 무엇이냐는 논쟁보다, 그러한 특정 정의의 개념이 실제 정당 현상을 얼마나 잘 설명하는지 여부로 개념 정의를 판정하는 것이 바람직하다. 이황과 이이 간의 이기(理氣) 논쟁처럼 결말이 나지 않는 논쟁은 생산적이지 못하기 때문이다.

합리적 선택 접근방법이 무어라고 불리든 또 어떻게 정의되든 실제 현실을 잘 설명하면 된다. 합리적 선택 접근방법의 주 내용은 주어진 가정과 전제로부터 주장이 논리적으로 도출되었느냐 하는 것인데, 물론 비현실적 가정으로 인해 적실성이 떨어지는 결론을 유추하는 외국 문헌도 많다.

합리적 선택 접근방법에 대한 부정적 평가는 바로 비현실적이라는 점이다. 국내 학계에서는 이를 외국 이론과 연구방법의 단순 소개에 지나지 않는다고 비판하기도 한다. 이러한 의미에서 종종 국내 학회 모임은 외국 학회의 지부 혹은 식민지라고 비판되기도 한다. 경제학 혹은 행정학보다 정치외교학에서 자주 등장하는 비판이다. 사실 그러한 비판은 주관적일 때도 많다.

합리적 선택 접근방법을 이용하는 국내 학자들은 외국의 이론일지라도 우리 현실의 이해에 도움이 되면 적극 활용하자는 동도서기(東道西器)의 입장인 것 같다. 반면에 합리적 선택 접근방법을 비판하는 입장 가운데 일부는 외국의 방법론 사용에 극구 반대하면서도 어떤 주장이나 이념은 외국의 것을 무비판적으로 도입하는 동기서도(東器西道)적 행태를 보이기도 한다.

합리적 선택 접근방법은 분석을 위한 수단이다. 우리가 미적분과 같은 수학이 외국의 것이라고 배척해서는 안 되듯이, 합리적 선택 접근방법이 외국에서 발전되었다 하여 무조건 우리 실정에 맞지 않는다고 단정해서는 안 된다. 물론 미분과 적분 자체가 이데올로기라고 주장하는 사람들에게는 합리적 선택 접근방법의 유용성을 설득할 방법은 없다. 분명한 것은 방법론 선택의 기준이 설명력과 예측력이라는 효용성이 되어야지 그 원산지가 어디인지가 되어서는 안 된다. 합리적 선택 접근방법이 한국 정당연구에도 유용한지를 판단하기 위해서는 기존 국내 연구의 설명력을 검토해야 한다. 모델의 가정과 전제를 우리 실정에 맞게 변용하여 발전시키면 훨씬 나은 접근방법이 될 것이다. 그러한 점에서 합리적 선택 접근방법도 한국적 정당연구방법에 포함될 수 있다.

합리적 선택 접근방법이 한국적 정당연구방법이 되기 위해서는 선행 연구들을 잘 정리하고 축적하는 분위기가 조성되어야 한다. 국내의 합리적 선택 연구들은 국내의 선행 연구를 너무나 간과하여왔다. 국내 합리적 선택 연구의 참고문헌은 거의 외국의 것이다. 물론 국내 연구의 수준 탓이라고 주장할지 모르지만, 국내에도 독창적인 연구들이 적지 않다. 축적되어야 발전이 가능함은 합리적 선택 접근방법에서도 마찬가지이다.

합리적 선택 접근에 관한 국내 선행 연구를 정리한 노력들이 기존에 있었지만, 정치학 외의 분야 아니면 정치외교 전반에 관한 것이었다(김재한, 1994a · 2006a; 황수익 · 강원택, 2006). 한국 정당연구와 관련된 합리적 선택 접근의 선행 연구에 대한 정리는 시도되지 못한 듯하다. 이 글은 그러한 작업을 수행하고자 한다.[1)]

외국 정당을 대상으로 합리적 선택 접근방법을 이용한 선행 연구는

---

1) 선행 연구를 총망라하는 이 글에서 필자의 연구가 다수 포함된 것은 수집이 용이하였기 때문이다. 합리적 선택 접근으로 한국 정당을 연구한 선행 연구 가운데 이 글에서 빠진 것을 필자에게 제공해준다면 이 글의 보완에 큰 도움이 될 것이다.

무수히 많다. 여기서는 한국 정당을 대상으로 실시한 선행 연구에 국한한다. 합리적 선택 접근방법이 자주 이용되는 분야 가운데 하나는 투표 참여 여부이다. 후보가 정당에 소속하지 않을 수도 있기 때문에 유권자의 행태 연구라 해서 반드시 정당 행태에 관한 것은 아니다. 이와 같이 선거나 의회에 관한 것이지만 정당과는 직접 관련이 없는 합리적 선택 접근은 여기서 제외된다.

정치적 결과는 정당이 추구하는 목적에 따라 서로 다르게 나온다. 어떤 정당은 정권을 잡기 위해 정책에 관한 이념적 색깔을 드러내기도 하고, 어떤 정당은 특정 정치이념을 실현시키기 위해 정권을 잡으려 하기도 한다. 정당의 목적에 대해 합리적 선택 접근방법의 다수는 다운즈(Downs, 1957)의 가정을 따른다. 정책을 수립하기 위해 선거에 이기려 하기보다 선거에 이기기 위해 정책을 수립한다는 것이다. 합리적 선택 이론이라고 해서 모두 반드시 다운즈의 가정을 채택하는 것은 아니다. 이론이라고 해서 어떤 결론을 당연시하지는 않는다. 가정이 다르면 결론도 다를 수밖에 없기 때문이다.

정당의 목적이 달라짐에 따라 정당 경쟁에 관한 서로 다른 주장이 가능하다. 예컨대 정당이나 후보가 최대화하려는 것(목적)은 매우 다양하다(Aranson, Hinich & Ordeshook, 1974). 자신의 득표율, 자신의 득표수, 상대 득표수보다 더 많은 자신의 득표수, 자신의 득표가 상대보다 일정 표차 이상으로 더 많을 가능성, 자신의 득표가 특정 수준 이상이 될 가능성, 자신의 득표율이 특정 비율(예: 후보 기탁금이 반환되는 득표율) 기준을 상회할 가능성 등이 그것이다. 어떤 정당 목적을 전제하느냐에 따라 등식이 바뀌고 따라서 극대화 조건을 보여주는 미분방정식도 달라지기 때문에 정당 행태에 관한 주장도 달라진다.

한국 정당은 거시적인 맥락에서 이해되기도 한다. 사실 거시적이냐 미시적이냐에 따라 연구대상이 달라서는 안 된다. 수많은 나무 사진을 조합해서 전체 숲을 그릴 수 있듯이, 거시적 접근으로 다루던 연구대상을 미시적 접근으로도 다룰 수 있는 것이다. 본 연구는 개별 정당의 전략과 선택이라는 미시적 차원에서 서술한다. 그 서술 방법은 먼저 정당연구에서 활용될 수 있는 합리적 선택 접근의 주요 개념을 소개하고, 다음에 그 개념으로 한국 정당을 연구한 선행 연구들을 살펴보며, 끝으로 정당연구방법에 있어 나아가야 할 방향을 제시한다.

2. 합리적 선택 접근의 주요 개념

1) 중간투표자 정리

정당 체제에 관한 듀베르제의 법칙은 그 진위에 대해 여러 논란을 가져왔는데, 양당제와 다당제에 따라 정당의 행위가 다르다는 점은 분명하다. 양당제하의 정당 행태에 관한 대표적인 이론 틀은 중간투표자 정리(*median voter's theorem*)이다. 국내에서 중간투표자 정리는 중위투표자 정리를 포함해서 매우 다양하게 번역된다. 이 정리(定理)는 Hotelling(1929), Smithies(1941), Bowen(1943), Downs (1957), Black(1958) 등 여러 문헌들을 통해 정리되었다.

중간투표자 정리는 정당에 대해 다음과 같이 전제한다. 정당은 둘뿐이고 득표만을 추구하며, 그 정당들은 좌-우와 같은 하나의 잣대로 구분되어 나열될 수 있고 자신의 위치를 옮길 수 있다. 또 유권자에 대해서도 가정을 하는데, 유권자들은 그 잣대 위에서 각자 가장 선호하는 위치가 있고, 또 자신의 선호 위치에 가까운 정당에게 표를 준다. 또 정당 간 경쟁 원칙은 다수결이다. 이러한 전제하에서는 그 잣대 위에 나열된 유권자들 가운데 중간(*median*) 유권자의 위치를 점한 정당은 누구와 1대 1로 경쟁해도 절대 지지 않는 콩도세 승자(*Condorcet winner*)이다. 궁극적으로는 승리하기를 원하는 두 정당으로 하여금 이념적이거나 정책적으로 중간으로 수렴하게 한다는 것이다.

김재한(1993a)은 중간투표자 정리로 한국의 양당 경쟁을 해석하였다. 가령 김대중 후보가 보다 보수적 성향을 보이려고 하거나 여당 후보가 보다 진보적인 성향을 나타내려고 한 것은 이념 또는 정책적으로 중간으로 이동하여 선거에서 승리하기 위해서였다. 반면 1992년 대통령 선거에서 민주당이 전국연합과 연대한 사례는 중간투표자 정리에 반(反)하는 선거전략을 취해 선거에서 실패한 경우에 해당한다. 당시 민자당(민주자유당)의 김영삼 후보는 중간에 위치해 있었다. 이러한 상황하에서 민주당의 김대중 후보가 좌로 이동하였는데 이는 결과적으로 김대중 후보가 이동한 양의 1/2을 민자당의 김영삼 후보에게 헌납한 셈이 되었다. 다시 말해 김대중 후보가 중간 위치에서 더 벗어나 호남을 제외한 전국의 중도적 표를 상당수 상실한 것이다. 정치전략적으로 일차원적 스펙트럼의 양당제하에서는 상대방의 영역으로 진출하는 것이 지지확보를 위한 길이다(김재한, 1993a; 김재한, 2012a). 김대중 후보는 실제 1997년 대통령 선거에서 DJP 연합을 통해 그 이전과 반대로 우측으로 이동함으로써 선거에 승리하게 된다.

중간투표자 정리는 여러 조건을 충족시켜야 작동한다. 그 가운데 하나는 일차원 이슈(*one-dimension issue*)이다. 안순철(2001)은 제 16대 국회의원 선거에 참여한 정당들을 이차원 공간에서 드러낸 바 있다. 다차원 이슈(*multi-dimension issues*) 공간에서는 콩도세 승자가 존재하지 않는다. 콩도세 승자가 존재하지 않는 상황에서는 훨씬 다양한 전략이 가능하다. 당랑포선(螳螂捕蟬), 즉 매미를 잡는 사마귀처럼 물고 물리는 순환적 관계에서의 여러 전략적 개념과 명제들이 제시되기도 했다(김재한, 2001a · 2012a). 하나의 차원에서 계속 소수로 남는 정당은 이를 깨기 위해서는 다차원의 이슈를 제기해야만 영구적 소수에서 벗어날 수 있다(김재한, 1995 · 2001a · 2001b). 승산이 없는 정당은 기존 대결구도에서 벗어나는 새로운 유권자의 구분 기준을 부각시켜야 소수에서 벗어날 수 있다.

기존 정당이 소멸될 수 있고 새로운 정당이 창설되어 진입할 수 있다면, 중간투표자 정리는 작동하지 않는다. 김재한(1994b)은 유권자의 이념적 선호가 바뀌지 않더라도 정당체제에 따라 정당의 득표율이 크게 바뀔 수 있음을 공간모형으로 보인 바 있다. 예컨대 두 정당이 합당한 경우 합당된 정당의 새로운 위치로 인해 기존 지지자들 가운데 이탈자가 생길 수 있고 또 이들의 지지를 노리고 또 다른 신당이 출현할 수 있다. 합당된 정당의 지지도는 합당 이전의 지지도의 산술적 합계가 아니다. 1990년 3당 합당 결과로 출현된 민자당의 경우, 합당 이전의 3당 지지자 가운데 1/3 이상이 합당 이후에 이탈하였다.

정당체제는 선거제도와 같은 게임의 규칙, 유권자의 균열구조, 정치인들의 이합집산(離合集散) 등으로부터 영향을 받는다(김재한, 1995). 그런데 유권자 균열구조는 정당체제로부터 영향을 받기도 한다. 기존의 정당구도에 의해 정치사회화하기도 하고, 새로운 정당구도에 의해 재편성되거나 재정렬되기도 한다. 특히 유권자들의 소외적 기권(*ab-*

stention from alienation) 행태가 지배하는 다극적(*polymodal*) 분포 아래에서는 각 극에 각 정당이 위치하는 다당제가 출몰한다.

2) 연합이론

내각책임제 다당체제에서 자주 활용되는 합리적 선택 접근방법은 연합(*coalition*) 이론이다. 연합에 관한 대표적 개념은 최소승리연합(*minimal winning coalition*)이다. 라이커(William Riker, 1962)에 의하면, 거대 정당은 선거 승리의 전리품 분배에서 자기 몫을 극대화하기 위해 깨질 수밖에 없으며, 완전한 승리 이후에도 계속 유지되는 거대연합은 독재체제가 아닌 한 있을 수 없다고 한다. 즉 승리에 필요하지 않은 정당은 연합에서 배제된다는 것이다. 예컨대 A와 B만으로 승리를 획득할 수 있을 때 굳이 승리에 불필요한 C를 연합에 포함시키지 않는다는 것이다.

연합과 관련된 다른 주요 개념은 최소연결승리연합(*minimal connected winning coalition*)이다. 이에 따르면 연합은 정책이 유사한 정당끼리 구성되고, 그러한 정당 간 연결이나 승리에 불필요한 파트너를 제외하면서 형성된다고 한다(Axelrod, 1970). 이념적으로 A, B, C, D 순서로 배열될 때, 승리연합 A-B-C에서 A나 C가 빠지면 승리연합이 되지 않고 B가 빠지면 연결연합이 되지 않는다면 연합 A-B-C는 최소연결승리연합이다. 실제 연합은 그러한 최소연결승리연합으로 형성된다는 것이다.

한국 정당체제처럼 이합집산이 가능한 체제에서는 정당연합의 논의가 매우 유용하다. 정당연합뿐 아니라 정책연합까지 분석의 대상이 될 수 있다. 정당 연합에 관한 외국의 합리적 선택 연구와 국내의 것을 비교해보는 작업은 그 연구방법의 유용성을 평가할 수 있는 한 잣대가 될 것이다.

일찍이 김재한(1994b)은 연합이론을 1990년 3당 합당에 적용한 바 있다. 그는 당시 의석 2/3 이상을 승리연합으로 보고 최소승리연합이 민정(민주정의당)-평민(평화민주당)과 민정-민주(통일민주당)-공화(신민주공화당)의 두 경우뿐임을 계산하였다. 또한 2/3 이상의 최소연결승리연합이 평민-민주-민정과 민주-민정-공화의 두 가지임을 계산하였다. 그는 결과적으로 1990년에 발생한 3당 합당은 위의 최소승리연합 가설과 최소연결승리연합 가설이 공통으로 예측한 연합형태임을 주장하였다.

김희민(1994)은 각 정당들이 2/3 다수 합당을 선호했고 양 김 씨의 경쟁관계로 민주당과 평민당이 함께 연합에 참여할 수 없었기 때문에 민정-민주-공화의 3당 합당이 필연적이었다고 주장한다.

3당 합당 이후에도 한국의 정당들은 이합집산을 거듭해오고 있다. 특히 정당 간의 연합과 결별뿐 아니라 정당 내부의 파벌 간 연합과 결별도 변화무쌍할 정도로 매우 동태적이다. 그러한 정당 간 그리고 정당 내부의 연합 관계들에 관한 서술은 많으나, 가정을 두고 예측을 시도한 엄밀한 의미의 합리적 선택 접근방법을 활용한 연구는 잘 발견되지 않는다.

3) 권력지수

새플리-슈빅(Shapley-Shubik) 지수와 반자프(Banzhaf) 지수는 패배연합을 승리연합으로 바꾸는 데에 공헌하는 정도를 측정하는 대표적 권력지수(*power index*)이다. 무작위로 행위자들을 하나씩 포함시켜 승리연합을 구성할 때 자신이 선택됨으로써 승리연합의 구성이 마감될 빈도수를 계산한 것이 새플리-슈빅 지수이며, 여러 승리연합들 가운데 자신이 빠지면 그 승리연합이 와해되는 빈도수를 계산한 것이 반자프 지수이다. 세 정당이 각각 49%, 48%, 3%의 의석을 가질 때 단순 과반수제에서는 각 정당의 권력지수가 1/3씩 동일하다. 왜냐하면 49%가 과반수연합을 형성할 능력과 3%가 과반수연합을 형성할 능력은 동일하기 때문이다.

김준한(1989)은 제 13대 국회에서의 정당별 권력지수를 계산하여 정당 간 연합가능성을 추정한 바 있다. 김재한(1994b)도 제 13대 국회 의석수로 각 당의 새플리 치(Shapley value)와 반자프-콜만(Banzhaf-Coleman)지수를 계산하였는데, 민정 1/2, 평민, 민주, 공화는 각각 1/6이었다. 3당 합당 직전 민정 43%, 평민 24%, 민주 20%, 공화 12%, 무소속 2%의 의석비에서 계산된 것이다.[2] 당시 국회의원을 대상으로 실시한 여론조사에서 제 13대 국회 운영에 대해 공화당 의원들은 불만을 표시한 의원이 단 1명도 없었다. 공화당은 주어진 의석비 12%에 비해 상대적으로 더 큰 1/6 만큼의 영향력을 행사했다는 점을 간접적으로 보여주는 것이다. 배형(1996)은 제 3대 국회부터 제 13대

2) 반올림으로 인해 합이 101%이다.

국회까지 정당별 권력지수를 각각 계산한 바 있다.

이러한 권력지수로 한국 정당의 권력을 측정할 때 주의가 필요하다. 정당의 권력이 국회 의석으로만 구성되는 것이 아니기 때문이다. 장외 투쟁과 실력행사라는 수단이 있어 여당이 국회 과반수를 점하더라도 국회 소수 야당의 반대에 부딪혀 안건을 제대로 통과시키지 못할 때가 있다. 앞으로 국회에 의사진행방해(*filibuster*) 제도가 도입되면 이를 감안한 새로운 권력지수가 계산되어야 할 것이다.

4) 흥정집합

연합 내부 배분의 대표적 개념은 흥정집합(*bargaining set*)이다(Owen 1982). 전리품 분배에 갈등이 크면 승리연합은 유지되기 어렵다. 기존 승리연합의 구성원이 더 큰 몫을 위해 기존 연합에서 이탈할 때, 와해된 승리연합의 잔류자가 그 이탈자를 제외한 승리연합을 새로이 구성하여 모두에게 더 나은 조건으로 분배할 수 있으면 이탈자를 억제시킬 수 있다. 그러한 기존 배분방식을 흥정집합으로 부른다.

예컨대, 동일한 의석수를 갖는 A, B, C 3당이 과반수로 승리연합을 구성하고자 할 때, 두 당 이상이면 승리연합이다. A와 B의 승리연합 분배방식은 여러 가지가 있다. A와 B가 각각 1/2씩 나눌 때 B가 이탈하여 자신은 2/3를 갖고 C는 1/3을 갖는 새로운 승리연합을 추진했다고 하자. A는 이탈자 B를 제외시키고 C에게 1/3보다 더 큰 1/2을 주고 자신은 본래 받았던 1/2을 다시 얻는 승리연합을 추진할 수 있다. 따라서 B로서는 이탈하여 승리연합 구성에 성공할 가능성이 적다. 이렇게 각각 1/2씩 갖는 분배방식은 흥정집합에 속하며, 이 경우 A와 B는 기존 승리연합을 이탈하려는 동기가 작다.

이와 달리 만일 A와 B가 각각 2/3와 1/3을 얻는다면 상황은 달라진다. 기존 배분방식에 불만인 B는 C와 새로운 승리연합을 구성하면서 1/2씩 나누기로 했다고 하자. 그 경우 A는 기존 연합에서 받았던 2/3를 유지한 채 C가 받는 1/2을 제공할 수가 없다. 따라서 2/3와 1/3의 분배방식은 홍정집합에 속하지 않는 매우 불안정한 배분방식이며, 그 승리연합은 와해되기 쉽기 때문에 잘 채택되지 않을 것이다.

김재한(1994b)은 홍정집합 개념으로 1990년 3당 합당 전후의 배분비율을 계산하였다. 평민-민주-공화 야 3당의 승리집합은 각각의 이득을 1/3씩 균등하게 분배할 때 그 연합을 유지할 수 있다. 어느 정당의 의석수가 더 많다고 1/3보다 더 많은 이익을 취하려 하면 그 연합은 깨지게 된다. 김재한은 당시의 평민-민주-공화 야 3당의 공조 분열과 민정-민주-공화 3당 합당은 야 3당 간 분배방식에 관한 이견으로 시작된 것일 수 있다고 주장하였다. 또한 합당 후 민자당은 민정, 민주, 공화계의 당무회의 구성비를 9:7:4로 합의했다는 주장이 있었지만 이 구성비는 홍정집합(안정적 배분방식)에 해당되지 않는다. 물론 시행되지도 못했다. 대신에 국회 상임위원 자리를 6:4:2로, 당간부직을 5:3:2로, 시도지부장 인선은 7:4:3으로 배분한 바 있다. 이 세 가지 분배방식은 모두 홍정집합에 속한다. 이러한 분배방식에서 만일 민정계가 평민당과의 연합을 통해 자기 몫을 더 많이 추구한다면, 민주계와 공화계는 민정계가 평민당에게 제시한 평민당의 몫보다 더 큰 몫을 평민당에게 배분하는 새로운 제안으로 대응할 수 있다. 따라서 민정계가 더 많은 요구를 하기가 어려웠다. 홍정집합에 해당되는 분배방식을 통해 민자당은 다음 선거까지 의석 과반수의 승리연합을 유지할 수 있었다.

5) 전략적 투표

가장 선호하는 정당이나 후보가 당선 가능하지 않을 때 차선의 정당이나 후보에게 투표하는 것을 전략적 투표(*strategic voting*)라고 부른다. 전략적 투표 행위는 소수당의 쇠퇴를 가져오고, 많은 유권자들에 의해 차선으로 지지되는 주요 정당의 상대적 부상을 가져온다. 듀베르제 법칙, 즉 소선거구식 단순과반수제가 양당제를 가져오는 경향이 있다는 주장 이면에 바로 전략적 투표가 깔려 있다. 물론 제3당이 과소대표되지 않을 수 있다는 주장도 있다(강원택, 1998).

전략적 투표에는 여러 가지가 있는데, 행위주체에 따라 정당이나 의원이 행하는 것과 유권자가 행하는 것으로 구분할 수 있다. 결탁(*log-rolling*)은 의회 내 정당의 전략적 투표의 예다(김재한, 2001a · 2012a).

유권자의 전략적 투표는 다수의 후보가 출마했을 때 가장 선호하는 후보를 찍지 않고 당선 가능한 다른 후보를 전략적으로 찍는 경우, 지지하는 정당의 예비선거에서 자신이 가장 선호하는 후보보다 상대당 후보를 이길 수 있는 당선 가능한 후보에게 표를 던지는 경우, 자신이 지지하지 않는 상대 정당의 개방형 예비선거나 경선용 여론조사에 참여하여 본선에서 자신의 지지 정당에게 패배할 상대당 후보에게 투표하는 경우 등 여러 가지가 있다(김재한, 1994b · 2012a).

현재까지 국내에서 연구된 전략적 투표는 주로 첫 번째 경우이다. 제14대 대선의 사례에서 전략적 투표가 정당체제에 미치는 효과는 미미했다. 제2의 후보가 과대대표되어 양당구도로 가게끔 하지 못했으나, 이러한 사실이 유권자의 전략적 투표행위가 양당구도를 유도한다는 주장을 반박할 정도는 아니다. 김영삼(제1당 후보)을 싫어하면서 김대중

(제 2당 후보)을 차선의 선택으로 생각한 유권자들은 2%에도 미치지 못할 정도로 적었기 때문에, 전략적 투표로 인해 제 2당 후보가 과대대표되어 양당구도화하는 것은 애초부터 어려웠다(김재한, 1994b).

그 이후 여러 선거에서의 전략적 투표에 관한 분석이 이루어졌다. 1992년 대선과 1995년 서울시장 선거(안순철, 1996), 1997년 대선(김재한 · 경제희, 1998; 경제희 · 김재한, 1999; Choi, 2003), 2000년 국회의원 선거(김용호 · 김경모, 2000), 2002년 대선(지병근, 2008), 2004년 국회의원 선거(Choi, 2006; 지병근, 2008) 등의 전략적 투표 여부와 누가 전략적 투표를 하는지가 분석되었다.

매 선거 개표 직후 선거결과가 유권자의 엄중한 뜻이라는 논조의 글이 각 언론을 도배한다. 이러한 논조는 문학적 표현이면 몰라도 합리적 선택 접근방법에서 보자면 정확한 분석이 아니다. 집합적 개표결과가 개별 유권자 모두가 의도했던 것으로 볼 수는 없다. 개별 유권자가 나머지 다른 유권자가 어떤 투표를 할지 잘 알지 않는 한은 의도된 결과일 수가 없다.

여당이 의회 과반을 얻지 못한 여소야대(*divided government*)를 유권자 의도에 따른 결과로 받아들일 때에는 주의를 요한다. 김재한(1994b, 1996)은 여소야대의 성립과 거대정당의 쇠퇴가 분할투표(*ticket-splitting*)보다 전략적 투표와 견제균형적(*underdog or balancing*) 투표에 기인함을 강조했다. 동시선거에서의 분할투표는 여소야대와 관련이 없다. 분할투표는 정당 간 차별성과 유권자의 정당일체감 감소에 기인하는 것이다.

6) 정치적 경기순환

정부여당이 선거를 의식해서 경제정책을 조작하면 자연스럽게 발생하는 경기순환에 변화가 생길 수 있는데, 이를 정치적 경기순환(*political business cycle*)이라고 부른다. 노드하우스(William Nordhaus, 1975)는 정부여당이 물가와 실업률 간의 관계를 이용하여 선거 직전에 지지를 더 얻기 위해 거시경제정책을 조정한다고 주장하였다. 실업에 민감한 유권자로부터 표를 더 얻기 위해 경기부양정책을 선거 전에 추진하여 결과적으로 선거 후 물가가 더 상승하는 악순환이 발생한다는 것이다.

정치적 경기순환은 국내에서 합리적 선택 접근 가운데 경험적으로 가장 많이 다루어진 주제이다(소병희, 1982; Soh, 1988; 최광·노봉래, 1988; 신해룡, 1989; 김인철, 1992; 삼성경제연구소, 1992; 김종표·박경산, 1992; 정진영, 1992; 김재한, 1993b; 박경산, 1993; Soh, 1993; 이동윤, 1996; 유금록, 1996; 이현우, 1998; Kim, 1999; 이은국, 1999a·1999b; 안용흔, 2002·2003). 각각의 연구는 정치적 경기순환이 존재하였는지 여부를 경험적으로 검증하였지만, 서로 다른 선거를 대상으로 서로 다른 모델을 이용하였기 때문에 서로 다른 분석결과를 보였다. 선거의 경제적 효과가 있다고 주장한 연구도 있지만, 대체적으로 선거를 의식한 거시적 경제왜곡이 있다는 정치적 경기순환 가설은 경험적으로 잘 확인되지 않는다.

거시경제정책은 선거 자체보다 오히려 정부여당의 이념에 따라 달라진다고 보는 견해가 지배적이다(Hibbs, 1987). 정당 충성심이 있는 유권자들이 다수 있을 것이고, 또 인플레와 실업 각각에 대한 반응이 계층에 따라 다르기 때문이다.

한국의 조세정책도 집권정당에 따라 변화해왔다(김재한, 2006b). 조세정책의 현직 효과는 선거를 의식한 정부여당의 조세정책 조정 가능성을 말하는 것이고, 이념 효과는 정부여당의 정책이념에 따른 조세정책 조정 가능성을 말하는 것이다. 현행 헌법이 개정된 1987년부터 2004년까지의 자료에 따르면 한국의 조세정책은 선거 시기냐 아니냐의 기준으로는 잘 설명되지 않고, 대신에 집권여당의 정책이념이 무엇이냐에 따라 좌우되는 경향을 보여준다. 감세정책은 보수적 정권에서 더 자주 발견되는 정책이며, 즉 조세정책에 있어 이념 효과가 확인되었다. 집권정당들은 비선거 기간이나 지지도가 높을 때에는 자기 이념에 부합하는 정책을 추진하다가, 선거를 앞두거나 지지도가 낮을 때에만 자기 이념에서 벗어난 정책을 추진한다.

경제정책 외에도 정부여당의 대외정책도 선거와 관련 있는데, 합리적 선택 접근을 활용한 연구들도 있음은 물론이다(김재한, 1999; 강원택, 2003).

7) 패거리

합리적 선택 이론의 아주 오래된 주제 하나가 바로 협력(*cooperation*)이다. 죄수 딜레마(*prisoners' dilemma*) 상황에서는 서로 배반하는 것이 유리하여 협력이 잘 성사되지 않는데, 여기서 어떠한 기제가 협력을 유도할 것인가 하는 연구이다. 협동은 개인주의가 팽배한 구미(歐美) 사회에서 긍정적으로 평가되는 경향이 있다.

한국 정당연구에 있어서도 유권자들의 정당일체감(*party identification*)이 약해서 문제라는 지적이 종종 제기된다. 그렇지만 정당이 쉽게 와해되어 문제가 되는 것은 민주화가 덜 된 사회이다. 반대로 높은 수준의 민주체제에서는 정당 단위의 대치와 갈등이 종종 문제가 된다. 특히 동아시아 사회에서 응집력이 강한 파당적 행위는 선진국이 된 이후 부정적으로 작동할 때가 많다. 이러한 패거리는 결국 민주주의 자체에 도움이 되지 않기 때문에 와해시키는 것이 바람직하다는 주장도 있다. 개인 자격으로 정부부처에 접근했더니 문전박대(門前薄待)를 당했는데, 거의 다른 사람들의 명의만을 규합한 페이퍼(*paper*) 조직으로 접근했더니 하늘과 땅 차이의 대우를 받았다는 경험담은 많다. 그만큼 패거리가 통하는 체제인 것이다.

한국 정당 자체는 협력이라기보다 담합(*collusion*)이나 패거리라고 불릴 때가 많다. 특히 지역이라는 단위로 패거리가 형성된 지역할거 정당을 와해시키는 방법에 대한 논의가 많다. 합리적 선택 접근방법은 기본적으로 지역 패거리를 지향하지 않는 정당에게 보너스 의석을, 지역 패거리를 추구하는 정당에게 불이익을 주는 전국구의석 배분방식 등이 정당의 지역주의 전략을 억제시켜 정당체제의 지역할거성을 완화한다고 주장한다(김재한, 2001c). 김재한(2000, 2004)은 패거리가 발생하기 쉬운 조건과 와해되기 쉬운 조건을 연역적 모델로 드러내었다. 이를 통해 담합의 형성에는 집단 내부의 신뢰가 중요한 요인인 반면, 담합의 와해에는 내부고발이 매우 효과적임을 밝혔다.

3. 나가는 말

앞에서 소개한 합리적 선택 개념들은 간단한 개념 혹은 공식만으로 한국 정당 행태에 대해 적절한 설명을 제공한다. 수많은 합리적 선택모델들을 통한 외국 정당연구에 비해 설명력이 결코 낮지 않다. 한국 정당연구에서의 합리적 선택 접근방법의 설명력과 예측력이 외국 정당연구만큼은 된다는 사실은 합리적 선택 접근방법을 외국의 것이라는 이유로 거부하지는 못하게 한다. 그렇다고 해서 합리적 선택 접근방법으로 정당 행태의 모든 것을 설명할 수 없음은 물론이다.

합리적 선택 접근방법은 그 특성상 매우 이론적이지만, 동시에 개별 정치행위자 단위로 분석되기 때문에 실제 정치영역에서 응용될 수 있는 여지도 크다. 선거전략을 비롯한 정당의 각종 전략 수립에 이용될 수도 있다. 흔히 한국을 정치의 실험실이라고 불릴 정도로 상상을 초월한 현상들이 일어난다고 하는데, 역설적으로 그만큼 이론의 발전이 가능한 곳이기도 하다. 마키아벨리의 여러 분석도 그랬다. 어떤 면에서는 한국 정당 행태와 합리적 선택 접근 모두 마키아벨리적인 측면을 지니므로, 합리적 선택 접근이 한국 정당연구방법론을 발전시킬 수 있는 여지가 많고 또 합리적 선택 접근의 발전 자체도 한국 정당연구에서 가능하리라 기대한다.

그러한 맥락에서 합리적 선택 접근으로 풀어볼 수 있는 한국 정당 관련 연구의제는 많다. 예컨대 2012년 대통령 선거를 앞두고 한국 정당이나 정치인들의 이합집산이 어떻게 이루어질 것인가? 승리를 위해 구성한 연합을 어떻게 유지할 수 있는가? 어떤 조건에서 상대 정당과 유사하게 변화하는 것이 득표에 유리하고 어떤 조건에서 득표를 감소시키는가? 유력한 대통령 후보를 어떻게 이길 수 있는가? 유력한 대통령 후보는 그 높은 지지도를 선거 승리로 어떻게 연결시킬 수 있는가? 정부여당은 선거 승리를 위해 어떤 정책을 추진해야 하는가? 개별 정치인들은 어떤 정당 후보로 출마하는 것이 선거 승리에 도움 되는가? 특정 패거리집단을 어떻게 와해시킬 수 있는가? 이런 다양한 질문들에 대한 해답을 합리적 선택 접근으로 구할 수 있다. 합리적 선택 접근은 어떤 면에서는 생각지도 못한 해답을 제공할 수 있을 뿐만 아니라 그러한 다양한 해답의 옥석(玉石)을 가리는 데에도 기여할 수 있다. 특히 개별행위자의 합리적 선택에 기초하여 계산해보면 어떤 정치제도가 누구에게 유리하고 누구에게 불리한지를 유추할 수도 있다.

현재 한국 정당연구에서의 합리적 선택 접근방법은 연구주제의 확대와 이론연구의 심화라는 두 가지 과제를 안고 있다. 한국 정당에 대한 합리적 선택의 기존 연구주제는 그렇게 다양하지 못하다. 앞으로 정당행태의 다양한 측면을 분석해보는 시도가 필요하다. 특히 정당이라는 단위뿐 아니라 정당 내 계파와 정치인을 단위로 분석함으로써 연구대상을 확대할 수 있다.

연구의 심화라고 해서 복잡한 수식을 쓰는 것을 의미하지는 않는다. 쉬운 말과 글로 표현하더라도 은유적이고 문학적인 서술 대신 엄격한 논리를 전개한다면 합리적 선택 접근의 심화가 가능하다. 논리의 엄격성이 덜 강조되는 한국 정당연구의 현실은 합리적 선택 접근방법 발전의 제약조건으로 작용한다. 합리적 선택 연구는 이론과 모델의 엄밀성을 강조하는 분위기 속에서만 활성화될 수 있다.

한국 정당에 대한 합리적 선택 접근방법이 활성화되기 위해서는 우선 한국 정당의 상황을 설명하고 예측하는 데에 합리적 선택 접근의 탁월성이 인정되어야 한다. 한국의 정당에 적용하는 더 많은 연구들이 나와야 할 뿐만 아니라 기존 연구를 넘어서는 부가적 기여를 할 수 있도록 기존 국내 문헌들에 대한 정리 작업도 필요하다. 이 글은 그러한 정리 작업의 일환이다.

참고문헌

강원택(1998), "정치적 기대수준과 저항투표: 단순다수제하에서 제3당에 대한 지지의 논리", 〈한국정치학회보〉 32권 2호.

_____(2003), 《한국의 선거 정치》, 푸른길.

경제희 · 김재한(1999), "제15대 대통령선거에서의 전략적 투표자", 〈한국과 국제정치〉 15권 1호.

김용호 · 김경모(2000), "유권자의 선거관련 매체이용이 선거판세 인식과 전략적 투표행위에 미치는 효과에 관한 조사연구", 〈한국언론학보〉 45권 1호.

김인철(1992), "선거와 경기변동", 〈사회비평〉 5월호.

김재한(1993a), "양당제하에서의 선거", 이남영 편, 《한국의 선거 I》, 나남.

_____(1993b), "제14대 대선과 한국경제", 〈한국정치학회보〉 27권 1호.

_____(1994a), "한국 정치외교의 형식모형적 접근의 현황", 김웅진 외, 《방법, 방법론과 한국정치학》, 한울.

_____(1994b), "한국 거대여당 체제의 등장과 쇠퇴", 김재한 편, 《정당구도론》, 나남.

_____(1995), "한국 유권자의 이념분포와 정계구도", 김재한 외, 《한국 정치외교의 이념과 논제》, 소화.

_____(1996), "한국 유권자의 투표행태에 관한 일 고찰", 〈국가전략〉 2권 2호.

______(1999), "한국 국가전략의 개념적 구도", 〈국가전략〉 5권 1호.
______(チェハソキム) (2000), "協力としての政治的成功 對 共謀としての政治的失敗", 〈公共選擇の硏究〉 第34号.
______(2001a), "민주국가를 위한 전략의 새로운 개념", 〈국가전략〉 7권 3호.
______(2001b), "분열사회와 다수제/합의제", 김재한 편, 《분열의 민주주의》, 소화.
______(2001c), "지역주의 문제의 진단과 처방", 《한국정치연구의 쟁점과 과제》, 한울.
______(2004), "담합의 형성과 와해", 〈21세기정치학회보〉 14권 2호.
______(2006a), "공공선택론의 유용성과 한국의 정치외교", 한국공공선택학회 학술발표회 발표논문.
______(2006b), "조세정책의 정치적 고려: 현직 효과 vs 이념 효과", 〈국가전략〉 12권 4호.
______(2012a), 《정치마케팅의 전략》, 한림대출판부
______(2012b), 《대한민국 국회, 불신과 양극화》, 한림대출판부
김재한·경제희(1998), "선거방식과 전략적 투표", 이남영 편, 《한국의 선거 II》, 푸른길.
김종표·박경산(1992), "선거와 정치적 경기순환", 한국정치학회 학술대회 발표논문.
김준한(1989), "한국 제13대 국회 투표권력에 관한 연구", 〈한국정치학회보〉 23권 1호.
김희민(1994), "한국 3당 합당의 원인과 결과", 김재한 편, 《정당구도론》, 나남.
박경산(1993), "제14대 대통령선거에 나타난 경제적 투표", 〈한국정치학회보〉 27권 1호.
배 형(1996), "한국 의회와 정당의 파워 인덱스의 변화", 김광웅·이갑윤 편, 《정당·선거·여론》, 한울.
삼성경제연구소(1992), "우리나라에서의 선거와 경제의 상관관계분석".
소병희(1982), "한국의 정치적 경기순환", 〈공사논문집〉 14호.
신해룡(1989), "한국재정지출의 공공선택론적 분석", 건국대 박사학위논문.
안순철(1996), "한국 유권자의 전략적 투표 행태", 〈한국정치학회보〉 30권 2호.
______(2001), "한국정치의 이데올로기적 예측공간 분석", 〈한국정치학회보〉 35권 3호.

안용흔(2002), "경제개혁의 당내 정치: 합리적 선택모델을 통한 금융실명제 개혁 분석", 〈아세아연구〉 45권 3호.

______(2003), "선거, 선거압력, 그리고 거시경제정책: 한국에서의 선거의 정치경제학", 〈한국정치학회보〉 37권 1호.

유금록(1996), "정치적 조세순환의 스펙트럼 분석: 한국, 미국 및 일본의 비교연구", 〈한국행정학보〉 30권 2호

이동윤(1996), "한국에 있어서 선거가 경제변동에 미치는 영향: 정치적 경기순환을 중심으로", 〈동서연구〉 8호.

이은국(1999a), "한국의 선거와 경제: 정치적 경기순환주기 가설의 검증", 〈한국정책학회보〉 8권 3호.

______(1999b), "정치적 경기순환주기가설의 스펙트럼분석: 한국의 사례", 〈한국행정학보〉 33권 3호.

이현우(1998), "한국에서의 경제투표", 이남영 편, 《한국의 선거 II》, 푸른길.

장 훈(2010), 《20년의 실험: 한국 정치개혁의 이론과 역사》, 나남.

정준표(2003), "합리적 선택이론에 있어서 합리성의 개념", 〈대한정치학회보〉 11권 2호.

______(2006), "합리적 선택이론의 성격", 한국정치학회 특별학술대회 발표논문.

정진영(1992), "경제와 선거 - 정치적 경기순환이론과 6공화국의 정치경제", 한국정치학회 학술대회 발표논문.

조기숙(1995), "한국 유권자의 정당본위 투표", 〈의정연구〉 1권 1호.

지병근(2008), "한국에서의 전략적 투표: 대통령선거와 국회의원 선거에서 나타난 약소 정당 지지자들의 투표 행태", 〈국제정치논총〉 48권 2호.

최 광·노봉래(1988), "정치적 경기순환의 이론 및 실증적 연구", 〈재정논집〉 2권.

황수익·강원택(2006), "합리적 선택의 정치학", 한국공공선택학회 편, 《공공선택의 이론과 응용》, 봉명.

Aranson, P., M. Hinich & P. Ordeshook(1974), "Election Goals and Strategies", *American Political Science Review*, *68*.

Axelrod, R.(1970), *Conflict of Interest*, Chicago: Markham.

Black, D.(1958), *The Theory of Committees and Election*, Cambridge: Cambridge University Press.

Bowen, H. R. (1943), "The Interpretation of Voting in the Allocation of Economic Resources", *Quarterly Journal of Economics*, *58*.

Choi, J. (2003), "Strategic Voting and the Effective Number of Presidential Candidates: The Case of South Korea", *Korean Political Science Review*, *37*(4).

______(2006), "Institutional Interaction and Strategic Voting in Korea's New Mixed Electoral System", *Journal of International and Area Studies*, *13*(2).

Downs, A. (1957), *An Economic Theory of Democracy*, New York: Harper & Brothers.

Hibbs, D. Jr. (1987), *The Political Economy of Industrial Democracies*, Cambridge: Harvard University Press.

Hotelling, H. (1929), "Stability in Competition", *Economic Journal*, *39*.

Kim, C. (1999), "Election and Macroeconomic Policy: An Examination of Political Business Cycle Theory", in Mo & Moon(eds.), *Democracy and the Korean Economy*, Stanford: Hoover Institution Press.

Nordhaus, W. (1975), "The Political Business Cycle", *Review of Economic Studies*, *42*.

Owen, G. (1982), *Game Theory*, 2nd edition, New York: Academic Press.

Riker, W. (1962), *The Theory of Political Coalitions*, New Haven: Yale University Press.

Riker, W. & P. Ordeshook(1968), "A Theory of the Calculus of Voting", *American Political Science Review*, *62*.

Smithies, A. (1941), "Optimum Location in Spatial Competition", *Journal of Political Economy*, *39*.

Soh, B. (1988), "Political Instability and Economic Fluctuations in the Republic of Korea", *Public Choice*, *57*(3).

______(1993), "Political Optimal Choice of Inflation Policy", *Korean Economic Review*, *9*(1).

제 5 장

한국 정당연구이론 동향분석:
정치경제학적 접근을 중심으로*

유진숙 배재대

1. 문제제기

한국 정당연구는 빠른 양적 팽창과 상당한 규모의 연구 성과물 축적에도 불구하고 정당의 제도적 안착이 지연되는 것과 병행하여 최근 그 이론적, 방법론적 적실성에 대한 회의와 의문을 불러일으키고 있다.

김용호의 서구중심주의 및 연구주제의 협애성 비판(2008), 그리고 장훈(2008)의 계량적 연구방법에의 편향성 비판에 이어 강원택(2009)과 이동윤(2010)은 서구 정당연구에서 발전되어온 정당유형론의 직접적인 한국 정당연구 적용을 비판하였다. 본 논문은 한국 정당연구이론에 대한 성찰의 일환으로 정치경제학적 접근의 한국 정당연구 적용사

* 이 글은 〈국가전략〉(17권 3호, 2011년)에 게재되었다.

례들을 검토하고 그 성격과 한계를 분석하고자 한다.

정치경제학적 접근방법은 근원적으로 맑스주의적 전통에 뿌리를 두며, 핵심적으로는 경제적 토대와 계급 갈등을 정당체계 형성과 경쟁관계의 주요 독립변수로 설정하는 다양한 거시적, 중범위적 접근을 포괄한다고 볼 수 있다. 정치경제학적 접근방식은 최근 제도주의적, 신제도주의적 접근을 비롯한 중범위 이론과의 결합, 그리고 합리적 선택이론을 비롯한 미시적 접근과의 다양한 결합을 통하여 적용되고 있어 명확하게 그 경계선을 설정하기 어렵다.

그럼에도 불구하고 그 핵심적인 문제의식, 정당체계를 비롯한 정치과정의 현상은 물질적 토대, 즉 경제·계급 구조와 긴밀히 연계되어 있으며 따라서 물질적 토대와의 상관관계를 통하여 설명될 수 있다는 전통적인 출발점이 정치경제학적 접근방법을 관통하는 핵심적 주장이라고 할 수 있다. 단, 국가, 정치, 이데올로기 등의 이른바 상부구조의 상대적 자율성을 논증하는 맑스주의 내·외적 도전에 당면하여 물질적 토대의 일방적 규정성 전제는 이미 폐기되었다고 보아야 할 것이다.

이러한 정치경제학적 출발점, 즉 정당체제가 물질적 또는 계급적 기반을 배경으로 한다는 전제는 1970년대 이후 탈물질주의 논쟁, 신제도주의 발전 등으로 인하여 상당한 도전에 직면하였으나, 다른 한편 신생민주주의 국가들의 탄생과 지속적인 반증의 발굴이 이어지면서 그 도도한 흐름을 유지하고 있다.

본 논문에서는 직접적으로 정당연구라는 하위분야와 접목되었으며 광범위하게 적용되어온 정치경제학적 접근으로서 무엇보다도 사회균열이론(*cleavage theory*), 계급투표(*class voting*) 가설, 좌-우 이념 척도 등 몇 가지 중범위 이론들을 검토하고자 한다. 위 이론들의 핵심과 내적 논쟁의 고찰은 일단 미국과 서유럽을 중심으로 하는 서구 학계의 연구결과들을 대상으로 이루어진다. 그리고 최근 20여 년간 한국 정당연구에의 적용 사례들을 분석함으로써 한국에서의 정치경제학적 접근의 성격과 한계에 대하여 비판적으로 고민해보고자 한다.

2. 정치경제학적 정당연구방법론

광의의 개념에서 정치경제학적 접근 방식은 정당의 형성, 기능, 구조, 체계 및 그 변화의 제 차원에서 경제적, 계급적 토대와 요인을 찾아내고 그 상호작용을 분석하는 제 관점을 포괄한다. 그러나 협의의 개념에서 볼 때 정당연구에서의 정치경제학적 접근은 사회균열이론을 중심으로 하는 몇 개의 구체적인 이론 또는 가설로 제한될 수 있다.

본 논문에서는 특히 정치경제학과 본격적인 정당이론과의 접목을 시도하는 중범위 이론으로 사회균열이론, 계급투표 가설, 좌-우 이념축 등 세 가지 이론을 검토해보고자 한다. 이 이론들은 정치경제학적 접근 중 가장 구체적으로 정당연구에 적용될 뿐만 아니라 수십 년간 축적된 연구 성과를 바탕으로 상당한 이론적 발전을 보여준다는 측면에서 집중적으로 검토할 필요가 있다.

립셋과 로칸의 사회균열이론은 1967년 약 40페이지 분량의 서문에서 처음 소개된 이후 독보적인 정당이론의 초석이 되었으며 수십 년간 활발한 정당연구의 핵심적 이슈를 제공하였다.

사회균열이론에 따르면 유럽에는 국가 형성과 산업혁명이라는 두 가지 역사적 변동을 배경으로 네 가지 사회균열구조가 형성되었으며 이

균열구조가 다시금 유럽 정당체계 형성에 절대적으로 중요한 영향을 미쳤다. 이를 립셋과 로칸은 "갈등과 이의 정당체계로의 이전"(*translation*) 이라고 표현한다(Lipset et al., 1967: 93). 네 가지 사회균열구조는 근대국가 성립 과정에서 형성된 중앙-주변부(지역) 간의 균열구조와 국가-교회(종교) 간의 균열구조, 그리고 산업혁명을 통하여 형성된 농업과 산업 간의 균열구조(도시-농촌)와 자본가와 노동자 간의(계급) 균열구조를 포괄한다. 중앙-지역 간의 균열구조는 근대국가의 중앙집권화 과정에서 나타나는 지배엘리트 집단과 민족국가 형성에 저항하는 지방, 소수민족 등 주변부 집단 간의 갈등구조를 의미한다. 두 번째 균열구조인 국가-교회 간의 균열구조 역시 중앙집권적 민족국가 형성을 주도하며 세속화를 추구하는 지배엘리트 집단과 이에 저항하며 전통적인 교회세력의 유지를 추구하는 종교 간의 갈등구조를 의미한다. 세 번째 균열구조, 즉 농업과 산업 간의 균열구조는 진행되는 산업화와 그에 저항하는 전통적 농업지대 간의 갈등을 의미한다. 마지막 균열구조인 계급균열은 거의 모든 서유럽 국가의 정당체계 형성과정에서 가장 압도적이며 일반적으로 영향을 미친 균열구조로 분석된다. 립셋은 "현대 민주국가의 정당들은 기본적으로 민주적 방식으로 전환된 계급투쟁을 대표한다"라는 일반론을 전개한 바 있다.[1] 따라서 계급균열은 이후 균열이론의 핵심적인 주제로 정착하였으며 근대적 정당체계 형성 여부를 측정하는 가장 중요한 기준으로 여겨져 왔다.

1) Lipset, S. M. (1981), *Political Man: The Social Bases of Politics*, Baltimore: Johns Hopkins University Press: 230. 재인용: 김수진(2008), "정당정치와 계급정치, '노동없는 민주주의'의 예외성에 관한 고찰", 《세계지역연구논총》 26집 3호: 8.

립셋과 로칸의 기여는 유럽 사회균열구조의 형성을 이론화하고 유형화했다는 점뿐 아니라 이러한 사회균열구조가 정당으로 '이전'되는 메커니즘을 이론화했다는 데 있다. 립셋과 로칸은 사회균열구조가 행위자적 요소를 통하여 '이전'되는 과정을 이론화함으로써 구조결정론적 한계를 넘어서는 연구방법론을 제시하였다. 즉, 균열은 자동적이고 기계적으로 정당체계에 반영되는 것이 아니라 '조직전략 및 선거전략', '동맹', '조직적 효과를 통한 동원시장의 성공적인 통제' 등의 다양한 행위자적 요소를 통하여 비로소 정당체계로 '이전'된다는 것이다(Lipset et al., 1967: 112). 그리고 이때 균열구조가 성공적으로 정당체계로 이행될 수 있는 조건은 크게 정책결정과정의 전통, 저항의 표현과 동원의 채널, 동맹의 가능성 및 다수결 제도 등 네 가지로 축약된다. 립셋, 로칸은 더 나아가 1960년대의 정당체계는 1920년대의 정당체계 특징을 그대로 보유하였으며, 이는 주요한 정당구도가 20세기 초 이후로 동결(*frozen*) 되었기 때문이라고 주장한다.

역시 정치경제학적 접근으로 분류될 수 있는 계급투표 가설은 구조적 요인보다는 행위자적 요인에 보다 더 중점을 두며 미국 정당연구에서 발전되었다고 할 수 있다. 계급투표 가설은 계급을 행위자의 투표행태에 영향을 미치는 중요한 범주로 측정하며, 계급투표의 증가와 감소에 근거하여 계급정당체계 및 계급적 사회균열구조의 유지 또는 변화를 유추해낸다(Abramson, 1978; Andersen et al., 2003). 일례로 엔더슨 등은 1991년부터 1998년까지의 총 1만 6천 808개의 설문을 포괄하는 다섯 가지 설문조사 결과에 근거하여 극좌 및 극우정당 지지도가 유권자들의 계급적 소속과 어떤 상관관계를 나타내는지에 대해 분석하였다(Andersen et al., 2003). 에반스 외(G. Evans et al.,, 2009)의 연구 역시 일반적으로 민족 이슈가 계급 이슈를 압도하는 것으로 알려진 북아일랜드에서도 계급은 정당 선택의 중요한 요인임을 논증함으로써 계급투표 가설의 이론적 유효성을 강조한다. 즉, 동일한 민족 블럭 내에서의 정당 간 경쟁은 좌-우 분화를 통해 이루어지며 따라서 정당 선택 행태에서 계급 소속은 표면적으로 나타나는 것보다 훨씬 중요한 영향을 미친다는 것이다(Evans et al., 2009 · 2010).

마지막으로 균열이론 및 정당투표 가설과 밀접하게 연관되어 있는 또 하나의 정치경제학적 정당연구 영역은 좌-우 이데올로기 분석이라고 할 수 있다. 좌-우 개념은 1789년 8월 28일 베르사유에서 개최된 프랑스 제헌의회 당시 의원 좌석의 위치를 지칭하는 단어에서 처음 유래하였으며, 200여 년이 지난 지금 서구 정당체계의 가장 중요한 이념적 척도로 사용된다. 그러나 좌-우 척도의 중요성에 비해 이 개념의 정의에 대한 명확한 동의는 형성되지 않았다고 지적된다(Corbetta, 2009: 626). 혹자는 좌-우 척도를 초시간 · 초공간적인 고정된 개념으로 파악하며 특히 경제적 분배와 관련된 이념 척도, 즉, '좌'는 경제적 분배와 평등을 지향하는 이념성향을, 그리고 '우'는 경제적 경쟁과 자유를 지향하는 이념성향을 지칭한다고 본다. 반면 혹자는 좌-우 척도 역시 시 · 공간적인 변화와 더불어 다르게 해석 · 적용되어야 한다고 주장한다. 일례로 포스트사회주의 국가와 선진 민주주의 국가에서의 좌-우 척도의 해석과 영향은 그 성격을 달리 한다는 주장이 그에 속한다. 더 나아가 일부 학자들은 좌-우 척도가 사회 · 정치적 수요와 맥락에 따라 상당히 유동적으로 그 구체적 내용을 달리하며, 유권자 차원에서의 해석은 더욱 더 유동적으로 변화한다고 주장한다. 위와 같은 세부적 논쟁에도 불구하고 좌-우 척도는 일반적으로 경제적 분배를 둘러싼 이념적 대립구도로 정당 이데올로기, 유권자 이데올로기 성향, 정부 이데올로기 성향 분석과 같은 정치적 경쟁구도의 분석 등에 광범위하게 적용된다(Hakhverdian, 2009; Freire, 2009; Corbetta, 2009).

그러나 립셋, 로칸의 균열이론과 정당투표 가설, 좌-우 척도를 비롯한 정치경제학적 접근은 1980년대 이후 서구 정당연구에서 상당한 논쟁의 대상이 되었다. 특히 균열이론의 동결 가설, 즉 20세기 초반에 형성된 사회균열구조가 1960년대에도 그대로 유지되고 있다는 주장은 1980년대 이후 급격히 약화되는 서구 정당체계를 설명하기 어렵다는 비판에 당면해 있다. 정치경제학적 접근방식의 한계와 문제점에 대한 보다 근본적인 문제제기는 무엇보다도 포괄정당(*catch-all-party*) 논쟁, 그리고 탈산업사회 논쟁과 함께 시작되었다고 볼 수 있겠다. 포괄정당론은 서구 사회의 전통적인 계급적 균열구조의 해체 및 완화와 함께 정당체계의 계급적 성격이 해체, 완화되었다고 주장하며, 탈산업사회 논쟁 역시 물질적 분배에 근거한 전통적인 계급갈등의 해체와 탈물질주의적인 새로운 갈등의 등장을 통하여 현대 정당체계를 설명한다. 또한 행태주의적 방법론은 미시적 단위의 극대화를 통하여, 제도주의적 방법론을 비롯한 중범위 이론들은 다양한 제도적 요인들의 부각을 통하여 물질적 요인의 영향에 대하여 논쟁한다.

그 중 정치경제적 접근의 이론적 유효성을 비판한 가장 대표적인 이론은 잉글하트(Ronald Inglehart)의 이론일 것이다. 잉글하트는 제 2차 세계대전 이후의 경제적 풍요가 노동자 계급에게 높은 수준의 물질적 혜택을 제공함으로써 계급균열의 중요성은 감소될 뿐만 아니라 변화되었다고 주장한다. 즉, 산업사회가 탈산업사회로 이행하면서 새로운 균열구조가 산업시대의 균열구조를 대체하였으며, 이 과정에서 물질주의 대 탈물질주의 간의 갈등이 보다 중요해졌다는 것이다.[2] 특히 이때 강조되는 것은 물질주의를 지향하는 노동자 집단이 신좌파 및 녹색당의 탈물질주의에 대항하여 오히려 신우파 정당을 지지하게 된다는 가설이다. 즉, '탈물질주의적' 이슈의 중요성이 커지면서 중간계급의 좌파 정당 지지도는 강화되는 반면에 노동계급은 우파 정당 쪽으로 기운다는 주장이다(Brooks et al., 2006: 92). 엔더슨 외(1990)의 연구는 실제로 어떻게 덴마크와 노르웨이의 신우파 정당들이 탈산업사회의 새로운 균열구조를 보여주는지 논증하기도 한다(Andersen, 1990).

따라서 지난 수십 년 동안 정치경제학적 접근, 특히 균열이론은 수많은 연구들을 통하여 검토・수정되었다. 어떤 연구는 동결 가설을, 어떤 연구는 균열구조의 유지 또는 변화를 검토하였고 또 다른 연구는 균열이론 자체의 유효성을 검토하기도 하였다.

최근 연구들은 계급균열이론과 계급투표 가설의 유효성을 강조함과 동시에 균열이론의 수정・보완을 시도한다(Brooks, 2006; Knutsen, 2001; Zipp・Weakliem, 1989). 투표행태를 심리적, 문화적, 인지적 요인으로 설명하는 사회학적 접근과의 조합(Brooks et al., 2006: 89), 조직적인 요소에 대한 보완, 인종, 종교, 계급, 그리고 성(*gender*) 등 현대사회의 주요한 사회균열구조의 수정 시도(Mansa et al., 1999), 계급측정에 대한 문제제기(Waal, 2007) 등 다양한 비판적 계승의 시도들이

---

2) Inglehart, R. D. & J. J. Rabier(1986), "Political Realignment in Advanced Industrial Society: From Class-Based Politics to Quality of Life Politics", *Government and Opposition*, *21*: 456~479. 재인용. Andersen, J. G. & T. Bjørklund(1990), "Structural Changes and New Cleavages: the Progress Parties in Denmark and Norway", *Acta Sociologica*, *33*(3): 206.

있었다.

이와 동시에 서구 사회에서 균열이론과 계급투표이론은 여전히 이론적 유효성을 가졌음을 논증하는 연구결과들 역시 꾸준히 발표되고 있다. 브룩스 외(C. Brooks et al., 2006)는 오스트리아, 오스트레일리아, 독일, 영국, 네덜란드, 미국 등 6개국의 사회균열구조에 입각한 투표행태를 분석하면서 미숙련 노동자의 경우 정당정체성이 점차적으로 약화되고 있지만 다른 계급들의 경우 여전히 명확한 계급균열구조를 보여준다고 논증한다. 즉, 국가별 편차가 존재하며 영국과 독일의 경우 계급균열의 중요성이 점차적으로 감소하는 것으로 나타남에도 불구하고 계급은 대부분의 국가에서 가장 명확한 균열구조라는 것이다(Brooks et al., 2006: 105). 덴마크, 노르웨이, 스웨덴 등 스칸디나비아 북유럽 국가들을 대상으로 한 1970년부터 1990년까지의 설문조사에 근거하여 사회균열구조 변화를 분석한 크누첸(Knutsen, 2001) 역시 계급투표 경향성이 전체적으로는 감소하는 것으로 나타나지만, 깊이 들어가 보면 내부적 차별성이 존재한다고 분석한다. 즉 사민주의 정당과 우파 정당에 대한 계급투표는 감소하고 있지만 좌파 사회주의 정당에 대한 계급투표는 증가하고 있으며, 이는 특히 새로운 중간계급의 지지도 상승을 통해 설명된다는 것이다(Knutsen, 2001: 311). 이 외에도 유럽국가들 중 가장 계급투표 경향성이 약한 국가로 분류되어온 캐나다에도 계급투표가 존재한다는 반론(Zipp, 1982)과 영국 사례 분석을 통한 계급투표 가설의 유효성 입증(Weakliem, 1989) 등의 연구결과들이 발표되었다.

계급투표의 유효성을 변호하는 주장 중 또 한 조류는 방법론 문제를 거론한다(Prandy, 2000; Weakliem, 1995; Waal, 2007). 기존의 분석에

의하면 계급투표는 감소하는 것으로 보이지만 계급 개념 및 조작적 정의를 상대화할 때 다른 결론이 나올 수 있다는 주장이 대표적인 사례이다(Weakliem, 1995). 여기서 '절대적' 계급투표는 '자신이 속한 계급의 이해를 대표하는 정당을 지지할 것'이라는 전제와 연결되어 있다. 따라서 노동자 계급이 노동자 정당을 지지하지 않으면 계급투표는 감소하는 것으로 측정된다. 그러나 계급투표를 '상대적'으로 이해할 때 이는 한 계급과 한 정당 간의 절대적 상관관계가 설정되는 것이 아니라 단지 '계급과 정당 간의 상관관계'만이 다양한 형태로 측정되며 이 경우 노동자 계급이 계급적 이유로 인하여 우파 정당을 지지할 때 이 역시 계급투표로 규정될 수 있다는 것이다.

월(Waal, 2007) 역시 계급투표의 중요성이 실제로 감소한 것이 아니며 잘못된 방법론에 의한 해석의 오류일 뿐이라고 비판한다. 즉 수입의 차이와 계급적 차이는 전혀 줄어들지 않았음에도 불구하고 마치 전통적인 계급과 정당 편성 간의 관계가 약화되는 것처럼 잘못 해석되었다는 것이다. 그리고 이러한 해석의 오류는 잘못된 방법론의 채택에 기인한다고 주장한다. 즉, 서구 국가 계급투표 약화의 검증과정에 광범위하게 적용되어온 알포드 인덱스(Alford-index)는 육체노동자와 비육체노동자의 단순한 이분법으로 계급을 분류하며, 이러한 방식은 노동자 계급은 좌파 정당을, 중간 계급은 우파 정당을 지지한다는 단순한 가설과 연계되어 있다는 것이다. 그리고 이러한 단순한 이분법적 계급측정 방법이 실제로 해석의 오류를 낳음으로써 현존하는 계급적 차이와 계급투표 행태를 포착해낼 수 없었다고 비판한다.

또한 사회균열이론이나 계급투표와 같은 정치경제학적 접근은 특히 후발 민주주의 국가 정당체계의 민주성을 측정하는 데 광범위하게 적용됨으로써 그 전통을 잇고 있다(Gijsberts, 2000; McAllister, 2008; Evans et al., 1993; Ockey, 2005; Matějů, 1997; Aguilar et al., 2000). 다수의 연구들은 다양한 한계와 차별성에도 불구하고 궁극적으로는 균열이론의 신생 민주주의 국가 적용 가능성을 인정한다. 예를 들어 체코의 계급투표 경향성을 분석한 마테유는 투표에 있어서 계급요인의 영향이 점차적으로 증가한다는 결론을 내린다(Matějů, 1997). 아홉 개의 선진 민주주의 국가와 동유럽 후발 민주주의 국가 간의 균열구조를 비교하였던 연구 역시 동유럽 국가에서도 계급 간 차이는 명확하게 나타난다고 논증한다(Gijsberts, 2000: 397).

아시아 국가에의 균열이론 적용 사례의 경우 결론은 보다 더 회의적이다. 태국에서의 사회균열구조의 형성을 논증하는 연구(Okey, 2005)도 있지만 일례로 한국, 일본, 대만, 필리핀을 대상으로 균열이론을 적용하였던 맥엘리스터의 경우 동아시아 국가들에서의 균열이론 적용의 한계를 지적한다(McAllister, 2008). 그는 한국의 경우 중앙-주변부 균열구조는 어느 정도 나타나는 반면 다른 균열구조들, 특히 계급균열은 극히 취약하게 나타난다고 분석한다. 그리고 이러한 계급균열의 부재를 권위주의 정부의 지속적인 계급정당 통제의 결과로 파악한다.

위와 같은 서구의 정당연구 동향은 균열이론과 계급투표 가설 등이 상당한 내·외적 논쟁과 도전에도 불구하고 여전히 효과적으로 이론적 유효성을 주장하고 있음을 보여준다.

3. 한국 정당연구의 정치경제학적 이론 적용

이 장에서는 1990년대 이후 정치학 관련 주요 학술지에 발표된 한국 정당연구 논문 및 단행본을 중심으로 위와 같은 정치경제학적 이론을 적용한 사례들을 고찰하고자 한다.

한국 정당연구의 분석에서는 특히 균열이론 및 정당투표이론 적용사례 외에 이른바 '비판이론가들'로 불리는 거시적 접근방법을 추가적으로 고찰한다.

1) 거시적 접근: 비판이론가들

거시적 차원에서 정치경제학적으로 정당연구에 접근하는 대표적인 학자들로는 최장집, 황태연, 손호철 등 일반적으로 '비판이론가들'로 통칭되는 일련의 학자군을 꼽을 수 있다. 이들은 물질적 토대와 계급모순(최장집, 1993·2006·2010), 지역 간 불균등 발전(손호철, 1993) 등의 정치경제학적 관점으로 한국 정당 및 정당체계를 분석한다.

이 일련의 비판이론가들은 특히 한국의 지역주의 문제를 둘러싸고 지역주의의 물질적·계급적 본질을 논증함으로써 엘리트의 전략을 강조하는 미시적 행태주의자들에 대하여 거시적 입장의 반론을 제기한 바 있다. 최장집(1996)은 "호남문제와 계급문제는 독립적 층위를 형성하고 있지만 양자는 동일한 것은 아닐지라도 상호 밀접하게 연관되어 있다. 그리고 계급문제는 호남문제가 아니지만 호남문제는 계급문제를 그 중심에 포괄하는 특징을 가지면서 양자는 서로를 떠받친다"고 분석하고, "지역감정의 이데올로기는 호남을 구조적 소수파로 배제하고 그

것이 기존 지배질서의 온존을 보장해주는 비호남 지역 연합의 지역패권주의를 가능하게 하는 이데올로기"라고 규정한다(최장집, 1996: 398).

백준기 외(2003) 역시 비판이론의 맥락에서 지역주의를 고찰하였으며 지역주의와 이념적 균열 간에 밀접한 상관관계가 있다고 논증한다. 그러나 이 연구는 기존의 정치경제학적 접근법이 지역주의의 이데올로기로의 전환메커니즘을 설명하지 못한다고 비판하며 행위자적 관점, 즉 정당의 동원전략을 결합한다. 이에 따르면 지역주의는 수요 측면(유권자 - 필자)과 공급 측면(정당의 동원전략 - 필자)에서 계급·계층적 성격뿐만 아니라 향리적 성격을 띰으로써 "오히려 지역 내 계급·계층적 성격의 분화와 발전을 억제하는 이데올로기적 역할을 담당"했다는 것이다(백준기 외, 2003: 143). 안순철(2001) 역시 한국의 이념적 균열이 지역균열과 중첩됨을 16대 총선 분석을 통하여 논증하였다.

위의 비판이론가들이 한국 정당체계의 계급적 성격을 논증하였다면 김수진은 오히려 '왜 한국 정당정치에 계급적 요소가 약할 수밖에 없는가'를 세계적인 계급정치의 종식 경향성과 전통적 계급균열구조의 약화 등을 통하여 논증한다(김수진, 2008). 김수진에 따르면 한국 정당제도화의 수준은 이념과 정책노선으로 무장한 좌파 정당들이 비교적 안정적으로 성장할 수 있었던 중남미 민주주의 이행국가보다 훨씬 낮은 수준이라고 할 수 있다. 17대 총선 당시 비례대표제의 제도적 효과에 힘입어 진보정당의 원내 진출이 가능했지만 18대 총선에서의 강한 지역주의 투표행태로 인하여 이러한 계급정치적 요인은 다시 주변부화했다는 것이다. 그러나 김수진은 계급정치의 부재를 민주주의의 비정상적 또는 예외적 전개과정으로 파악하는 비판이론가들과는 달리 이 현상을 시대적으로 불가피할 뿐만 아니라 일반적인 이행의 한 유형으로 설명한다. 즉, 선진 민주국가 계급정치의 역사적 성장 및 퇴조와 비교해볼 때 계급정치는 한국 정당정치의 핵심 기제로 성장하기 어렵다는 것이다(김수진, 2008: 7). 더 나아가 김수진은 범지구적 차원에서의 자본주의 세계체제 변화로 인하여 계급정치는 더 이상 핵심적 요인이 될 수 없다고 진단한다. 계급이 파편화되고 해체됨에 따라 계급정당은 이념적 · 조직적 기반 자체를 상실하였다는 것이다(김수진, 2008: 18).

위와 같은 논쟁은 서구 정당논쟁과 상당히 비슷한 구도를 보인다. 단, 특징적인 것은 정당 및 정당체계의 계급적 · 물질적 토대를 주장하는 비판이론가들 역시 실질적으로는 한국 정당체계가 계급적 성격을 명확하게 보이지 않는다는 지점에서 비판적 논의를 시작한다는 점이다. 즉, 계급정당의 부재라는 한국 정당체계의 한계를 비판이론가들은 지역주의의 계급적 재해석을 통하여 한편으로는 변호하고 다른 한편으로는 비판하고 있다고 할 수 있다. 이러한 '계급정당의 부재'에 대한 한국 정당연구자들의 고뇌는 중범위 이론의 차원에서도 여실히 드러난다.

2) 중범위 이론에서의 접근

(1) 사회균열이론 적용

중범위 이론 중에 가장 대표적인 정치경제학적 접근이라고 할 수 있는 사회균열이론은 한국에서도 역시 상당히 광범위하게 적용된다. 지역균열, 세대균열, 이념균열, 경제균열의 선거 영향력을 분석하는 정기진 · 이훈영(2008)의 연구, 지역주의의 정치경제적 근간을 분석하는 백준기 · 조정관 · 조성대의 연구(2003), 계급적 균열구조에 입각하여 정당정치를 분석하는 오삼교(2000)의 연구, 한국 정당정치의 역사를 균열구조 중심으로 재구성하는 김수진의 연구(2008), 지역균열, 세대균열, 이념균열 및 경제균열의 균열구조 개념을 제시하는 연구(정기진 외, 2008), 지역주의와 정당 지지 간의 상관관계에 대한 경험적 연구들(신명순, 1994; 마인섭, 1994; 곽진영, 1998; 조진만 외, 2006), 탈물질주의와 세대균열에 대한 연구(김욱, 2009) 등 다양한 연구들이 '균열'이라는 개념을 사용한다.

한국 정당연구에서 균열이론의 적용은 몇 가지 특징을 보이는 가운데 그 개념과 분석방법 등에서 상당한 불일치를 보여준다.

첫 번째 특징은, 균열이론을 적용하는 연구들 중 립셋과 로칸의 고전적인 분석틀을 직접적으로 적용하는 경우는 거의 없으며 대다수의 시도들이 '사회경제적으로 형성된 사회적 균열구조가 정당체계로 이전한다'는 핵심적인 기본 가설에서 출발하는 가운데 다양한 균열구조 개념을 제시한다는 점이다. 무엇보다도 서구 정당연구에서 균열이론이 핵심적으로는 계급균열구조를 중심으로 발전되어온 것과는 달리 한국 정당연구에서 계급균열구조는 거의 다루어지지 않는다는 점이 지적된다. 민주노동당이 그나마 계급균열, 계급투표와 관련하여 거의 유일하게 다루어지는 연구대상이며, 이러한 연구는 특히 정치사회학 분야에서 비교적 활발하게 진행되고 있다(윤도현, 2007; 이정진, 2006; 조돈문, 2004) 그러나 다른 계급에 대한 연구는 극소수에 한정된다. 일례로 안희수 외(1993)는 단순사무직 임금노동자부터 전문기술직 피고용인까지를 포괄하는 '신중간계급'(*new petty bourgeoisie*) 개념에 입각하여 전통적인 노동자 계급과의 차별성을 분석한다. 이 논문은 1990년대 제조업 성장의 둔화와 사무·금융·서비스 부문의 팽창으로 상징되는 산업구조의 재편, 그리고 이에 따른 중간계급의 확대가 정당정치에 어떤 영향을 미치는가를 분석한다. 결론적으로 이 연구는 한국의 신중간계급은 비판적이면서도 체제변혁에 대해서는 상당히 보수적이며, 따라서 신중간계급의 급속한 팽창은 92년 총선에서 등장한 신당들 중 민중당이나 신정당보다는 정주영이 창당한 보수적인 국민당이 상당히 선전하는 데 일조하였다고 분석한다.

그러나 대부분의 연구들은 균열이론의 직접적 적용의 한계를 비판하며 특히 한국 사례 분석에서의 계급균열의 부적합성을 지적한다. 이는 앞서 언급한 바와 같이 '계급정당의 부재'라는 현상에 당면한 한국 정당 연구자들의 현실을 반영한다.

일례로 정기진 외(2008)는 립셋, 로칸의 네 가지 사회균열구조의 직접적인 적용의 한계를 지적하면서 지역균열(*regional cleavage*)과 세대균열(*generation cleavage*), 이념균열(*ideological cleavage*) 및 경제균열(*economic cleavage*)의 균열구조 개념을 제시한다(정기진 외, 2008: 44). 이들은 이념균열을 권위주의와 자유주의 간의 균열로 분류하며 경제균열은 소득과 분배의 불평등에 관련한 계층분화를 의미한다고 정의한다. 그리고 이념을 계급균열과 분리시켜 고찰하는 이유를 "한국에서의 보수와 진보 간의 이념균열이 경제적 요인보다는 정치사회적 요인에 근거"한다는 논리로 설명한다. 그리고 굳이 전통적인 계급균열 개념을 적용하지 않고 경제균열 개념을 제시하는 이유는 "계급균열의 본질이 한국적 상황에서는 이데올로기적 균열 양상으로 흡수되며, 경제적 차원에서의 양극화 문제는 새로운 정치·사회적 문제로 경제균열을 일으키고" 있기 때문으로 설명한다(정기진 외, 2008: 48). 그리고 그동안 한국에서 가장 주요한 균열구조로 인식되어온 지역균열구조가 여전히 유효한가를 정치심리학적 입장에서 검토한다. 결론적으로 이 연구는 2002

년 대선을 기점으로 지역균열 외에 세대균열, 이념균열, 경제균열 등의 다른 균열구조의 영향력이 커지고 있다고 분석한다. 그러나 한편으로는 이념균열이 경제적 요인과 분리된 것으로, 다른 한편으로는 계급균열의 본질을 흡수하는 것으로 묘사되는 논리적 모순이 보여주듯이 이념균열과 경제균열이라는 개념은 상당한 논쟁의 여지를 가졌다고 할 수 있다.

두 번째 특징은 직·간접적인 또는 암묵적인 립셋, 로칸의 이론적 맥락 속에서 가장 대표적으로 한국 정당연구에 적용되어온 균열구조는 지역균열이라는 점이다. 상당수의 정당연구들이 투표결과 분석에 근거하여 지역주의와 정당 지지 간의 상관관계를 경험적으로 분석함으로써(신명순, 1994; 마인섭, 1994; 곽진영, 1998; 조진만 외, 2006) 지역균열구조의 검증을 시도하였다. 최근 연구 중 조진만 외(2006)는 17대 총선 결과 분석을 통하여 유권자들이 지지정당의 결정에 있어 지역균열, 이념, 세대, 탄핵쟁점 등의 영향을 받고 있음을 논증하였다. 최장집은 이러한 한국 사회의 지역균열구조의 압도라는 현상을 "사회의 다른 직능적, 계층적 갈등과 이익, 열정이 표출되고 동원될 수 있는 정치적 경쟁이 어려운 상태에서, 지역의 지지시장은 정치엘리트와 정당이 동원할 수 있었던 가장 손쉬운 정치적 자원이었기 때문", 즉 엘리트의 이해관계에 입각한 '편향성의 동원'의 결과로 설명한다(최장집, 2005: 107).

세 번째 특징은 '균열'이라는 개념이 사실상 립셋과 로칸이 제시한 균열이론의 범주를 넘어선다고 할 수 있을 정도로 광범위하고 다양하게 사용되고 있다는 점이다. 일례로 김수진(2008)은 한국 정당정치의 역사를 균열구조 중심으로 재구성하였다(김수진, 2008: 110~120). 그에 따르면 제 3공화국까지 한국 사회에서 사회적 균열구조와 정치체계와의 연계성은 지극히 취약하였으며 제 3공화국에서 도시, 농촌 간의 정치균열이 지역균열로 대체되고 제 4, 5공화국은 지역균열, 계급균열, 민주-반민주의 정치균열이 동시적으로 발전한 시기로 분석하였다. 반면 제 6공화국 시기는 기존의 다차원적 균열구조가 지역구조라는 압도적 균열구조를 통해 대체된 시기로 묘사된다.

균열 개념의 상당히 광범위한 적용은 이정진(2007)의 연구에서도 발견된다. 한국 사회의 급변하는 정치현실에 입각하여 이정진은 역사적이고 장기적인 접근으로서의 균열이론 적용의 한계를 지적하며 그에 대한 대안으로서 '정당체계 재편성'(*realignment*) 분석틀을 적용한다. 재편성 개념은 행태주의가 발전한 미국에서 정당체제 변동을 위하여 발전된 개념이다. 즉, 장기적인 사회경제적 균열구조보다는 유권자의 정당정체성이나 지지도 등을 통해 정당체계를 설명하는 미국 정당이론의 맥락 속에서 형성된 개념이라고 볼 수 있다. 이 접근은 지지 동원이나 선거제도와 같은 단기적인 행위자적 · 제도적 요인들을 중시하며 이러한 단기적 요소들을 통해 정당체제 변동을 설명하는 것이 더 적합하다고 본다. 이러한 논의로 이정진(2007)은 카이(Key, 1955 · 1959)의 재편성 개념에 입각하여 16대 총선과 17대 총선 간에 나타난 정당체계 변화를 설명한다. 그러나 이정진 역시 재편성 분석틀을 적용하는 가운데 여전히 균열개념을 사용한다. 지역균열이 약화되고 이념적 쟁점을 둘러싼 세대 간 갈등이 심화되는 가운데 이념균열의 동원과 정당명부식 비례대표제라는 선거제도 변화를 통하여 정당체계 재편성이 이루어졌다는 것이다(이정진, 2007: 126). 그리고 그는 동시에 균열구조의 변화와 정당체계 간의 밀접한 상관관계를 인정하고 다만 정당의 전략에 따라 상관관계의 양태가 달라질 수 있다고 논증한다. 정당이 균열구조의 변화에 '적극적으로 적응'(*active adaptation*) 하는가 아니면 균열구조 변화 이전에 '쟁점의 동원'(*issue mobilization*) 을 통하여 적극적으로 유권자 지지를 재편하는가에 따라서 정당체계 재편의 성격이 달라진다는 것이다.

즉, 사회적 균열구조가 정당체계에 반영된다는 균열이론의 핵심적 가설을 근본적으로 부정하는 것은 아니며 더욱이 균열개념을 사용하면서도 균열이론의 전제를 비판하는 이정진의 시도 역시 이론적으로 다소 혼란스럽다. 균열을 역사적이고 장기적으로 형성된 사회경제적 갈등구조를 지칭하는 개념이라고 할 때 위와 같이 단기적인 시기 구분과 균열 개념 적용은 이론적인 혼돈을 불러일으킬 수 있다고 보인다.

네 번째, 위에 고찰한 바와 같이 계급균열 및 계급투표에 대한 경험적 연구는 그리 많이 축적된 상태는 아니며 따라서 계급에 대한 조작적 정의 및 측정 지수에 대한 연구와 논쟁 역시 활발하지 않다. 이는 계급 개념 자체를 기피하는 한국 학계의 경향성을 반영한다고 보인다. 방법론과 기본 개념에 대한 논의의 부진은 한국 정당연구자들의 내부적인 논쟁과 상호작용, 그리고 연구결과의 체계적 축적을 방해하는 요인이 될 수 있다.

마지막으로 균열이론은 한국에서도 역시 다양한 차원의 비판에 직면하였다. 이현우(2008) 는 사회균열이론 적용의 한계를 논하며 특히 "선발민주국가의 정당형성 과정이 후발민주국가에서는 동일하게 나타나지 않으며, 정당의 제도화 전략도 상이할 수 있다"고 주장한다(이현우, 2008: 146). 후발민주국가에의 균열이론 적용의 문제점은 몇 가지로 지적된다. 첫 번째로 지적되는 문제는 구체적으로 라틴아메리카 몇 개 국가를 제외하고는 대다수의 후발민주국가에서 계급균열은 나타나지 않는다는 점이다. 후발민주국가에서의 사회적 균열은 전통적인 사회균열이론이 주장하는 균열보다 훨씬 복잡하고 다양한 양상을 지니며 더욱이 식민 역사와 결합되면서 국가별로 다양하고 복잡하게 형성된다는 것이다. 두 번째 지적되는 점은 후발민주국가의 정당들이 선발민주국가와는 다른 역사적 시점에서 다른 역할을 함으로써 강한 정당정체성보다는 개인적인 충성관계에 의해 작동된다는 점이다.

그러나 한국에서도 역시 균열이론에 대한 보다 근본적인 비판은 탈산업사회, 탈물질주의를 주장하는 일련의 학자들에 의해 이루어지고 있다(정진민, 2008; 김욱, 2009; 마인섭 외, 1997).

대표적으로 정진민(2008: 35)은 한국 사회가 부분적으로는 탈산업사회화 단계에 진입하였으며 따라서 한국 사회의 이념성향도 주로 가치균열구조를 반영하는 이른바 '신정치' 진보-보수 차원을 반영할 가능성이 있다고 주장한다. 또한 한국 유권자의 경우 소득수준과 이념성향의 상관관계는 별로 나타나지 않는 반면 세대와 보수-진보 간의 차이가 강한 상관관계를 보인다고 논증한다. 즉 한국에서의 보수-진보는 경제적 쟁점에 기초한 구미 사회의 전통적 보수-진보와는 상당한 거리가 있다는 것이다(정진민, 2008: 34).

(2) 이념구도 분석

중범위 차원에서 두 번째로 가장 일반적으로 적용되는 정치경제학적 분석틀은 이념구도 분석이라고 할 수 있다. 보수-진보의 이념축을 분석한 강원택의 연구(2005), 지역, 이념, 세대, 탄핵 쟁점이 17대 총선 시 유권자들의 정당선택에 미친 영향을 분석한 조진만, 최준영(2006)의 연구, 17대 국회의 정당경쟁구도를 좌-우 이념, 복지, 반공 이데올로기 등의 축에 근거하여 분석한 박찬표(2008)의 연구, 좌-우 이념구도를 분석한 이지호의 연구(2008), 계급균열과 좌-우 이념구도에 근거하여 진보정당을 분석한 정병기(2009)의 연구, 선거강령 분석과 이슈분석을 통하여 계급균열에 기초한 좌-우 이념구도를 논증한 현재호의 연구(2009) 등 이념구도 분석 연구들이 존재한다. 이 방법론의 적용에서도 일정한 특징이 나타난다.

첫 번째 가장 특징적인 것은 서구 정당논쟁에서 좌-우 이념구도가 가장 일반적이고 전통적으로 적용되는 반면 한국의 경우 보수-진보 이념구도 분석이 주류를 이루는 가운데 다양한 이념축을 다차원적으로 분석한다는 점이다(최준영 외, 2005; 강원택, 2005; 윤성이, 2006).

강원택(2005)은 "계급이나 경제적 가치의 배분에 따라 이념갈등이 일어나는 서구와는 달리" 연령에 따라 이념성향이 다르게 나타나며 따라서 이념갈등이 세대 갈등과 맞물려서 갈등이 심화되는 한국적 특수성을 지적한다. 따라서 한국의 이념갈등과 보수-진보의 경계를 분석함에 있어 다양한 서구 이론의 가설들을 결합한다. 즉, 이념을 경제적 가치의 분배에 근거한 좌-우 스펙트럼(Lipset · Rokkan, 1967) 외에도, 권위주의-자유주의 스펙트럼(Kitschelt, 1994), 근대-탈근대 스펙트럼(Ingelhart, 1977)도 추가적으로 분석되어야 하며 마지막으로 한국적 특수상황을 고려하여 반공 이데올로기에 대한 입장 역시 분석되어야 한다는 것이다. 강원택은 이러한 이념축들을 재벌개혁, 집단소송제 도입, 복지정책, 고교평준화 정책 등 구체적인 정책에 대한 찬반 입장에 근거하여 분석하였으며 정치가와 일반 국민의 두 가지 차원을 동시적으로 고려하여 17대 국회의 국회의원 및 일반 국민의 좌-우 이념구도를 분석하였다(강원택, 2005: 198). 이 연구는 17대 국회의 양당 간 좌-우 이념적 차이는 비교적 명확한 반면 국민들의 경우 좌-우 이데올로기 차원에서의 세대 갈등은 의미 있는 차이를 보이지 않았다고 결론지었다. 박찬표(2008) 역시 일차원적 대결모델을 비판하며 강조모델(*saliency model*)에 근거하여 '보수 대 개혁'과 '우파 대 좌파', '복지에 대한 의견 대립' 및 '반공 헤게모니를 둘러싼 대립 구도' 등 네 가지 축이 중첩된 복합적 구조로 이념경쟁을 분석하였다. 즉, 정당들은 일괄적으로 일차원적인 대립축을 둘러싸고 경쟁하는 것이 아니라 고유의 이슈를 선택하고 그에 대한 찬반 입장을 통해 정치경쟁의 장을 장악하는 형태로 경쟁한다는 것이다. 그리고 17대 국회의 정당경쟁구도에서 가장 핵심적인 경쟁구도는 한나라당 대 열린우리당 및 민주노동당 간의 보수 대 개혁 갈등이었으며 좌파 대 우파 갈등이 두 번째 경쟁구도였다고 분석한다. 윤성이(2006)도 보수-진보 갈등을 안보, 경제, 사회가치의 세 가지 차원으로 분석하였으며 경제적 차원에서는 성장/분배, 토지 소유, 파업의 세 가지 변인을 중심으로 갈등구조를 분석한다. 이 경우는 위의 강원택과 박찬표의 연구가 좌-우 이념축을 보수-진보 측정의 하위 영역으로 명확하게 배치하는 것과는 달리 좌-우 이념축 자체를 보수-진보축 안에 통합하는 경우이다.

두 번째 특징은 좌-우 이념축을 설정함에 있어서 나타나는 개념규정의 다양성과 광범위함 또는 불일치성이다. 즉, 좌-우 이념구도의 분석에 있어서 개별 연구들은 상당히 상이한 범주를 좌-우로 분류한다. 좌-우 이념구조는 보수-진보 이념구도의 한 하위 구성요소로서 파악되거나 독자적으로 좌-우 이념구도를 분석하는 경우에도 좌-우 이념구조를 어떻게 측정할 것인가의 구체적인 부분에서는 상당한 이견이 존재한다. 이러한 개념상의 혼란은 '이념'을 어떻게 개념 규정할 것인가부터

'좌'와 '우'의 개념 규정 및 명칭화에 이르기까지 상당히 광범위한 성격을 갖는다.

예를 들어 16대, 17대 국회 쟁점사안에 대한 사례분석을 통하여 정당들의 진보(좌)/보수(우) 이념구도를 분석한 이성희와 진영재의 논문은 좌-우 스펙트럼을 진보-보수로 등치시켰으며 정부의 경제 개입, 복지/분배/평등에 대한 입장, 소수자 및 시민권 보장, 노동정책, 대북정책 등에 대한 입장을 전부 좌-우 스펙트럼 측정에 포함한다(2006). 일부 연구들이 '소수자 및 시민권 보장'과 같은 사안을 탈물질주의적 이슈로 분류한다는 점에서 이러한 이념구도의 설정은 논쟁을 야기할 수 있다. 이지호(2008)는 권위주의 시기와 민주주의 시기 정당경쟁의 이념적 차원을 분석하였으며 특히 1972년부터 1986년까지의 대통령 선거공약 분석에 기반하여 한국 정당의 이념경쟁구도를 분석하였다. 이지호는 또한 이념구도 분석에 있어 발전주의-민주주의 척도와 좌-우 척도를 동시에 적용하였으며 민주주의 시기 이후 좌-우 척도에서 비교적 일관된 정당 분화가 일어났음을 논증하였다. 정병기(2009)의 경우 좌-우 척도를 '계급모순'이라는 명칭으로 부른다. 즉, 정병기는 한국 사회의 이념구도를 '독재-민주의 독재모순'과 '사회경제주의-시장경제주의 간의 계급모순'이 중첩된 구조로 파악하면서 민주노동당의 이념을 분석하였으며 이때 '계급모순'이라고 표현되는 척도는 좌-우 척도에 상응한다고 볼 수 있다. 박찬표(2008)의 연구는 예를 들어 보수 대 개혁의 갈등 축을 '큰 시장, 작은 정부론 대 화해협력정책' 이슈로, 그리고 우파 대 좌파 갈등 축을 '보수적 자유주의 대 노동보호' 이슈로 구체화하였다. 그러나 서구 좌-우 척도에서 '큰 시장 작은 정부'는 일반적인 우파 정책으로 분류된다는 점 등을 볼 때 이러한 이념 내용의 설정은 이론적 혼란을 야기한다고 할 수 있다.

위에 언급한 연구들이 보여주는 바와 같이 한국의 이념축 연구들은 거의 제각기 다양한 개념들을 설정하였으며 그 적용에 있어서도 연구들 간에 상당히 상치되는 부분들이 존재한다. 이러한 문제는 균열이론에서와 마찬가지로 생산적인 학술적 논쟁을 방해하고 연구 성과의 체계적 축적을 어렵게 만든다고 보인다.

마지막으로 좌-우 이념축의 연구가설 역시 탈산업사회 이론의 도전에 당면하였으며 경제적 또는 계급적 갈등에 근거한 이데올로기 지형 형성을 반박하는 연구 성과 역시 최근 급증하고 있다.

정진민(2008)은 진보-보수의 이념적 차원이 경제적 쟁점에 기초한 전통적인 진보-보수의 차원과는 거리가 있다고 논증하였다. 한국의 경우 소득수준과 이념성향 간의 상관관계보다는 학력과 세대에 따른 진보-보수 이념 차별성이 더 크게 나타난다는 것이다. 더 나아가 윤성이(2006)는 한국 사회의 이념갈등은 정치권의 '편향성의 동원'(*mobilization of bias*)에 기인한 측면이 크며 안보 차원을 제외한 경제와 사회가치 측면에서는 이념갈등이 실제보다 부풀려져 있다고 비판하기도 한다.

위와 같은 연구 동향이 보여주는 바와 같이 한국 정당연구에서의 정치경제학적 접근은 전반적으로 외연이 확장되고는 있으나 계급정당의 부재라는 한국 정당체계의 현실이 시사하듯 본격적인 계급균열 및 좌-우 이념척도 분석에 관한 경험적 연구의 축적은 아직 이루어지지 않았다. 또한 개별 연구들이 제각기 다양한 개념과 조작적 정의 및 측정 기준을 적용하는 가운데 기본적인 개념 및 연구방법에 대한 논쟁과 소통은 이루어지지 않음으로써 연구의 체계적 축적과 발전이 지연되고 있다고 보인다. 더욱이 탈산업사회론과 포괄정당론 등은 정치경제학적 접근의 이론적 유효성에 대한 근본적 비판을 제기하는 등 정치경제학적 접근의 적용은 다양한 구조적 제약에 당면하였다.

4. 결론

본 논문에서는 사회균열이론, 좌-우 이념축 등 정당연구에서의 정치경제학적 접근을 고찰하고 이 이론들의 한국 정당연구 사례들을 분석하였다.

사회균열이론이나 좌-우 이념축 등 일반적으로 정당 및 정당체계의 사회경제적·계급적 토대를 규명하는 이론들은 1960~70년대부터 서유럽 정당연구의 핵심적인 영역으로 발전해왔다. 최근 정치경제학적 접근은 작게는 균열구조의 새로운 탐색과 크게는 탈산업사회론자들의 근본적인 도전에 당면하여 변화와 수정을 거듭하고 있다. 그럼에도 불구하고 사회균열이론과 좌-우 이념축 가설 등은 한편으로는 꾸준한 재검증의 시도들과 다른 한편으로는 후발 민주주의 국가들의 등장이라는 연구대상의 지속적인 확장을 통하여 여전히 그 영향력을 보유하고 있다고 할 수 있다.

국제적인 정당연구에서의 균열이론과 좌-우 이념축 이론의 영향력에 상응하여 한국 정당연구에서도 정치경제학적 접근은 비교적 활발하게 시도되었다. 그러나 이러한 양적 축적과 외연의 확대에도 불구하고 위의 방법론 적용에 있어서 몇 가지 특수성과 문제점이 드러난다.

첫 번째는 균열이론과 좌-우 이념축 연구에 있어서, 가장 핵심적으로 계급균열과 좌-우 이념축을 다루는 서구 정당연구와는 달리 한국 정당연구는 지역균열, 그리고 진보-보수 이념축을 가장 핵심적으로 다룬다는 점이다. 그리고 계급균열은 지역균열과 진보-보수의 하위적 영역 또는 왜곡되게 숨어 있는 균열로 고찰된다. 이는 계급정당 없는 한국 정당체계의 현실을 반영한다고 볼 수 있으며 동시에 정치경제학적 방법론이 활발하게 발전하지 못하는 근본적인 한계로 나타난다.

두 번째 특징 또는 문제점은 개념 규정과 조작적 정의 및 측정 지표의 설정 등에 있어서 대부분의 연구들이 공통된 틀에서 출발하기보다는 제각기 다양한 형식으로 연구한다는 점이다. '균열' 개념은 어떤 연구에서는 전통적 균열이론의 개념규정에 가까운 형태로 적용되기도 하지만 어떤 연구에서는 상당히 그 범주를 벗어나는 성격을 보인다. 또한 계급에 대한 조작적 정의 및 계급균열의 측정방법 등 극히 중요한 방법론적 논쟁은 거의 이루어지지 않고 있다. 좌-우 이념척도에서도 '좌'와 '우'에 대한 조작적 정의는 상당히 다양하게 이루어지고 있다. 이러한 현상은 한편으로는 기본적인 개념규정과 방법론에 대한 충분한 검토가 이루어지지 않고 있음을 반영하기도 하고 연구자들 간에 방법론 및 이론에 대한 비판적 · 생산적 의사소통이 이루어지지 않고 있음을 반영하기도 한다. 이러한 현상은 장기적으로 연구의 체계적 축적과 발전을 방해하는 요소가 될 것이며 따라서 기본적인 개념 및 방법론에 대한 보다 활발한 토론과 소통이 요구된다.

세 번째 특징은 서구 정당연구에서와 마찬가지로 정치경제학적 접근이 탈산업사회 이론의 근본적인 도전에 당면하였다는 점이다. 물론 한국의 경우 계급정당의 부재라는 현상이 탈산업사회와 연계된 현상이며 따라서 서구 탈산업사회 유형과 비교 가능한지에 대해서는 상당한 논쟁이 존재한다(김용호, 2008: 74). 그럼에도 불구하고 계급정당의 부재와 계급투표의 취약성이 어느 정도 국제적 차원에서의 탈산업사회 이행, 그리고 국내적 차원에서의 요인들과 다차원적으로 연계되어 있는지에 대한 깊은 고민과 토론을 요구한다.

위와 같은 특성은 궁극적으로 한국 정당연구에서 정치경제학적 접근이 아직 초기 단계에 머물러 있음을 보여준다. 경험적 연구를 통한 균열이론 및 계급투표의 본격적인 검증 결과는 그리 많이 축적된 상태가 아니다. 비교적 활발하게 진행되는 이데올로기 분석의 경우 역시 아직 많은 연구주제가 공백으로 남겨져 있다. 일례로 재정, 복지, 교육 등 구체적인 정책분석을 통한 정당 간 계급균열구조의 경험적 분석 및 이데올로기 구조의 경험적 분석은 정치학 영역에서 보다 활발하게 진행될 필요가 있다. 또한 선거결과 분석에 근거한 간접적인 추정의 방식을 넘어서서 직접적인 유권자 대상 설문조사를 통한 유권자층 계급균열구조의 경험적 분석 역시 아직은 광범위한 미개척 영역이라고 할 수 있다. 또한 계급 개념의 조작적 정의와 분석방법론의 개발 및 검증에 있어서도 역시 향후 활발한 학문적 소통이 요구되며 구체적 방법론에 관한 이론적 연구들 역시 이 분야 발전에 중요한 기여가 될 것이다.

물론 위와 같은 한계는 계급정당의 부재라는 한국 정당의 구조적 한계에 기인한다고 설명되기도 한다. 이러한 입장에 따르면 정치경제학적 접근은 이미 시대적 한계에 의하여 이론적 설명력을 상실했다고 볼 수 있다. 그러나 이러한 주장 역시 충분한 정치경제학적 연구 성과의 축적과 그에 대한 비판적 검증에 토대를 두기보다는 선언적 가설의 성격을 띤다고 보인다. 정치경제학적 정당연구는 폐기되기에는 아까운, 그리고 아직 제대로 사용되지도 못한 이론적 도구이며 보다 본격적인 적용과 검토를 필요로 한다.

참고문헌

강원택(2005), "한국의 이념 갈등과 진보, 보수의 경계", 〈한국정당학회보〉 4권 1호.

______(2009), "한국 정당연구에 대한 비판적 검토: 정당 조직 유형을 중심으로", 〈한국정당학회보〉 8권 2호(통권 15호).

곽진영(1998), "정당체계의 사회적 기반과 그 사회이익 반영의 유형", 〈한국정치학회보〉 32권 1호.

김수진(2008), "정당정치와 계급정치, '노동없는 민주주의'의 예외성에 관한 고찰", 〈세계지역연구논총〉 26권 3호.

______(2008), 《한국민주주의와 정당정치》, 서울: 백산서당.

김용호(2008), "한국 정당연구의 학문적 정체성 확립을 위한 성찰", 〈한국정당학회보〉 7권 2호(통권 13호).

김 욱(2009), "정치문화의 변동과 가치갈등", 〈21세기 정치학회보〉 19권 3호.

마인섭(1994), "정당의 사회적 지지기반", 윤정석 외 편, 《한국 정당정치론》, 서울: 법문사.

마인섭·장훈·김재한(1997), "한국에서의 탈물질주의적 가치관의 등장과 사회적 균열구조의 변화", 〈한국과 국제정치〉 13권 2호.

박찬표(2008), "제17대 국회의 정당경쟁구도 분석", 〈한국정당학회보〉 7권 2호.

백준기·조정관·조성대(2003), "이데올로기와 지역주의 그리고 2002년 대통령선거", 〈국가전략〉 9권 4호.

신명순(1994), "한국의 정당과 정당정치", 〈사회과학논집〉 25권, 연세대학교.

안순철(2001), "한국정치의 이데올로기적 예측공간분석 16대 총선을 중심으로", 〈한국정치학회보〉 5권 3호.

안희수·정영태(1993), "한국에서 중간계급의 확대가 정당정치에 미치는 영향에 대한 고찰", 〈한국과 국제정치〉 9권 2호.

오삼교(2000), "한국의 정치구조와 계급정치의 미래", 〈노동사회〉 4월호.

윤도현(2007), "세계화시대 한국 복지국가의 발전가능성. 계급의 권력자원, 국가의 정책적 자율성을 중심으로", 〈국제지역연구〉 10권 4호.

윤성이(2006), "한국 사회 이념갈등의 실체와 변화", 〈국가전략〉 12권 4호.

이동윤(2010), "한국 정당연구의 비판적 검토: 논쟁적 비판을 위한 재검토",

〈한국정당학회보〉 9권 1호(통권 16호)
이성희 · 진영재(2006), "민주노동당의 국회진출과 한국 정당의 정책차별화 가능성", 〈의정연구〉 12권 2호.
이정진(2006), "한국 정당체계의 변화와 계급정당의 가능성", 〈정치비평〉 2006년 하반기.
______(2007), "재편성개념으로 분석한 한국 정당체계의 변화", 〈한국정치외교사논총〉 28권 2호.
이지호(2008), "한국 정당경쟁의 이념적 차원: 권위주의시기와 민주주의시기의 비교", 〈한국과 국제정치〉 24권 4호.
이현우(2008), "사회균열이론의 후발민주국가 적용과 한계", 〈OUGHTOPIA: *The Journal of Social Paradigm Studies*〉 23권 2호.
장 훈(2008), "정당정치와 외교정책", 〈한국정치학회보〉 42권 3호.
정기진 · 이훈영(2008), "사회균열구조의 선거영향력에 대한 유권자인식에 관한 실증연구", 〈한국정당학회보〉 7권 1호.
정병기(2009), "정당정치와 진보정당의 과제: 이념구도 변화에 따른 한국 진보정당의 전망", 〈한국과 국제정치〉 25권 1호.
정진민(2008), 《한국의 정당정치와 대통령제 민주주의》, 서울: 인간사랑.
조돈문(2004), "노동계급 정치세력화와 민주노동당의 과제", 〈산업노동연구〉 10권 2호.
조진만 · 최준영(2006), "17대 총선에 나타난 정당투표 결정요인 분석", 〈정치정보연구〉 9권 1호.
최장집(1993), "지역감정의 지배 이데올로기적 기능", 김학민 외 지음, 《지역감정연구》, 학민글밭.
______(1996), 《한국민주주의의 조건과 전망》, 서울: 나남출판.
______(2005), 《민주화 이후의 민주주의》, 서울: 후마니타스.
______(2006), 《민주주의의 민주화, 한국민주주의의 변형과 헤게모니》, 서울: 후마니타스.
______(2010), "한국민주주의를 이해하는 방법에 관한 하나의 논평", 〈경제와 사회〉 봄호(통권 85호).
현재호(2009), "한국 사회의 이데올로기 갈등, 정치적 대표체제로서의 정당을 중심으로", 〈한국정치학회보〉 42권 4호.

Abramson, P. R. (1978), "Class Voting in the 1976 Presidential Election",

The Journal of Politics, 40.

Aguilar, E. E. & A. C. Pacek(2000), "Macroeconomic Conditions, Voter Turnout, and the Working-Class. Economically disadvantaged Party Vote in Developing Countries", *Comparative Political Studies*, 33(8).

Andersen, R. & A. Zimdars(2003), "Class, Education and Extreme Party Support in Germany 1991~1998", *German Politics*, 12.

Andersen, J. G. & T. Bjørklund(1990), "Structural Changes and New Cleavages: the Progress Parties in Denmark and Norway", *Acta Sociologica*, 33(3).

Armèn, H. (2009), "Capturing Government Policy on the Left-Right Scale: Evidence from the United Kingdom, 1956~2006", *Political Studies*, 57: 720~745.

Brooks, C. & J. Manza(1997), "Social Cleavages and Political Alignments: U. S. Presidential Elections, 1960 to 1992", *American Sociological Review*, 62(6): 937~946.

Brooks, C., P. Nieuwbeerta & J. Manza(2006), "Cleavage-based voting behavior in cross-national perspective: Evidence from six postwar democracies", *Social Science Research*, 35.

Clark, T. N. & S. M. Lipset(1991), "Are Social Classes Dying?", *International Sociology*, 6(4).

Corbetta, P., N. Cavazza & M. Roccato(2009), "Between Ideology and Social Representations: Four Theses Plus (a new) One on the Relevance and the Meaning of the Political Left and Right", *European Journal of Political Research*, 48.

Evans, G. & S. Whitefield(1993), "Identifying the Bases of Party Competition in Eastern Europe", *British Journal of Political Science*, 23(4).

Evans, G. (1993), "Class, Powerlessness and Political Polarization", *European Journal of Social Psychology*, 23.

______(1993), "Class, Prospects and the Life-cycle: Explaining the Association between Class Position and Political Preferences", *Acta Sociologica*, 36.

Evans, J. & J. Tonge(2009), "Social Class and Party Choice in Northern Ireland's Ethnic Blocs", *West European Politics*, 32(5).

Freire, A., M. C. Lobo & P. Magalhães(2009), "The Clarity of Policy Alternatives, Left-Right and the European Parliament Vote in 2004", *European Integration*, *31*(5), 665~683.

Gijsberts, M. & P. Nieuwbeerta(2000), "Class Cleavages in Party Preferences in the New Democracies in Easten Europe. A Comparison with Western Democracies", *European Societies*, 2(4).

Hakhverdian, A. (2009), "Capturing Government Policy on the Left-Right Scale: Evidence from the United Kingdom, 1956~2006", *Political Studies*, *57*.

Inglehart, R. D. & J. J. Rabier(1986), "Political Realignment in Advanced Industrial Society. From Class-Based Politics to Quality of Life Politics", *Government and Opposition*, *21*.

Kelly, J. & I. McMallister(1985), "Class and Party in Australia: Comparison with Britain and the USA", *The British Journal of Sociology*, *36*(3).

Knutsen, O. (2001), "Social Class, Sector Employment, and Gender as Party Cleavages in the Scandinavian Countries: A Comparative Longitudinal Study, 1970~95", *Scandinavian Political Studies*, *24*(4).

Lipset, S. M. & S. Rokkan(1967), "Cleavage Structures, Party Systems and Voter Alignments: An Introduction", S. M. Lipset & S. Rokkan(eds.), "Party Systems and Voter Alignments, New York: Free Press", in P. Mair(1990), *The West European Party System*, Oxford.

Matějů, P. & B. Řeháková(1997), "Turning Left or Class Realignment? Analysis of the Changing Relationship between Class and Party in the Czech Republic, 1992~96", *East European Politics and Societies*, *11*(3).

McAllister, I. (2007), "Social Structure and Party Support in the East Asian Democracies", *Journal of East Asian Studies*, *7*.

Ockey, J. (2005), "Variations on s Theme: Societal Cleavages and Party Orientations Through Multiple Transitions in Thailand", *Party Politics*, *11*(6).

Prandy, K. (2000), "Class, the Stratification Order and Party Identification",

British Journal of Political Science, *30*(2).

van der Waal, J., P. Achterberg & D. Houtman(2007), "Class Is Not Dead - It Has Been Buried Alive. Class Voting and Cultural Voting in Postwar Western Societies(1956~1990)", *Politics & Society*, *35*(3): 403~426.

Weakliem, D. L. (1995), "Two Models of Class Voting", *British Journal of Political Science*, *25*(2).

______(1989), "Class and Party in Britain, 1964~83", *Sociology*, *23*(2).

Zipp, J. F. & J. Smith(1982), "A Structural Analysis of Class Voting", *Social Forces*, *60*(3).

제 6 장

정치인류학적 접근

이현출 국회입법조사처

1. 서론: 서구의 정당이론과 한국 정당

민주화 20년의 실험 이후 한국 민주주의는 여전히 회색지대에 갇혀 있다는 평가가 제기되고 있다(장훈, 2010; 한반도사회경제연구회, 2008; Brunce, 2000). 절차적 민주주의의 관습화는 이루어졌지만 민주주의를 떠받치는 문화, 관습, 행태의 심화는 이루어지지 않은 상태라는 것이다. 국회에서의 여야의 극한대결과 정당 내부의 민주주의 작동 양식을 보면 민주주의의 퇴행은 없지만 동시에 심화라고 보기는 어려운 상태, 즉 회색지대에 머물러 있다는 평가이다.

민주주의의 핵심이라 할 수 있는 정당정치 역시 회색지대에 머물러 있기는 마찬가지이다. 외형상 한국의 정당은 선거과정을 지배하고 정치권력을 창출・유지하는 핵심역할을 한다. 그러나 우리 정당들은 시민사회의 갈등을 집약하고 표출하여 이를 정책으로 발전시키는 기능을 수행하는 데에는 한계를 보인다. 공직후보자의 선출 또한 안정성을 보이지 못하며, 행정부 통제기능 또한 미약한 것이 사실이다. 이처럼 한국의 정당정치는 쉽사리 주변화하고 몰락하지도 않지만, 동시에 민주정치의 작동과 발전에 결정적인 역할을 다하지도 못하는 것이 현실이다(장훈, 2010; 김용호, 2008).

이렇게 정당정치가 회색지대에 머물러 있다는 현실은 한국 정당정치가 서구의 이론으로는 설명하기 어려운 한국적 특수성에 기반한다는 점을 암시한다고 볼 수 있다. 따라서 한국 정당과 환경에 대한 특수성의 이해와 이에 대한 처방이 요구된다. 이러한 측면에서 정당정치가 퇴행과 성숙 사이에 빠져 있는 동안 한국의 정당이론이 자아준거적 문제설정과 개념의 창안을 통하여 우리 현실을 면밀하게 포착하고 설명하는 주체적인 이론개발에 충실하였는지 자문하지 않을 수 없다. 한국 정당정치 현실에서 가장 절박한 문제의 해결을 위해 서구의 이론이 아닌 우리 나름의 정체성을 가진 이론을 모색하였는지 되짚어 보아야 한다는 것이다.

그동안 한국의 정당현상을 설명하는 데에 서구 이론을 무조건적으로 수용하는 경향이 강하다는 비판이 제기되었다(김용호, 2008). 그러나 서구의 정당이론을 활용하는 것이 무조건 잘못되었다고는 할 수 없다. 오히려 서구의 이론이 한국의 정당정치 이해에 도움을 주고 현실을 설명하는 유용한 도구로 작용한다는 점에서는 긍정적이다. 그러나 한국 정당을 설명하기 위해 서구 이론을 무리하게 적용한 경우 한국적 특수성을 설명하는 데에 한계를 노출하였다. '이론의 과잉화'와 '한국 현실의 왜소화' 현상을 드러낸 것이다(김홍우, 1998). 따라서, 한국 정당정치의 일반성과 특수성을 이해하기 위해서는 한국적 맥락에서의 이해가 필요하다.

한국의 정당은 왜 서구의 정당발전 모델을 따르지 않고 이합집산을 거듭하는가? 서구의 제도 도입에도 불구하고 한국 정당의 적응은 왜 다르게 나타나는가? 이러한 의문들을 해소하기 위해서는 서구 이론으로 한국 정당을 설명하는 이른바 하향식(*top-down*) 방식에서 벗어나 한국의 정당현실을 직접 관찰하고 분석하여 보편적인 이론을 개발하는 상향식(*bottom-up*) 방법을 병행할 필요가 있다(김용호, 2008). 한국의 정당 지도자, 정당 관료, 당원, 지지자, 유권자들의 활동을 장기간에 걸쳐 체계적으로 관찰하여 이론을 개발하는 노력이 필요하다.

이러한 한국 정당에 대한 새로운 지식을 얻기 위한 방법으로서 정치인류학(*political anthropology*)적 분석이 필요하다는 것을 보여주는 것이 이 글의 목적이다. 한국 정당정치의 정체성을 확립하려면 정당연구는 물론 사회과학 전반에 걸친 새로운 이론과 방법론을 개발하여야 한다. 오늘날 한국 정당정치가 봉착한 위기를 극복하기 위해서는 정치인류학적 방법론의 도입을 통한 자아준거적 이론의 개발이 필요하다. 정치인류학은 다양한 정치사회와 전통주의의 매우 복잡한 발현을 전제로 하기 때문이다.

2. 정치인류학적 접근법의 의미와 방법론

1) 정치인류학의 의의

1940년대 정치인류학이 사회인류학의 한 분과로 성립된 것은 인류학 내에서 구조기능주의가 중심적인 패러다임으로, 현지조사가 핵심적인 방법으로 자리 잡게 된 것과 시기적으로 일치한다. 정치인류학은 정치현상을 인류학적 시각에서 귀납적, 비교론적, 통문화적(*cross-cultural comparison*)으로 비교하여 분석해야 한다는 것이다. 다시 말하면 일반이론이란 현지자료에서 비롯되어야 하며 또한 통문화적으로 비교될 수 있어야 한다는 주장이다. 즉, 정치인류학은 과학적 객관성을 획득하기 위한 원칙으로서 정치적 이국주의와 '정치적으로 다른 행태'들의 인지와 재인식의 양식을 강조한다. 정치인류학은 다양한 제도들과 인간의 통치를 뒷받침하는 실재들에 대한 발견과 연구의 도구이며, 그러한 것들을 기초하는 사고와 상징들이다(Balandier, 1967).

정치인류학이 추구하는 목적은 다음과 같이 세 가지로 정리할 수 있다(Balandier, 1967; 권오성, 1998). 첫째, 정치인류학은 서양 중심에서 벗어나 세계의 다른 지역의 정치현실을 다양하게 이해할 수 있는 비교연구를 가능하게 한다. 이러한 의미에서 정치인류학은 한계를 인정하는 현실의 인류학이 되기를 기대한다. 즉, 레이몽 아롱(Raymond Aron)이 지적한 바와 같이 정치인류학은 정치학자들의 서구지향적 한계를 극복하고 파킨슨에 의해 촉진된 정치사상의 세계사를 구축하는 데에도 공헌할 것이다.

둘째, 정치인류학은 잘 알려지지 않은 역사적 사회들, 서구와 같이 충분히 알려진 국가적 장치를 지니지 못한 특수한 정치사회의 성격을 규명하는 데에 공헌하는 것을 목적으로 한다. 정치적 현실의 다양한 표현을 이제는 유럽사라는 개별적 역사의 한계 내에서가 아니라 전체 역사·지리적인 맥락에서 포착하여야 한다는 것이다. 이러한 의미에서 정치인류학은 언어의 완전한 의미에서 인간학이라고도 할 수 있을 것이다.

셋째, 정치인류학의 목적은 역사가의 연구와 병행하여 정치시스템의 형태와 변화의 과정을 해명하는 것이다. 정치인류학은 정치와 정치제도의 형성과정과 변동(무리에서 제국까지)을 가장 완전하게 설명하는 것을 목적으로 한다. 따라서 전통적이고 미분화된 통치에서 근대국가로의 이행, 신화에서 이데올로기로의 변화 등을 효과적으로 설명하기 위해서는 시원기의 증언이나 이행을 설명하는 증언에 대한 검토를 우선시한다.

2) 정치인류학의 흐름

정치인류학 연구의 몇 가지 주요 흐름은 다음과 같다(Lewellen, 1992). 첫째, 정치체계의 분류이다. 정치인류학의 초창기에는 정치체계에 관한 보다 더 정교한 분류체계를 만들어내려는 노력이 진행되었고, 그러한 노력은 여전히 계속되고 있다.

둘째, 정치체계의 진화도 아직 관심을 끄는 분야이다. 친족이 1차적인 사회·정치적 구조가 될 수 있다는 메인(Henry Maine)의 중요한 통찰과 모건(Lewis Henry Morgan)의 《고대사회》(*Ancient Society*) 등에서 나타나는 바와 같이 정치인류학 연구는 한 사회의 발전과 관련되는 진화의 사다리를 확립하고자 하였다.

셋째, 정치체계의 구조와 기능에 관한 연구이다. 이러한 관점의 연구는 본질적으로 정태적이고 이상론에 치우치는 경향이 있어 한때는 유럽대륙과 미국 모두에서 강력하게 배척되었다. 그러나 이후에는 가장 동태적인 과정조차도 상대적으로 안정적인 구조적 경계 내에서 발생할 수 있다는 일반적인 인식이 등장하기에 이르렀다. 정치인류학이 인류학의 잘 정비된 하나의 연구영역으로 자리 잡게 된 것도 1940년대와 1950년대 래드클리프브라운(Radcliff-Brown) 등이 중심이 된 구조기능주의 학파가 진화론자와 역사주의자들에 정면 대항하면서부터였다(Thamassen, 2008). 이들은 식민지 아프리카에서 수많은 경험적 연구를 쏟아내었으며, 그 대표적 저작이 《아프리카 정치체계》(*African Political Systems*, 1940)이다. 그러나 이와 유사한 정치인류학의 제도화는 전후 미국에서는 일어나지 않았다. 그러한 배경에는 부분적으로 파슨스가 인류학을 문화와 상징의 영역으로 인위적으로 격하시킴으로써 영향을 받은 바 있다(Thomassen, 2008).

넷째, 지난 30~40년간 정치인류학의 발전 가운데 두드러진 것이 과정적 접근법이다. 과정적 접근의 이론적 초점은 전산업사회 혹은 개발도상 사회의 정치과정에 있었다. 이는 1960년대부터 식민체계가 해체되는 상황에서 인류학의 의미 있는 발전으로 기록되었으며, 이들은 개인(*agent*)의 역할을 강조한다(Bailey, 1969; Vincent, 1978). 아마도 오늘날 가장 뚜렷한 경향은 행위이론(*action theory*)으로, 이는 변동하는 제도보다는 개인의 조작적인 전략을 강조하는 프로세스 접근법으로부터 파생된 이론이다.

마지막으로 근대화 및 산업 국가의 현대정치제도에 관한 연구가 그

것이다. 약 1세기(1860~1960) 동안 정치인류학은 주로 국가 없는 사회(*stateless society*)에서의 정치에 관심을 가져온 반면, 1960년대부터 시작된 새로운 흐름으로 인류학자들은 국가, 관료제, 시장의 존재가 민족지학적 설명에서 보다 가시적으로 등장하는 복잡한 사회적 환경을 연구하기 시작하였다(Thomassen, 2008). 좀더 복잡한 사회로의 전환은 정치적 테마가 연구의 핵심 초점으로 부상하였다는 것을 말한다. 무엇보다 인류학자들은 국가가 규제하는 영역 밖의 정치조직과 정치현상에 대한 연구를 지속해왔다는 것이다. 그러면서 그들은 국가와 국가의 제도들에 대한 학제적 관심을 발전시켜온 것이다.

1980년대 이후에는 민족성과 민족주의 그리고 민족-국가 간 갈등에 관심을 기울여왔다. 아이덴티티와 정체성의 정치학(*identity politics*)이 연대의식이나 사회조직과 같은 초기의 관심을 대체하며 학문의 새로운 연구주제로 부상하였다. 이러한 현상은 민족성과 민족주의가 문화적 차이가 있는 정치조직으로 이해될 수 있듯이 인류학을 보다 정치적으로 만들었다(Thomassen, 2008). 인류학적 참여관찰은 관료구조 또는 회사 내부에서 지속적으로 수행되고 있다. 이러한 참여관찰자들은 현재까지 EU와 같은 국제조직 내에서 특수한 행위규범이나 복장, 그리고 상호작용을 하는 문화집단으로서 고급관리(*functionaries*)를 연구하며 민족지학(*ethnography*)을 수행한다(McDonald, 1996).

정치제도에 대한 관심은 제도적으로 추동된 정치기구에 대한 초점을 재강화하였다. 오늘날에는 정책결정의 인류학이 새로운 관심분야로 등장하였다(Yanow, 1996). 이러한 관심은 최근 몇십 년간 인류학의 가장 큰 하위영역으로 위상을 구축해온 발전인류학(*development anthropology*)에서 더욱 명확하게 나타난다. 국가, 정부제도, NGO, 국제기구 또는 기업과 같은 정치행위자들이 분석의 주된 주제가 되고 있다. 이처럼 정치개념의 외연적 확장은 정치인류학의 핵심적인 요소라고 할 수 있다(박지환, 2007). 국가 없는 사회, 국가, 시민사회, 민족주의, 식민주의, 주권, 세계화 등의 영역에 이르기까지 정치인류학의 영역은 계속 확장되고 있다. 즉, 정치를 권력관계의 기술과 전략의 관점에서 파악하는 논자로부터, 권력에의 의지나 토론을 통한 의사도출 과정으로 보는 연구자, 그리고 정치경제학적 관점에서 접근하는 학자에 이르기까지 현대 정치인류학자들 사이에서도 정치에 대한 다양한 이해방식이 공존한다.

3) 정당과 의회에 대한 정치인류학적 관찰

(1) 현대화의 도구로서의 정당

정치인류학의 선구적 연구자 중 한 명인 발랑디에(George Balandier, 1967)는 변화하는 전통사회에 있어서 정당의 기능수행에 대해 언급하였다. 정당은 탄생 중이거나 재탄생 중인 국가를 규정하고, 국민경제에 방향을 제시하며, 제 사회구조의 개혁에 공헌한다. 이러한 변동에의 참여는 수십 년간 단일 정당체계 또는 민족운동을 광범위하게 주도적으로 전개하면서 활발해졌다. 정당은 현대화의 제 수단 중에 가장 큰 역할을 담당한다. 그것은 정당의 기원이 현대 엘리트의 발의와 연결되어 있기 때문이며, 정당조직은 행정기구보다도 지역사회와 보다 직접적인 관계를 갖기 쉽기 때문이다. 아울러 정당은 다양한 영역에서 현대화의 수단으로 기능해왔다. 즉 사회를 변혁시키고, 사회관계를 재구조화하고, 새로운 형태의 의식과 논리가 생겨나도록 하는 역할을 수행해왔다. 앱터(David E. Apter, 1965)와 같은 학자들은 사회의 급격한 변혁을 조직하는 '동원체계'로 정당을 규정하기도 한다.

그러나 전통과 현대성의 역학은 정당의 활동영역으로부터 배제되어 있는 것은 결코 아니며, 전통은 현대성의 진보에 대한 단순한 장애의 상태에 머무는 것은 아니다. 정당은 점차 '중간적 집단'으로부터 발전하여 결성된다. 부족결사, 문화운동체 등의 중간집단은 전통적인 형태와 상징에 호소함으로써 현대적인 목적을 추구한다. 요루바(Yoruba)족이 거주하는 서부 나이지리아에서는 오두두와(Oduduwa)라는 시조를 기리는 협회가 1945년에 창립되었지만, 이것은 요루바의 제 가치와 문화를 촉진하고, 정치적 자주성의 새로운 부상을 자극하였으며, 액션그룹(Action group)이라는 명칭을 가진 정당의 모태가 되었다. 아이보리코스트의 '아프리카 민족주의자회의'(Rassemblement Démocratique Africain)라는 정당은 농장경영자, 즉 현대주의적 농민의 결사로부터 생겨났으며, 용이한 정착을 위하여 중계조직으로서 제 비밀의식 결사, 특히 가장 보급이 잘 된 포로(Poro)라는 결사를 이용하였다. 두 개의 콩고에서는 여러 종교의 뒤섞임과 신성한 영역에 질서를 회복하고자 하는 동기로부터 생겨난 종교운동과 문화적 결사가 현대적 정치활동의 근간을 형성하였다.

정당이 탄생할 때 작용한 전통은 정당의 구조 및 표현수단의 수준과 직결되어 있다. 정당은 개별주의를 넘어서 통일적 구조의 건설, 새로운 사상의 보급 및 현대성의 담당자들에 대해 탁월한 역할을 부여할 것을 바란다. 그러나 농촌사회에서의 정당의 정착은 정당이 구질서에 대해 어쩔 수 없이 양보하도록 만든다. 정당은 전통적 명사들, 종교적 권위자들, 준현대화한 다양한 조직체의 책임자들과 지역적 동맹을 수립하지 않으면 안 된다. 인도네시아에서는 알리란(aliran), 즉 수리(水利) 체계(*hydraulic system*)라는 의미의 단어가 운하화되어야 하는 다양한 사회적 수리를 지시한다. 정당은 다양한 정보와 설득수단, 그리고 관료제적 장치 등과 같은 현대성을 갖는 도구를 이용하지만, 이는 변화하는 대상이 된 전통적 환경에 새로운 용어나 상징을 적응시키는 것에 불과하다. 정당은 초기뿐만 아니라 그 이후에도 점차 문화적 다의성을 수용할 수밖에 없었다. 정당은 오래되었지만 효과적인 상징을 재활용함으로써 정치활동상의 의식을 조직하여 정치활동의 신성화를 추구한다. 정당은 그 지도자에게 이중의 얼굴을 부여하거나, 또는 지도자에게 영웅적 인격을 만들어준다. 필요에 따라 민중의 영웅들의 자손 중에서 지도자를 정하기도 한다. 끝으로 정당은 유권자의 입당을 호소하고, 운동원들의 권위를 확보하기 위하여 전통적인 제 수단에 호소한다. 정당의 강령이나 이데올로기는 전통과 현대가 광범위하게 혼합된 것을 보여준다. 핼펀(Halpern, 1963)은 몇 개의 회교국에서 대역적인 전통의 혼합을 강조했다. 맑스주의 철학은 이슬람으로부터 나온 전통적 철학을 현대세계의 물질적 현실이라는 평면에 모방함으로써 제시되었다고 한다. 이러한 두 가지 철학은 항상 새로운 질서의 도래를 야기한 것으로 설명한다. 발전도상국의 다양한 특수사회주의에 대한 비판적 연구에 따르면, 특히 아프리카 사회주의의 경우 전통과 현대의 혼합주의라는 것을 명확히 한다.

이처럼 현대화 과정에서의 정당의 역할에 관한 정치인류학적 연구는 정당의 진화발전에 대한 많은 시사점을 던져준다. 우리의 경우에 서구의 정당제도를 이식해보아도 개별 정당과 정당체계가 서구와는 다르게 발전하는 것을 볼 수 있다. 이러한 현상은 전통과 현대 사이에서 정치

문화의 변화와 지속이 계속되고 있으며, 그 속에서 정당의 변화 또한 각기 다르게 나타날 수 있기 때문이다. 정당의 기원도 정당의 지속과 변화에 많은 영향을 줄 수 있으며, 이는 한국 정당의 기원이 서구 정당과 무엇이 다른지 밝혀내는 데에서부터 시작된다고 할 것이다.

(2) 캐피톨 힐의 미개정치

미국 의회의 입법보좌관을 지낸 인류학자인 웨더포드는 1986년 "The Clans on Capitol Hill"이란 글에서 참여관찰을 통한 정치인류학적 연구의 새로운 모습을 보여주었다. 저자는 지위의 경쟁, 씨족의 사회구조, 정치적 사회화 및 의례라는 면에서 미국 의회와 '미개'부족 간에는 거의 차이가 없음을 보여주었다. 이 책의 각 장은 특정 부족(Iroquois 족, Shavante 족, Kawelka 족, Aztecs 족) 관습의 묘사로 시작하여, 이를 미국 의회의 관습과 비교한다. 이러한 비교는 약간은 피상적이며 또 어느 정도는 논리적 비약이 있는 듯한데, 이는 특히 저자가 정치행태의 일반적 원리를 추론하는 것인지 혹은 미개부족을 단지 유추로서 사용하는 것인지 명백하지 않기 때문에 더욱 그러하다(Lewellen, 1992).

정치의 기본적이고 보편적인 측면의 하나는 물론 권력을 획득하려는 사람들의 사회화 과정이다. 의원들은 누구나 재선을 추구하려는 욕구를 갖기 때문에, 이러한 목표를 추구하려면 워싱턴 파워게임의 규칙을 배워야 한다. 초선의원들이 사무실을 갖는 롱워스 빌딩(Longworth Building)은 젊은이들이 사회적 위계질서 내에서 자신들의 위치에 대한 적응훈련을 받는 한 부족의 독신남자숙소에 비교된다. 아울러 웨더포드는 샘 레이번 빌딩(Sam Rayburn Building)에 자리 잡은 다선의원들이 신참의원들을 낮은 지위에 두기 위하여 자주 사용하는 방법의 하나로 마나(mana)의 가장 성스러운 부분으로 여겨지는 이름을 집요하게 잘못 발음하는 행태 등을 소개한다.

웨더포드는 권력을 획득하고 유지하는 전략을 근거로 상원의원들을 샤먼, 군벌, 대부와 같은 세 가지 범주로 나눈다. 의원들은 각각의 특성에 따라 각기 다른 전략을 취한다는 것이다. 샤먼(*shaman*)은 사람들에게 자주 등장하는 문제(공산주의, 대기업, 공해, 마피아 문제 등)라면 무엇이든 다룸으로써 국민들의 공포를 진정시켜주는 사람을 말한다. 그 예로 에드워드 케네디(Edward Kennedy) 상원의원 등을 든다. 그의 발언은 신문에 끊임없이 언급되며, 종종 그는 사건현장에 가장 먼저 나타나기도 한다는 것이다. 군벌(*warlords*)이란 정부의 한 측면에 독점적인 권력을 수립하고 점차 그 권력을 외부로 확대해나가는 사람을 말한다. 이들은 의회 내의 직위와 권력을 이용하여 지역구 사업을 유치하거나 이익을 유도한다. 사람들의 눈에 자주 등장하는 샤먼이나 특정 영역에 집중되어 있는 군벌과는 대비되는 대부(*godfather*)는 무대 뒤에서 권력을 조작하는 예술을 터득한 사람들이다. 이는 정치체계의 메커니즘을 꿰고, 회의의 모든 구성원들의 습관, 공포, 강·약점 등에 대해 매우 상세한 정보를 알기 때문에 가능하다. 린든 존슨(Lyndon Johnson), 토마스 오닐(Thomas O'neill) 등이 이에 해당한다고 한다. 이러한 웨더포드의 연구는 한국 정당의 리더십 연구에 많은 시사점을 준다.

3. 한국 정당정치와 정치인류학적 방법의 적용

1) 참여관찰

(1) 참여관찰의 의의와 방법

참여관찰(*participatory observation*)은 실증주의 또는 변수중심주의의 조사방법과 비교하면, 역사의 측면에서 큰 차이를 지닌다. 그 기원은 사회인류학에 있다고 일반적으로 생각하지만, 실제 기원은 시카고학파의 사회조사, 특히 로버트 파크(Robert E. Park, 1864~1944)로 거슬러 올라간다. 그는 1920~1930년대 시카고의 끊임없이 변동하는 사회현상을 관찰이라는 방법으로 연구할 것을 제창하였다. 그 결과 범죄, 일탈, 인종관계, 그리고 도시화 등 폭넓은 영역에서 조사가 진행되었다(Kurtz, 1984).

참여관찰은 실증주의와 역사적 측면뿐만 아니라 목적에서 또한 다르다. 예를 들어 실증주의의 입장을 취하는 경우 조사자는 질문지의 설계에 있어 자신의 생각을 전개한다. 그리고 질문을 이용하여 그 생각이 옳은지 여부를 검토하고 탐구한다. 이 방법을 이용하는 조사자는 스스로 이미 무엇이 중요한가를 안다고 가정해버린다고 비판자들은 말한다. 이에 반해 참여관찰에서는 무엇이 중요한가에 대하여 분명한 가정은 하지 않는다. 그 대신 조사자가 이해하려는 대상이 되는 사람들의 일상생활에 아주 깊숙이 들어갈 것을 권한다. 이 방법에서는 조사자의 사고가 옳은지 연역적으로 검증하는 것이 아니라, 관찰로부터 조사자의 생각을 진전시켜나가는 이른바 귀납적인 방법을 취한다.

시카고학파의 조사 전통에는 두 가지의 지적 전통이 합류한다는 점에 주목할 필요가 있다. 첫째는 미드(George Herbert Mead, 1863~1931)와 같은 미국 철학자의 저작으로부터 탄생한 실용주의의 전통이다. 이러한 전통에 의하면 사회생활은 고정된 것이 아니라 동태적으로 변화하는 것이며, 그러한 변화를 이해하기 위해서는 그 속에 들어갈 필요가 있다. 지식은 경험으로부터 얻어지는 것이며, 더욱이 상세하고 면밀한 연구를 행한 끝에 얻어진다. 참여관찰을 실천하는 사람은 선험적으로(*a priori*) 얻어진 명제를 피한다. 그 대신에 인식이나 개념이 경험에 의존하거나 또는 경험으로부터 나오는 것을 뜻하는 귀납적인(*a posteriori*) 방법을 선호한다.

시카고학파의 지적 전통에 영향을 미친 두 번째 특징은 형식주의이다. 다양한 사회적 관계는 각각 구체적으로는 다르지만 형식의 측면에서 보면 유사성이 발견된다. 우리는 어느 장소나 집단을 연구함에 있어 이를 독자적인 것으로 기술하기보다 오히려 다른 집단, 장소와 어느 정도 유사성을 갖는가, 또는 다른 집단과 비교해서 어느 정도 전형적인가를 조사하게 된다. 사회연구에서는 사회적 장에서의 개인이 아니라 개인들의 상호작용에 초점을 맞추게 된다. 형식주의는 특정 생활에 관한 사회나 문화의 형식을 어떻게 분명하게 할 수 있을지에 관한 방법에도 관심을 기울인다. 실용주의와 일치하는 사고방식에 기초하여 형식은 사람들의 일상생활에 대한 실용적인 관심으로부터 만들어진다고 할 수 있다. 그러나 일단 확립되면, 형식은 독립적으로 발전해나갈 수 있다(Hammersley, 1990).

이처럼 정치인류학적 접근법의 중요한 방법의 하나인 참여관찰은 현장조사(*field research*), 질적 연구(*qualitative research*)와 거의 동일한 의미로 사용된다. 학자들은 통계학이나 수학을 동원한 양적 연구(*quanti-*

tative research)와 구별하기 위하여 질적 방법론이란 용어를 사용하기도 한다. 현재 문화인류학 분야에서 가장 널리 사용되는 방법인 참여관찰이 사회현상에 대한 조사방법으로 재강조된 것은 1960년대에 들어서였다. 이는 사회현상에 대한 실증주의의 계량적 방법에의 확산에 대응하여 각 사회의 문화적 다양성을 강조하는 민속학(*ethnography*)의 질적 방법을 보호하려는 반동에서였다(정영국, 1996).

참여관찰에서 관찰자의 역할은 완전 참여자, 관찰자적 참여자, 참여적 관찰자 및 완전 관찰자로 구분될 수 있다(Junker, 1960). 완전 참여자란 자신이 연구대상으로 설정한 집단, 조직 또는 지역 등에서 관찰자로서의 신분을 노출하지 않고 실제의 특정 역할을 담당하거나 또는 담당하는 것처럼 처신하면서 관찰조사를 실시하는 연구자를 말한다. 예를 들어 참여관찰 연구자라는 사실을 밝히지 않고 선거 입후보자 참모로 일하는 경우 등을 말한다. 완전 참여관찰은 대단히 매력적이긴 하지만 다른 한편으로 관찰자의 윤리적 문제가 제기된다(정영국, 1996).

완전 참여자와 정반대되는 유형이 완전 관찰자이다. 이는 연구대상에게 신분을 노출시키지 않을뿐더러 일체의 접촉이나 사회적 역할도 맡지 않으면서 오로지 관찰만 행하는 유형이다. 정당의 전당대회 등에서 당원들 틈에 끼어 진행과정을 지켜보는 경우를 들 수 있을 것이다. 이 경우 연구대상에 대한 깊이 있는 자료 수집에는 이르지 못할 수 있다.

관찰자적 참여자와 참여자적 관찰자 유형은 위의 두 극단의 사이에 있는 유형들이다. 관찰자적 참여자는 연구대상에 속하는 사람들에게 자신이 관찰자라는 사실을 알려주고, 연구대상의 특정한 사회적 역할을 직접 담당하면서 관찰을 행하는 경우이다. 반면 참여자적 관찰자 유형은 관찰자가 연구대상에게 자신의 신분을 알려주거나 연구대상의 특정한 사회적 역할을 맡지 않은 상태에서 관찰을 수행하는 경우를 말한다. 이러한 유형 중 어떤 유형을 취할 것인지에 관한 명확한 기준은 없다. 다만 구체적인 방법의 선택은 연구주제와 연구대상의 성격 및 윤리적인 문제 등에 대한 연구자의 판단에 달려 있다(정영국, 1996).

그러나 참여관찰의 유형에 따라 관찰방법 자체가 다른 것은 아니다. 어느 관찰유형을 취하든 관찰자가 취해야 하는 절차와 태도는 유사하다고 할 수 있다. 어떠한 경우에도 관찰자가 연구대상에 완전히 몰입되어 연구대상이 속한 정당의 가치나 행태를 무비판적으로 수용한다거나, 반대로 연구대상에 참여하여 스스로의 주관과 가치를 너무 깊이 개입시켜서도 안 된다. 객관적 입장을 견지하는 것이 가장 중요하다고 할 수 있다.

살아 있는 생명체로서의 정당이나 선거과정을 이해하기 위해서는 현장경험이 풍부한 사람들의 조언을 듣는 것이 필요하다. 아울러 입후보자나 참모들에게 참여관찰의 취지를 설명하고 협조를 얻으려 할 때, 지도교수님의 협조요청이나 추천서 등은 후보자나 정당에 쉽게 접근할 수 있는 방법의 하나가 될 것이다. 그 이후에는 현장경험이 풍부한 내부협조자를 찾는 것이 중요하다. 아울러 이들이 제공해주는 정보에는 그가 '아는 것'과 '해석한 것'이 혼합되어 있다는 점을 유념할 필요가 있다. 이러한 인터뷰 대상의 표본 선정에도 대표성이 반영될 수 있도록 신중을 기해야 한다.

면담 과정에서는 최고의 청취자가 되어야 한다. 무엇을 어떻게 질문할 것인지에 따라 다른 답변이 나오므로 사전에 면밀한 준비가 필요하다. 자연스럽게 면담을 이끌어가되 연구의 논점을 놓쳐서는 안 된다. 가능한 모든 자료를 수집하고 모든 관찰내용을 기록하여야 한다. 선거

과정 속에서 정당이나 후보자의 움직임을 관찰한다면, 후보자의 일정, 당내 각급회의와 거리유세 등 관찰하여야 할 내용이 너무 많다는 점을 유념하고 상세한 기록을 하여야 한다. 관찰 중에 떠오른 자신의 판단과 해석도 함께 메모해두어야 한다. 수집된 자료는 일지와 주제별로 정리해두는 것이 좋다.

참여관찰 자료분석 시에는 자신이 설정한 잠정적 결론에 부합하는 자료들만 보려는 오류를 범해서는 안 된다. 일반적으로 사회과학 분야의 자료분석은 1차적으로 유사성과 차별성을 찾는 데서 출발한다. 관찰대상 중에서 무엇이 공통적이었고, 무엇이 차이가 났는지 비교해볼 필요가 있다. 아울러 자신이 관찰한 내용에 대한 기존 연구와 계량적 데이터를 자신의 해석과 대조하여 검증해보는 것이 필요하다. 이런 점에서 참여관찰은 주로 연역적 연구방식을 채택하였다 하더라도, 이론적 명제의 설정, 경험적 현상의 관찰, 그리고 이론의 평가라는 3요소가 동시에 이루어지는 하나의 과정으로 파악하여야 한다(정영국, 1996).

(2) 국내에서의 연구동향

지난 17대 총선 당시부터 한국정당학회를 중심으로 이론과 현실을 접목하려는 노력의 일환으로 보다 미시적인 차원에서 한국 정당을 경험적으로 분석하여 설명하려는 참여관찰 기법이 적용되기 시작하였다.[1] 참여관찰 방법을 채택한 목적은 우리나라 유권자, 정당, 후보 등이 어떤 생각과 태도를 가지고 어떻게 움직이는지를 직접 현장에서 보고, 듣

1) 김용호 교수(2011)는 정영국 외(1991)의 연구를 한국에서의 참여관찰의 시원으로 평가하였으나 이 연구에서는 본격적으로 참여관찰을 시도한 2004년 이후를 분석대상으로 삼는다.

고, 관찰하여 생생한 정보와 데이터를 수집하여 새로운 이론을 개발하려는 데에 있었다. 이전의 정당·선거 연구는 주로 서구의 이론을 활용하여 우리의 선거과정이나 결과를 분석하는 데 그치는 경향이 있었는데 이 연구는 이러한 반성에서 출발한 것이다.

이러한 참여관찰 연구의 태동은 시카고학파의 참여관찰, 일본의 선거·정당정치에 대한 참여관찰을 시도한 박철희(2000) 등의 연구에 의해 자극받은 바가 크다고 할 것이다. 미국의 로체스터 대학교의 페노(Fenno, 1978) 교수가 그의 저서에서 이른바 '푹 찌르고 젖는'(*poke and soak*) 방식으로 의원의 지역구 활동을 생생하게 그려낸 것이 좋은 사례가 되었다. 그는 기존의 연구와 같이 신문기사나 각종 선거결과 등을 통하여 2차적으로 해석하는 것이 아니라 관찰자가 직접 선거나 정당 활동에 뛰어들어 데이터를 생산하고 분석하는 전형적인 예를 보여주었다. 이를 통하여 그동안 집합자료나 설문자료가 빠뜨릴 수 있는 통계적 방법에 살을 붙이는 성과를 가져왔다.

박철희는 2000년 저술을 통하여 일본의 선거제도 개혁 이후 선거구 차원에서 정당조직과 선거전략이 어떻게 변화하는지 분석하였다. 소선거구 제도로의 변화 이후 국회의원은 어떻게 탄생되는지 도시지역 선거구에 대한 철저한 참여관찰을 통해 그 결과를 보고하였다. 첫째, 선거제도 개혁의 이상과 현실을 비교하며, 왜 일본형 선거 캠페인이 다른 나라와 다른지 분석한다. 그것은 일본에서 역사적으로 형성된 정치제도와 정치화한 사회세력의 상호작용이 어떻게 예상하지 못한 결과를 가져오는지 관찰하는 것이다. 둘째, 중앙정계의 개편과 지방정계의 대응이 어떻게 연계되어 있는지를 분석하였다. 정치변화의 근거를 중앙정계의 현직의원들의 이합집산이나 유권자의 반응으로부터 일방적으로 탐색하는 것을 피하고 후보자와 지지자 간의 상호작용의 역학으로부터 변화한 부분과 변화하지 않은 부분을 관찰하였다. 셋째, 정당조직과 선거전략의 분석을 정치의 장래상과 관련시켜, 55년 체제 이후의 일본정당체제라는 거시적 맥락을 미시적 관점으로부터 관찰한 것이다.

다음으로 17대 총선 이후 한국 정당연구가들에 의해 이루어진 정치인류학적 참여관찰 방법을 활용한 연구의 성과를 살펴보자. 한국정당학회는 그동안 3번의 총선(제 17대, 18대, 19대)과 제 4회 지방선거에서 참여관찰을 실시하였다. 먼저 2004년 총선에서 관찰자들이 선정한 주제는 각 정당의 후보 경선현장, 여성과 신진 후보자 관찰, 인물과 정책 대결 양상, 온라인과 오프라인 선거운동 비교, 지역주의와 소지역주의 현상, 지구당 제도의 변화와 그 영향 등으로 다양하게 선정되었다(김용호 외, 2004). 이를 통하여 총선을 앞두고 단행된 2004년 정치개혁의 목표가 현실에서 어떻게 나타나는지, 기존의 총선과 비교하여 한국 정당정치와 선거가 어떻게 변화하고 지속되는지에 대한 많은 연구 성과를 거두었다.

다음으로 2006년 실시된 제 4회 지방선거 참여관찰 결과(이준한 외, 2007)를 살펴보자. 저자들은 2006년 지방선거 결과에 영향을 미친 다양한 변수들을 깊이 있게 추적하여 분석하였다. 지방선거 이전에 이루어진 기초의회 선거에의 중선거구제 도입과 후보의 정당공천제와 같은 제도 변화가 후보 충원 및 선거운동 과정과 결과에 미친 영향 등을 분석하였다. 아울러 지방 차원에서의 지역주의의 영향과 결과 등 다양한 주제를 다루었다. 총선 차원이 아닌 지방선거 차원에서 전반적인 참여관찰을 기획한 것은 이 연구가 처음이었다.

이어서 2008년 실시된 제 18대 총선 참여관찰 결과(유재일 · 손병권 외, 2009)를 살펴보자. 이는 제 17대 총선과 지방선거 참여관찰의 연장선상에서 실시된 것으로 수도권에서의 한나라당 승리, 지역주의의 변화와 지속성, 친박의 득세와 진보의 퇴조, 선거과정의 특징 등을 다뤘다. 아울러 선거에 나타난 중요 쟁점과 특성, 지역구의 동향과 공천과정 등을 담고 있다.

그동안 우리 학계에서 선거과정의 참여관찰을 통하여 중앙당과 지방당, 그리고 지도자와 추종자들의 정당관련 활동을 분석한 연구물이 축적되었으며, 제도 변화에 대한 작용과 반작용 등의 연구 성과도 나타나고 있다. 특히 후보자의 공천과정과 선거제도와의 상관관계, 지구당 폐지 이후의 정당조직의 변화와 적응 등에 관한 연구들이 축적되었다.

이러한 성과에도 불구하고 참여관찰 연구의 한계도 나타나고 있다. 방법론적으로 총선이나 지방선거를 계기로 한 참여관찰은 필드 워크를 위한 충분한 준비가 이루어지지 못한 상황에서 진행된 측면이 있다. 따라서 참여관찰자의 실천전략이 충분하지 못한 상황에서 관찰이 이루어진 만큼 성과 또한 제한될 수밖에 없다. 뿐만 아니라 시간적 제약도 성과의 제약요인으로 작용한다. 관찰의 설계, 관찰을 통한 데이터의 입수, 관찰내용 분석의 일련의 과정에 많은 시간이 소요되기 때문이다.

2) 연대기적, 생애사적, 인본주의적 접근방법: 한국 정당정치의 역사적 배경에 관한 탐색

이러한 포괄적인 제목은 광범위한 범주의 질적 접근방법들을 포함한다. 최근에 미국 정치학계가 질적 연구방법론을 기존의 참여관찰에서 크게 확장시키면서 민속학, 담론분석, 기억과 자료(*memory, and the archive*)의 중요성을 더욱 강조하고 있다(김용호, 2011).[2] 위의 방법들의 공통점은 사람을 사회적 행위자로 파악하고, 이들의 생애, 일대기, 자술 전기에서 의미 있고 핵심적인 내용을 추출하고자 한다는 것이다(김두섭, 2010). 따라서 구두적 표현이나 문서 또는 시각적으로 표현되는 사람들의 생활 이야기가 자료출처가 된다. 이러한 접근방법은 지극히 해석적인 특징을 지니기 마련이다.

아울러 질적 연구방법론의 하나로 생애사(*life history*)와 함께 구술사(*oral history*)라는 용어를 자주 사용한다. 구술사는 증언, 심층면접 등을 포괄하는 개념으로 사용된다. 구술사를 어떤 사람의 기억이 구술을 통하여 역사적 사료로서 지위를 부여받는 것으로 정의한다면(김귀옥, 2006) 구술을 매개로 하는 구술연구도 참여관찰의 한 분야로 이해할 수 있을 것이다. 구술은 기존의 현대 한국 정당정치의 주요 행위자의 기억을 통하여 경험을 불러내는 작업으로 자유당, 민주당, 공화당, 민정당, 신민당 등 주요 정당의 특성을 이해하는 데 매우 중요한 의미를 지닐 것으로 본다. 특히 충분한 사료를 남기지 않는 우리 현대사를 연구하는 데에 많은 함의를 줄 것이다. 또한 구술연구는 역사에 기록되지 않는 행위자를 정당사에 끌어올릴 수 있다는 점에서 인본주의적(*humanist*) 함의도 가진다고 할 것이다.

플러머(Plummer, 2001)는 다음과 같은 핵심기준에 따른 특징들을 추출하고 결합시켜 비판적 인본주의(*critical humanism*)의 형태로 발전시켰다. 첫째로 주목할 것은 인간적 주체성과 창조성, 즉 개인들이 사

2) 2000년대 들어 미국의 각 대학은 The Consortium on Qualitative Research Methods(CQRM)을 만들어 대학원생들을 대상으로 방법론 교육을 실시하고 있음. http://www.maxwell.syr.edu/moynihan/cqrm/Welcome/

회적 억제에 어떻게 반응하고 어떻게 사회현상을 적극적으로 만들어내는가이다. 그러나 구술연구는 개인의 내적, 심리적, 생물학적 측면보다는 사회적, 경제적 조직에서 이루어지는 구체적 경험(대화, 감정, 행위)에 초점을 맞춘다. 그리고 그러한 경험에 대해 '본질적 친밀성'(*intimate familiarity*)을 표방하며, 직접적이고 구체적인 경험에 의하지 않고 도출되는 추상성을 배제한다. 또한 사회학자들이 강조하듯 착취, 억제와 부정이 감소하고 창조성, 다양성 그리고 평등성이 증진되는 사회구조를 지향하는 도덕적 · 정치적 역할에도 주목한다. 그리고 끝으로 이들 모두는 인식론적으로 상황에 대한 파악이 경험에 기초하여야 한다는 근본적이고 실용적인 경험주의(*radical, programatic empiricism*)에 대한 신봉을 바탕으로 한다.

이러한 접근방법은 '역사에 대한 내재적 독해'를 통하여 정치현상을 이해하려는 시도와 맥을 같이한다고 볼 수 있다. 이른바 '역사에 대한 내재적 독해'란 역사적 사건을 논의할 때 그 당시 행위자들이 사용한 언어와 제기된 문제로부터 접근하는 이해방식을 뜻한다(박현모, 2001). 이러한 이해방식은 '방법에 맞추어 현상에 접근'하는 것이 아니라, 먼저 '현상 그 자체로' 돌아간 다음 '현상에 맞추어 방법을 택하려는 의도'를 반영한 것으로서, 외래의 개념적 틀을 고유한 정치현상에 덮어씌우는 오류를 피하기 위한 것이다. 다시 말해서 우리가 접근할 수 없는 역사적 상황을 실록 등을 통하여 있는 그대로의 모습으로 보되, 객관적 사실의 이면에 있는 정치행위자의 가치관과 의도를 생생하게 살려내는 데에 특징이 있다. 이렇게 역사적 상황과 맥락(*context*) 속에 드러난 정치가의 말과 행동(*text*)을 세심하게 살펴봄으로써 정치행위자들의 의도를 생생하게 파악할 수 있음과 동시에 역사 속에서 한국 정당의 유전자

지형을 밝히는 데에도 도움을 줄 수 있을 것이다.

서구의 정당 개념이 도입된 이후 한국의 정당연구는 심각한 학문적 단절을 경험해왔다는 지적은 설득력을 갖는다. 과거 조선조 사회에서 정당과 비슷한 기능을 수행하는 정치단위로 붕당이 있었으나, 이러한 붕당정치와 오늘날의 정당정치를 비교해보려는 시도는 거의 없었다는 지적이다(김용호, 2008). 서구 정당의 원형으로 영국의 휘그당이나 토리당을 언급하지만 한국 정당의 원형으로서 조선조의 사림정치로 그 기원을 거슬러 올라간 연구는 드물다. 강주진(1971)의 《이조당쟁사 연구》(1971)는 조선조의 정치 문제를 과학적으로 정리하려고 시도하였지만, 역사적 사실에 대한 재해석에 머물렀다. 한국 정당정치의 역사적 배경으로서 조선당쟁에 관한 배성동(1996)의 연구가 있었으나 이 또한 양자를 연결하여 설명하려는 이론적 시도가 약하였다고 볼 수 있다. 이현출(2002)은 한국 정당정치의 기원을 조선조 사림정치에 두고 서구 민주주의와 달리 '리'의 탐지로서 공론을 두고 다투면서 붕당 간의 기율의 강화, 즉 명분과 의리가 지나치게 엄한 특징을 가지게 된 점을 밝히고 있으나, 이를 공론 형성층의 확대와 함께 공론 형성의 제도화 과정에 대한 후속연구로 발전시키지는 못하였다.

권오성(1998)은 대한민국 건국 50년을 맞아 정치인류학적 관점에서 한국인의 국가와 정치를 재구성하고 연역·해석한 저술을 발표한 바 있다. 그는 한국 정치사를 역사적이고 문화적인 관점에서 고찰하여 특징을 찾아내려는 시도를 한 것이다. 그는 자생적인 근대적 정치철학의 부재, 서구화로 인한 혼돈과 자기갈등 등 오늘날 한국 정치가 안고 있는 문제를 지적하며, 한국 국가와 정치의 인류학적 특징을 도출하려고 시도하였다. 하지만 그의 문제의식은 정치인류학에 기초하였으나 방법론은 기존 자료의 재검토와 재해석의 수준에 머무른다고 할 수 있다.

아울러 명지대 국제한국학연구소 등에서 진행하는 "박정희 시대 한국 정당정치의 재조명"과 같은 구술사 연구 또한 한국 정당의 연대기적(*biographical*) 발전과정과 정당정치의 기원과 특징에 관한 일반이론을 도출하는 데에 중요한 역할을 할 것으로 기대된다. 구술사에 기초한 현지조사, 심층면접 등을 활용한 생애사 등을 재구성하는 작업도 정치인류학적 단서를 발굴하는 데 중요한 역할을 할 것으로 기대된다. 이러한 문제의식은 윤택림(2003) 등의 연구에서 나타난다.

4. 정치인류학적 접근의 성과와 한계

정치인류학은 민속문화라는 상대적으로 폐쇄된 체계의 분석에서 시작하여 모든 방향에 걸쳐 외부로 뻗어 나갔다. 즉, 이론의 연구대상이 된 사회의 종류가 다양해졌을 뿐 아니라 점차 복잡한 사회까지도 대상으로 삼았다. 예상했던 바와 같이 정치인류학은 정치 연구의 폭과 깊이를 심화시키는 데에 크게 기여하였다. 정치인류학자들은 현장을 강조하기 때문에 서로 다른 관점에서 사물을 관찰할 수 있게 해준다. 사회과학 내에서 정치인류학에 긍정적으로 정체성을 부여해주는 것은 바로 두터운 기술(*thick description*), 즉 심층 몰입(*deep immersion*)에 있다고 할 수 있다(Thomassen, 2008).

따라서 참여관찰을 비롯한 정치인류학적 접근법은 아직 개척되지 않은 분야나 사회적 현상에 대한 기초적인 연구자료를 확보하여 기존 가설의 검증이나 새로운 가설의 발견을 가능하게 해주었다. 아울러 특정한 정치현상에 대한 연구에서 기존의 연구자들이 미처 파악하지 못했던 주요변인들이나 행태들을 마련함으로써 기존 연구의 수정을 가능하게 하였다(정영국, 1996).

그러나 정치인류학은 심층분석에는 기여한 측면이 있으나 정치연구를 각 분야별로 분절화하는 결과도 가져왔다. 인접학자들 간의 소통의 부재 현상이 나타나고 각 개인의 연구는 고립된 것으로 보이며, 기존의 연구를 기반으로 한 후속 연구를 발전시킨 경우는 많지 않다(Lewellen, 1992). 따라서 고립된 수많은 연구들을 보다 폭넓은 이론으로 통합함으로써 정치인류학을 유의미한 것으로 만드는 일이 필요하다. 좁고 국지적인 민족지를 많이 생산하는 것도 중요하지만 보다 중요한 것은 오히려 이미 존재하는 자료들을 일관된 설명 틀 안으로 끌어들여 일반화하는 작업이라는 논의가 제기되고 있다. 즉, 인류학자들이 늘 고민하는 바와 같이, 현지의 경험이라는 고도의 특수성에 솔직할 것인지, 또는 이를 외부세계에 대하여 일반화함으로써 이러한 경험에 어떠한 의미를 부여할 것인지가 문제이다. 그러나 한국 정당연구에 있어서 정치인류학적 연구 전통은 아주 일천한 상황이므로 많은 사례의 축적이 우선되어야 함은 두말할 여지가 없다. 기존의 서구 중심의 일반화에 더하여 한국적 특수성을 보다 심층적으로 이해하려는 노력이 선행되어야 할 것이다.

아울러 참여관찰의 방법론적 한계와 허약성에 대한 논의도 제기되고 있다(정영국, 1996; 김용호, 2010). 참여관찰과 같은 질적 분석은 계략 분석과는 달리 대규모 인구집단에 대해 명확한 서술적 주장을 하기 어렵다는 한계를 내포한다. 뿐만 아니라 질적 분석을 통하여 얻은 내용은 관찰자의 주관적인 편견이 작용할 여지가 많아 신뢰성을 확보하기 어렵다. 따라서 참여관찰 등을 통하여 이루어진 연구에는 무엇을 어떻게 관찰했는지, 누구를 언제 면담했는지, 면담 내용이 무엇인지 명확하게 할 필요가 있다.

접근방법이 폭넓고 다양함에도 불구하고 중요한 공백은 상당히 남아 있다. 프로세스 접근법과 행위이론은 인지, 의사결정 및 동기를 더욱 더 강조하는 경향이 있었다. 사회 및 정치제도와 행태가 변화하는 환경에 어떻게 적응하는지에 대한 연구가 취약하다는 지적이 있었다. 정치적 드라마의 주인공들이 어떻게 상징과 규칙과 규범과 관습을 조작하는가에 대한 분석은 수없이 행해졌지만 이들이 어떻게 자연자원을 조작하고 또한 이러한 자원으로부터 어떠한 영향을 받느냐에 대한 논의는 거의 없었다는 것이다(Lewellen, 1992). 변화하는 환경에 대한 시스템의 적응과 변화를 보여주는 생태학적 원리들의 응용이 의미를 갖는다. 이러한 연구 경향은 정치적 행위를 해석하는 데 커다란 가치가 있을 것이다.

아울러 최근에야 국가에 대한 연구가 정치인류학의 중요한 과제로 부상하였으나 아직 국가의 현대적 변용 속에 내포된 문화적 특수성을 민족지적인 방법으로 포착해내는 작업이 미약하다고 할 것이다. 특히 정치인류학은 신자유주의적 세계화의 파고가 세계의 구석구석에 미침에 따라 근대 민족국가의 형태와 기능이 어떻게 변형될 것인가에 관심을 기울여야 할 것이다(박지환, 2007). 이를 통해 서구중심적인 민족국가 개념을 수정하고 정치에 대한 새로운 이해의 틀을 마련하는 것이 정치인류학자가 향후 학문적으로 기여할 수 있는 중요한 과제일 것이다.

5. 결론

그동안 한국의 정당연구는 많은 연구업적을 쌓아올렸으며, 이를 통하여 한국 정당정치의 도약에 기여해온 것은 사실이다. 하지만 회색지대에 머문 우리 정당정치를 보면서 자아준거적인 정당이론의 수립이 더욱 요구된다는 점은 부인할 수 없는 현실이다. 서구 이론의 토대 위에 빈약한 현실을 보완할 때 보편주의와 특수주의의 이분법을 넘어 자아준거적 정당이론에 다가갈 수 있을 것이다(장훈, 2010). 이러한 맥락에서 정치인류학적 접근방법은 자아준거적 정당연구를 위한 하나의 대안이 될 수 있다는 점을 주장하는 것이 이 글의 목적이다.

지금까지 정치인류학의 의의와 주요 흐름을 개관하였다. 정치인류학은 정치현상을 인류학적 시각에서 귀납적, 비교론적, 통문화적(*cross-cultural comparison*)으로 비교하여 분석하는 학문으로 인류학의 한 지류에 속한다. 다시 말하면 일반이론이란 현지자료에서 비롯되어야 하며 또한 통문화적으로 비교될 수 있어야 한다는 점을 강조한다. 따라서 유럽적 보편주의로는 설명되지 못하는 한국적 특수주의를 설명하는 방법론으로서 정치인류학적 방법이 유용할 것이라는 게 필자의 주장이다.

정치인류학적 방법은 현지자료 수집방법으로서 참여관찰을 중요시한다. 한국에서의 정당과 선거 연구에 참여관찰 방법이 적용된 경험은 아주 일천하다고 할 것이다. 그러나 짧은 경험에도 불구하고 집중적인 노력의 결과 많은 성과를 거둔 것도 사실이다. 그러나 참여관찰의 성과를 고양하기 위해서는 참여관찰 기획, 전개, 분석에 이르기까지 방법론을 좀더 정교하게 심화시킬 필요가 있다는 점을 지적하였다. 우리는 참여관찰을 통해 아직 경험적으로 분석하지 못하는 많은 연구주제들을 자아준거적으로 살펴볼 수 있을 것이다. 그동안 설문조사나 집합자료로 분석된 많은 주제들에 대하여 참여관찰을 통하여 살을 붙이고 한국적 맥락에서 이해하려는 노력이 필요하다.

또 하나의 방법으로 생애사적, 구술사적 연구의 필요성을 강조하고 정치인류학적 접근법에 포섭할 수 있는 가능성을 검토하였다. 정당연구의 경우 충분한 사료를 생산하지 않는다는 점과 주요 행위자들의 내면의 동기분석이 중요하다는 점을 고려한다면 구술연구의 필요성도 크다고 할 것이다. 이는 현대 한국 정당사의 변화와 지속, 주요 행위자들의 선택과 행태를 이해하는 데 도움을 줄 수 있을 것이다. 이와 함께 식민지 경험을 통한 현대사의 단절을 경험한 한국 정당정치의 기원에 관한 탐색적 연구를 위하여 조선조 사림정치 등의 전통에 접하기 위해서는 실록의 독해와 같은 '역사에 관한 내재적 접근방법'을 통하여 그 당시 행위자들이 사용한 언어와 제기된 문제로부터 현상에 접근할 수 있을 것이라는 점을 지적하였다. 이러한 이해방식은 '방법에 맞추어 현상에 접근'하는 것이 아니라, 먼저 '현상 그 자체로' 돌아간 다음 '현상에 맞추어 방법을 택하려는 의도'를 반영한 것으로서, 외래의 개념적 틀을 고유한 정치현상에 덮어씌우는 오류를 피하는 데에 도움을 줄 수 있을 것이다. 이러한 점에서 이 또한 정치인류학적 접근방법에 포섭할 수 있을 것이라는 점을 주장하였다.

참고문헌

강주진(1971), 《이조당쟁사 연구》, 서울: 서울대출판부.

권오성(1998), 《한국인의 국가와 정치: 정치인류학적 접근》, 대전: 문경출판사.

김귀옥(2006), "한국 구술사 연구현황, 쟁점과 과제", 한국사회사학회, 〈사회와 역사〉 71집.

김두섭 역(2010), 《질적 연구방법론》, 파주: 나남, J. Mason(2002), *Qualitative Researching* (2nd Edition), London: Sage.

김용호 외(2004), 《17대 총선 현장 리포트: 13인 정치학자의 참여관찰》, 서울: 푸른길.

김용호(2008), "한국 정당연구의 학문적 정체성 확립을 위한 성찰", 〈한국정당학회보〉 7권 2호.

______(2011), "한국의 선거 참여관찰 연구에 대한 성찰", 〈한국정당학회보〉 10권 1호.

김홍우(1998), "한국정치학 소고: 〈한국정치학회보〉에 나타난 한국관련 논문을 중심으로", 서울대학교 사회과학연구원, 〈한국사회과학〉 20권 1호.

박지환(2007), "정치인류학에 대한 일 고찰: 국가연구의 중요성 확대", 〈한국문화인류학〉 40권 2호.

박현모(2001), 《정치가 정조》, 서울: 푸른역사.

배성동(1996), "한국 정당정치의 역사적 배경: 조선당쟁", 윤정석·신명순·신지연 편, 《한국 정당정치론》, 서울: 법문사.

유재일·손병권 외(2009), 《18대 총선 현장 리포트: 18인 정치학자의 참여관찰》, 서울: 푸른길.

윤택림(2003), 《인류학자의 과거여행: 한 빨갱이 마을의 역사를 찾아서》, 서울: 역사비평사.

이준한 외(2007), 《제4회 지방선거 현장 리포트》, 서울: 푸른길.

이현출(2002), "사림정치기의 공론정치 전통과 현대적 함의", 〈한국정치학회보〉 36집 3호.

이희봉 역(1988), 《문화탐구를 위한 참여관찰방법》, 서울: 대한교과서주식회사, J. P. Spradley, *Participant Observation*.

장 훈(2010), 《20년의 실험: 한국 정치개혁의 이론과 역사》, 파주: 나남.

정영국 외(1991), 《지방의회선거 사례연구 Ⅰ, Ⅱ》, 서울: 현대사회연구소.
정영국(1996), "참여관찰", 김웅진 외, 《정치학조사방법론: 재미있는 퍼즐만들기》, 서울: 명지사.
한경구·임봉길 역(1998), 《정치인류학 제2판》, 서울: 일조각, T. C. Lewellen(1992), *Political Anthropology: An Introduction*, Westport, CT: Bergin & Garvey.
한반도사회경제연구회(2008), 《노무현시대의 좌절》, 서울: 창비.

Apter, D. E.(1965), *The Politics of Modernization*, Chicago: University of Chicago Press.
Bailey, F. G.(1969), *Stratagems and Spoils: A Social Anthropology of Politics*, New York: Schocken Books, Inc.
Brunce, V.(2000), "Comparative Democratization: Big and Bounded Generalizations", *Comparative Political Studies*, 33(6, 7).
Halpern, M.(1963), *The Politics of Social Change in the Middle East and orth Africa*, Princeton.
Junker, B.(1960), *Field Work*, Chicago: University of Chicago Press.
Kurtz, D. V.(2001), *Political Anthropology: Paradigms and Power*, Colorado: Westview Press.
Lewellen, T. C.(1992), *Political Anthropology: An Introduction*(2nd edition), Westport, CT: Bergin & Garvey.
McDonald, M.(1996), "Unity and Diversity: Some Tensions in the Construction of Europe", *Social Anthropology*, 4(1).
Plummer, K.(2001), *Documents of Life 2: An Introduction to a Critical Humanism*, London: Sage.
Thomassen, B.(2008), "What Kind of Political Anthropology?", *International Political Anthropology*, 1(2).
Vincent, J.(1978), "Political Anthropology: Manipulative Strategies", *Annual Review of Anthropology*, 7.
______(2002), *The Anthropology of Politics*, Massachusetts: Blackwell Publishers.
Weatherford, J.(1986), "The Clans on Capitol Hill", in M. D. Howard (ed.), *Contemporary Cultural Anthropology*, Boston: Little, Brown

& Co.

Yanow, D.(1996), *How does a Policy Mean? Interpreting Policy and Organizational Actions*, Washington D. C.: Georgetown University Press.

中原喜一郎 譯(1971),《政治人類學》, 東京: 合同出版, G. Balandier(1967), *Anthropologie Politique*, Paris: Presses Universitaires de France.

朴喆熙(2000),《代議士のつくられ方: 小選擧區の選擧戰略》, 東京: 文藝春秋.

제7장

복잡계적 접근 :
행위자 기반모형을 중심으로

임성학 서울시립대

큰일은 반드시 작은 것에서 만들어진다(天下大事, 必作於細) - 노자 도덕경 63장

1. 서론: 현대정치와 복잡계

정치, 경제, 사회, 문화 영역에서 일어나는 세계화, 분권화, 정보혁명으로 인해 개인(*agent*)의 역할이 점차 중요해지고 있다. 한국 정치에서도 후보자 선출에서의 일반시민 참여의 중요성이 커지고 시위와 집회에서 비동원적·자발적 참여가 증가하고 있으며 이런 변화는 기존의 이론으로 설명하거나 예상하지 못하는 사회적 창발현상을 만들어낸다. 비록 이런 복잡계적 현상은 한국 정치, 사회, 문화 등 모든 분야에서 발생하고 있지만 이에 대한 분석이나 연구는 과거의 틀을 벗어나지 못하고 있다.

최근 한국에서 발생한 사회현상인 촛불집회는 전형적인 복잡계적 현상이라고 할 수 있다. 2008년 소고기 수입에 반대한 대규모 촛불집회는

과거 조직화된 사회운동과는 매우 다른 성격의 사회운동이다. 과거의 사회운동은 핵심적 소수에 의해 다수가 조직적으로 동원되는 것이 특징이라면 촛불시위의 중요한 특징은 '행위자의 다양성, 비조직화, 자발성, 복합적인 수평적 네트워크의 발현, 하향식이 아닌 상향식 운동, 시위문화의 축제화 등 다양한 ICT의 등장'이다(조희정 · 강장묵, 2008: 319). 다른 연구에서도 촛불집회는 행위자들이 상호작용한 결과 보다 높은 차원의 사회적 현상이 창발한 자기조직된 복잡계적 사건이라고 분석하였다(한준, 2009). 과거와 달리 행위자의 단순한 선택이 점차 중요해지는 것은 최근 인기가 높았던 가수 선발 프로그램에서도 볼 수 있다. 가수 선발과정에서도 과거에는 전문가로 구성된 심사위원단이 실시한 심사결과가 절대적으로 중요했지만 지금은 일반시민의 참여가 심사결과에 더 많은 영향을 미치고 있다. 일반시민을 대상으로 가수를 뽑는 오디션 프로그램인 〈슈퍼스타 K〉(Super Star K)의 사례에서도 심사위원단 평가가 아닌 일반시민의 문자메시지 투표가 우승자를 선별하는 데 아주 중요한 역할을 했다.

선거가 끝나면 항상 '국민의 승리', '균형감각과 황금률' 등의 문구를 접하게 된다. 이는 어떤 정치적 상황 속에서도 여당의 독주를 막고 야당에게 견제의 힘을 실어주는 한국 선거정치의 반복되는 특징이다. 2010년에 실시된 지방선거에서도 천안함 사건에 따른 북풍과 50% 이상의 국정지지율을 보인 이명박 대통령의 영향으로 한나라당이 우세할 것으로 예상했으나 과거와 마찬가지로 선거 결과 여야가 균형적으로 권력을 나누었다. "6 · 2 지방선거에서 유권자들은 여당을 따갑게 질책한 반면 야당에게는 여당 독주에 대한 견제 역할을 맡겼다. 현 정권의 독주에 경고 메시지를 던졌고 야당에게는 재도약의 기회를 제공했다.

특히 과거 지방선거처럼 모든 지역을 야당에 몰아주지 않음으로써 '균형감각', '황금률'이 발휘된 선거였다는 평가다."[1] 이런 현상도 일반 개인들이 균형을 맞추기 위해 조직적으로 투표행위를 하지 않았는데도 불구하고 전체적인 시스템에서는 균형 잡힌 선거결과를 가져오는 창발 현상이라고 할 수 있다.

이와 같이 시스템의 부분들은 서로 상호작용을 하고, 그 과정에서 대단히 단순한 구성요소가 엉뚱한 결과를 가져올 수 있기 때문에 전체를 이루는 부분들이 단순한 총합을 이루는 것만은 아니다. 따라서 시스템을 이루는 요소들의 상호작용, 즉 구체적으로 거대한 각각의 시스템 사이에서 일어나는 상호작용 패턴의 어떤 점에 주목해야 한다. 이와 같이 부분 혹은 개인의 행태가 예상하지 못한 현상이나 구조의 창발성(*emergence*)을 창출해내는데, 이런 변화를 설명하고 예상하려는 학문적 노력이 복잡계 연구이다. 이런 복잡계적 현상이 한국 정당정치에서도 발생하며, 이를 보다 과학적으로 설명하기 위해서는 복잡계적 접근이 필요하다는 것을 보여주고 소개하는 것이 이 글의 목적이다.

먼저 복잡계의 주요 용어와 특성, 그리고 복잡계에서 사용되는 주요 방법론에 대해 설명한다. 그리고 이런 복잡계 방법론이 적용된 연구들, 특히 정당연구와 관련이 높은 연구들을 소개하고 한국 정당정치에 적용될 수 있는지에 대한 가능성을 검토해본다.[2]

---

1) 중앙일보(http://article.joinsmsn.com/news/article/article.asp?ctg=11&Total_ID=4214818: 검색일 2011/02/26)

2) 아직 한국의 정당정치에 복잡계 이론이 적용된 연구가 없어 기존 연구에 대한 문헌조사는 할 수 없었다.

2. 복잡계의 의미와 방법론

1) 복잡계와 복잡성 과학

복잡계(*complex system*)란 "자연계를 구성하는 많은 구성성분 간의 다양하고 유기적인 협동현상에서 비롯되는 복잡한 현상들의 집합체로 자연과학, 수학, 사회과학 등 다양한 영역에서 연구되고 있다. 복잡계에서는 어느 장소에서 일어난 작은 사건이 그 주변에 있는 다양한 요인에 작용을 하고, 그것이 복합되어 차츰 큰 영향력을 갖게 됨으로써 멀리 떨어진 곳에서 일어난 사건의 원인이 된다고 생각하는 것을 의미한다".[3] 이런 정의는 다양한 물리, 사회 현상의 불확정성과 초기 조건을 강조하는 혼돈이론(*chaos*)에 기초한 정의라고 할 수 있다. 어떤 일을 시작할 때의 아주 작은 차이가 나중의 결과에 아주 큰 영향을 미칠 때 카오스가 발생하기 때문에 초기 조건에 매우 민감하다는 것이다. 대표적인 예로는 나비효과(*butterfly effect*)를 들 수 있다. 브라질의 숲 속에 서식하는 한 마리의 나비가 날개를 움직인 것이 몇 주 후에 런던의 비의 양상을 변화시킬 수 있다는 것이다. 날씨는 매우 엄격한 법칙들에 따라 발생하지만 위와 같이 초기 조건에 매우 민감하고, 초기 조건을 정확하게 알 수는 없기 때문에 날씨는 정확하게 예측할 수 없다고 혼돈이론의 대가이자 기상학자인 로렌츠(Edward N. Lorenz)는 주장한다.

초기 혼돈이론의 한계를 넘어 복잡성 과학은 복잡성을 단순한 질서

---

3) 네이버 백과사전의 복잡계의 사전적 의미(http://100.naver.com/100.nhn?docid=776449, 검색일 2010/12/12)

와 완전한 혼돈 사이의 중간상태로 보고, 혼돈과 질서가 균형을 유지하며 새로운 질서를 형성하고 발전시켜나간다고 생각한다. "혼돈이론에서 핵심적인 혼돈이라는 개념이 비선형적 법칙들에 의해 결정된 저차원 체제, 즉 자유도가 낮은 체계하에서의 교란적 행위(*turbulent behavior*)를 지칭한다면 그에 대비되는 복잡성(*complexity*)이라는 개념은 체제를 구성하는 요소들 간의 수많은 상호작용으로부터 만들어진 고차원적 체제 즉 자유도가 높은 체계에서의 질서 잡힌 행위(*ordered behavior*)를 의미한다는 차이가 있다."(한준, 2009: 3) 미시수준의 행위자, 행위자 간의 소통, 이로 인해 발생하는 창발성에 대한 관심을 가진 복잡성 과학은 사회과학 분야에도 적용하기 시작하였다.

2) 복잡계와 접근방법의 특징과 장점

복잡계 연구와 접근방법의 특징과 장점은 구조 혹은 제도와 같은 정적인 것을 분석하는 것이 아니라 행위자와 행위자, 행위자와 환경 등의 상호작용과 그 결과에 초점을 맞추어 동적인 과정에 대한 분석을 한다는 점이다. 또한 행위자의 단순한 행동 규칙이 전체적으로는 매우 복잡하고 예상하지 못하는 결과를 낳는 창발성을 주제로 잡는다. 따라서 복잡계 연구는 기존의 방법론보다 현실적인 가정하에서 문제에 접근한다. 인간을 초합리적(*hyper-rational*) 존재로 가정하지 않고 이질적이고 제한적인 합리성의 행위자로 보고 분석을 할 수 있다는 것이다. 또한 행위자는 다른 행위자와 끊임없이 상호작용하면서 적응하고 학습하는 실체라고 생각한다. 이 외에도 일정한 규칙에 따라 변화하는 선형적 시스템이 아니라 미세한 자극이 커다란 영향을 주거나 전혀 영향이 없는 비선형적(*non-linear*) 시스템, 부분이 항상 전체를 닮는 자기 유사성(*self-similarity*) 혹은 프랙탈(*fractal*),[4] 외부의 의도적인 간섭 없이 체제가 스스로 새로운 질서를 만들어내는 것을 의미하는 자기조직화(*self-organization*), 에너지, 물질, 정보가 복잡계의 경계를 넘나들며 계속적으로 나가고 들어올 수 있는 열린 시스템(*open system*) 등을 복잡계의 특징으로 들 수 있다. 이 장에서는 사회과학에서 중요한 특징인 역동성, 창발성, 이질적 행위자, 적응과 학습의 내용만을 소개하고자 한다.

(1) 역동성

기존의 사회과학 분석은 역동성(*dynamics*)이 배제된다는 점에서 한계를 가진다. 사회구조를 구조주의적이고 정적인 방법으로 측정하는 것은 실제 상황을 설명해주는 데 한계가 있다. 왜냐하면 어떤 현상의 원인을 기존의 구조에 두고 그 구조는 원인이 발생하는 과정에서 변화하지 않는 정적인 것으로 간주하기 때문이다. 하지만 초기 구조도 행위자와의 관계 혹은 행위자들 간의 행위의 변화에 따라 변화할 수 있을 만큼 역동적이다. 또한 위계적 혹은 중심성(*centrality*)이 없는 상황에서도 전체적으로 응집력을 지닌 행동이 창발하는 것을 설명하기 위해서는 전체적인 역동적 과정을 살펴봐야 한다. 사회 네트워크의 분석에서도 정적인 구조를 넘어서 네트워크 자체가 진화하는 동적인 과정의 이해가 필수적이다. 과거 네트워크의 연구는 네트워크의 중심성에 초점이 맞추어져 있었으나 현대 사회의 공동체와 네트워크는 중앙의 지배나

---

4) 대표적인 예가 겨울에 내리는 눈이다. 눈 결정은 기본적으로 육각형이나 이 결정을 섬점 확대해보면 육각형 구조가 무한 반복되는 모양을 가지고 있다.

통제 없이 전체적으로 응집력을 지닌 행동을 만들어낼 수 있기 때문에 초기 형성된 네트워크 구조만으로는 사회적 현상을 설명하는 데 한계가 있다〔Watts, 2004(2003)〕.

(2) 창발성: 미시에서 거시로

창발(創發) 혹은 출현은 19세기 중엽의 과학철학자 G. H. 루이스(G. H. Lewis)에 따르면 '자체를 구성하는 요소들로부터 예측될 수 있는 현상인 결과(*resultant*)'와 달리 자체 구성 요소들만으로 예측될 수 없는 현상이 발생하는 것을 의미한다.[5] 이런 예측하기 어려운 현상이 복잡계가 관심을 가지는 분야인 것이다. 창발성의 발현은 개미가 개미집을 만드는 과정에서 나타나는 집단지성에서 쉽게 볼 수 있다. 개미에게는 인간과 같은 두뇌능력이 없으며 각각의 개미는 개별적으로 매우 낮은 수준의 노동만을 수행함에도 불구하고 지구상에서 성공적으로 번식하며 개미집과 같은 매우 복잡하고 정교한 구조물을 만들어낼 수 있다〔Johnson, 2004(2001)〕. 개미들 각각은 저마다 맡은 일을 하지만 개미집의 전체적인 구조나 구성에 대해 알 수 없으며, 이를 중앙에서 계획, 통제하는 것도 아니지만 놀랍도록 정교하고 조화로운 업무 분담에 따라 매우 복잡한 개미집이 완성된다. 행위자의 단순한 행동규칙이 전체적으로는 매우 복잡하고 예상하지 못하는 결과를 낳는 현상을 단순화하여 그 원인을 살펴보려는 것이 복잡계 연구라고 할 수 있다. 앞의 서론에서 예를 든 것과 같이 일반 국민들은 한국 전체의 선거결과를 상정

---

5) 다음(Daum) 백과사전에서 창발에 대한 내용을 참고함(http://enc.daum.net/dic100/contents.do?query1=b20c3587a, 검색일 2011/02/24)

하고 투표하지 않았음에도 불구하고 그 결과는 여야 균형적 선거결과가 나타나는 현상을 한국 정치에서 발현된 창발성의 하나의 예로 볼 수 있다.

(3) 이질적이고 제한적 합리성을 가진 행위자

기존의 연구는 행위자를 모두 같은 동질적이며 합리적인 행위자(*homogeneous and rational agents*)로 가정하고 분석하였기 때문에 현실과는 동떨어진 형태로 진행되었다. 인간을 동질적이고 합리적이라고 간주하는 대표적인 학문은 경제학이다. 그러나 개인이 경제이론의 합리성에 따라 살지 않는다는 증거는 아주 많다. 따라서 인간을 합리적 계산 기기보다 더 유연한 사고본능을 소유한 생물학적 피조물로 보는 것이 타당하다. 기존의 합리적 선택이론이나 경제학적 접근은 개인을 절대적인 합리성을 추구하며 실제로 합리적이라고 주장하지만 일반 개인은 환경적, 심리적, 인식적 문제로 인해 제한된 합리성(*bounded rationality*)을 가지고 있다.[6] 인간을 합리적이라고 가정하면 유리한 점은 논리만으로 이론을 구성하고 추론을 진행할 수 있으며, 따라서 힘들게 관찰하지 않고도 연구를 진행할 수 있다.[7] 그러나 복잡계는 개인을 이질적이고 제한적 합리성을 가진 존재로 보며, 능력, 나이 등 다양한 요인에 의해 구별하여 이들의 상호관계를 연구하기 때문에 보다 현실적인 사

---

6) 사이먼(Simon, 1945 · 1997)은 불완전한 정보의 양과 질, 인지적 한계 때문에 인간은 단순화된 모델에 근거하여 의사결정을 하므로 완전한 합리성은 불가능하다고 주장한다.

7) 합리성 가정의 장점과 문제점을 지적한 액설로드의 견해는 뷰캐넌(2010: 72)에서 재인용한 것이다.

회를 기초로 분석할 수 있다는 장점을 가진다.

(4) 적응과 학습

행위자는 합리적 계산에 따라 미래를 예측하고 행동하는 경우도 있겠지만, 실행하는 과정에서 새로운 정보를 얻거나 다른 행위자의 행태를 보고 자신의 행태를 바꿔나가는 적응성과 학습능력을 보여준다. 적응하는 행위자는 과거를 보고 그것으로부터 학습하고 미래의 행태를 규정할 수 있는 간단한 규칙을 만들어낸다. 이것은 초합리성에 기초하여 미래를 예상하고 전략적으로 행동하는 행위자를 상정한 합리적 선택이론의 행위자와는 다르다(Laver, 2005). '하면서 배운다'(*learning by doing*)라는 말은 합리성에 기초하여 미래의 결과를 예측하고 이에 맞게 행동하기보다는 개인이 처한 상황 혹은 주변의 의견이나 다른 사람의 행태를 감안하면서 자신이 어떻게 행동할 것인지를 정한다는 의미이다. 일반적인 사람들은 미래를 예측하고 행동하다가도 주위의 변화에 민감하게 반응하고 행동하기 때문에 복잡계의 모델이 더 현실적이다. 따라서 환경, 행위자와 행위자의 상호작용에 따른 변화도 분석에 포함시키는 동학적 접근이 필요하며, 행위자의 적응과 학습을 분석틀에 포함시켜야 한다.

이러한 복잡계적 특성을 잘 정리한 표를 소개한다. 〈표 7-1〉을 작성한 바인하커(Eric Beinhocker)는 《부의 기원》(*Origin of Wealth*)에서 부를 창출하기 위해서는 기존의 전통 경제학의 해결책을 넘어 복잡계 경제학적 방법을 모색해야 한다고 주장하면서 복잡계 경제학과 전통 경제학을 구분하였다.

〈표 7-1〉 복잡계 경제학과 전통경제학의 구분: 5대 빅 아이디어

	복잡계 경제학	전통 경제학
역동성	균형과는 거리가 먼 개방적, 동태적, 비선형적 시스템.	폐쇄적, 정태적, 선형적 균형 시스템.
행위자	개별적인 모델링, 귀납적 경험법치, 불완전한 정보, 착오와 편견의 제약, 시간에 따른 학습과 적응.	집단적 모델링, 복잡하고 연역적인 계산에 의한 의사결정, 완전한 정보, 착오와 편견 배제, 학습과 적응 필요성 없음(행위자는 이미 완벽).
네트워크	개별행위자 간 상호작용의 명시적 모델링. 시간에 따른 관계 네트워크의 변화.	행위자들은 경매 등 시장 메커니즘을 통해 간접적으로 상호작용.
창발성	거시와 미시 간 구분 없음. 거시 패턴은 미시적 행태와 상호작용의 창발적 결과.	미시와 거시 경제학은 별도의 분야로 존재.
진화	차별화, 선택 그리고 확산이라는 진화 과정이 시스템의 혁신을 가져다주고 질서와 복잡성의 증대를 가져옴.	내생적으로 새로운 혁신을 창출하거나 질서 및 복잡성의 증대를 가져오는 메커니즘은 없음.

출처: 바인하커[Beinhocker 2007(2006): 175].

3) 복잡계 방법론

복잡계는 지금 벌어지는 복잡한 현상을 복잡계 내부의 단순한 구조와 행위자의 단순한 패턴을 통해 설명할 수 있다고 주장한다. 따라서 단순한 모델을 통해서 복잡성의 창출을 구현할 때 복잡계 연구는 가치가 있다. 그러므로 현실세계를 간단하게 나타내면서 핵심적 패턴을 보여줄 수 있는 모델이 요구된다. 이를 위해 두 가지가 필요하다(윤병수 · 채승병, 2005: 245~246). 먼저 모델은 현실의 복잡계보다 단순해야 한다. “좋은 과학에는 적절한 근사(近似)가 필수적이다. 어떤 것에 대한 ‘완벽’한 모형 따위는 없다. 구도에 포함된 일부 요소들을 무시해야 진정으

로 관심이 있는 것에 답할 수 있다."〔뷰캐넌 2010(2007) : 144〕 단순할수록 좋지만 모델의 단순화는 창발현상을 재현할 수 있을 정도까지로 제한해야 한다. 둘째, 단순하지만 복잡계의 중요한 특성인 창발성을 설명하고 재현할 수 있어야 한다. 행위자 기반모형을 사용해 사회적 현상을 설명한 초기 연구자인 엡스타인(Joshua Epstein)과 액스텔(Robert Axtell)은 사회적 현상을 재배(*grow*)할 수 있는 경우에만 설명(*explain*) 가능하다며 단순한 모델을 통해 가상 사회의 등장, 이주(*migration*)의 패턴, 부의 불평등 구조, 문화의 형성 등을 구현했다(Epstein & Axtell, 1996).[8] 이와 같은 실험의 결과로 현실에서 일어나는 일을 만들어낼 수 있을 때 복잡계 모델이 설명력을 가질 수 있다는 의미이다.

복잡계 연구방법은 경험적 자료에 대한 분석과 모의실험인지에 따른 분석으로 구분되기도 하고 분석대상과 분석기법에 따라 분류되기도 한다. 네트워크 분석은 컴퓨터와 인터넷의 발달로 네트워크의 정보를 수집, 분석할 수 있게 되어 이런 경험적 자료를 근거로 복잡계적 성격을 밝혀내는 것이다. 모의실험적 방법으로 인공사회를 만들어 그 속의 행위자들이 각자의 속성과 규칙에 따라 서로 상호작용하고 반응, 적응하는 과정을 보여주고 이로 인해 발행하는 창발성을 설명한다. 분석의 대상은 복잡계와 관련이 있는 주요 변수를 살펴보는 거시적 방법과 행위자의 미시적 작동역할을 살펴보는 미시적 방법이 있다. 대표적인 거시적 방법으로는 시스템 다이나믹스(*system dynamics*)가 있고, 미시적 방법은 행위자 기반모형이라고 할 수 있다(한준, 2009; 윤병수·채승병,

8) 이런 성격으로 복잡성 연구를 생성적(*generative*) 혹은 구성적(*constructive*) 연구라고 한다.

2005). 복잡계는 복잡한 현상을 행위자들의 상호작용으로 인해 발생하는 창발성에 초점을 맞추어 설명하기 때문에 이 글에서는 행위자 기반모형을 중심으로 소개한다.

(1) 행위자 기반모형[9]

행위자 기반모형(Agent-based modeling)은 행위자, 환경(*environment*), 규칙(*rules*), 시스템 공간(*system space*)로 구성된다. 먼저 행위자는 가상사회에서 사람들을 의미한다. 각각의 행위자는 내부적 요소와 행태적 규칙을 가지고 있다. 내부적 요소는 행위자의 상태 또는 기억 내용을 나타내는 변수이다. 행위자모형에서 중요한 것은 행위자의 내부 데이터 수정 기능이다. 행위자는 다른 행위자와 상호작용을 하면서 내부 데이터를 수정하고 이에 따라 행동하게 된다. 행위자는 복잡도에 의해 세 가지로 나눌 수 있다. 먼저 최소행위자모형은 행위자가 물리적인 입자처럼 단순한 규칙에 따라 수동적으로 반응하는 모형이다. 다음 장에서 설명될 쉘링의 모델이 이런 최소행위자 기반모형이라고 할 수 있다. 복잡행위자 기반모형은 행위자가 적응성을 보이는 모형으로, 행위자는 다른 행위자와의 상호작용에 따라 적응하고 학습하면서 진화한다. 레이버(Michael Laver)의 정당경쟁모형은 정당 지지자와 정당 지도자를 복합행위자로 보고 서로에게 영향을 미치며 행동규칙을 변화해나가는 동학적 모형을 보여준다.

행태적 규칙은 내부적 정보를 기초로 환경 속에서 어떻게 행동할 것

---

9) 행위자 기반모형에 대한 내용은 아래 문헌을 참고해서 정리한 것이다(윤병수·채승병, 2005; Epstein & Axtell, 1996; Gilbert, 2008).

〈그림 7-1〉 행위자 기반모형의 구축절차

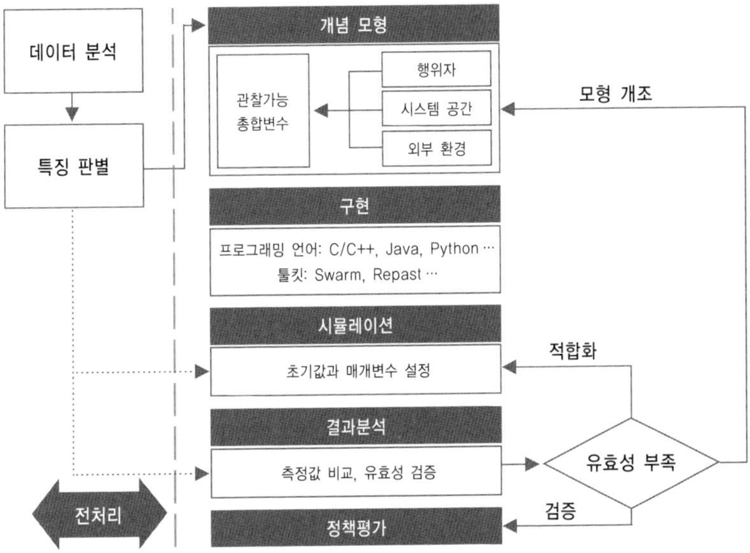

출처: 윤병수 · 채승병(2005: 272).

인가에 대한 규칙을 의미한다. 이런 행태적 규칙도 내부 데이터와 같이 타인의 행동에 따라 적응, 변화할 수 있다. 환경은 행위자가 상호작용하는 가상세계이다. 행위자가 활동하는 환경은 설계자에 의해 가상으로 고안될 수도 있다. 예를 들면 어떤 지역은 비옥한 토양을, 다른 지역은 척박한 토양의 환경을 제공할 수 있다. 마지막으로 시스템 공간은 모형 속에서 행위자가 위치하는 공간을 의미한다. 아래 쉘링(Thomas Schelling)의 모델에서 각각 가구는 하나의 시스템 공간을 차지하고 일반적으로 격자형(*lattice*)에 위치한다.

행위자 기반모형은 〈그림 7-1〉과 같은 방식으로 만들어지고 진행된다. 먼저 분석된 데이터를 통해 행위자의 주요 특징을 찾아낸다. 이를 기초로 상호작용할 행위자와 행위자의 행동규칙, 행위자가 활동하는 공간인 시스템 공간, 행위자의 행태에 영향을 줄 수 있는 외부환경을 모형에 포함시킨다. 이런 모형을 모의실험할 수 있도록 모형 구축 소프트웨어를 이용하여 계산모형을 만든다. 이렇게 구축된 모형에 초기 조건과 매개변수를 설정하고 모의실험한다. 모의실험의 결과를 실제로 관찰한 정보와 비교하고 유효성을 검증한다. 만약 유효성이 부족하다면 모형을 수정, 보완한 후 다시 모의실험을 하는 과정을 반복한다.

3. 정당정치와 복잡계의 적용

복잡계 연구방법이 실질적으로 정당정치 연구에 어떻게 적용되는지를 살펴보는 것이 이 장의 목적이다. 여기서는 두 가지의 기존 연구를 소개하려고 한다. 초기 행위자 기반모형인 쉘링의 인종거주분리모델과 최근 연구인 레이버의 정당경쟁모델이다. 쉘링의 연구는 복잡계와 행위자 기반모형의 측면에서 사회과학 분야에서 가장 선구적인 논문이라고 할 수 있다. 최근 프로그램을 이용해 행위자의 단순한 선호에 따라 인종거주분리라는 창발현상이 일어나는 것을 보여줄 것이다. 그리고 이를 이용해 한국의 지역주의의 형성과 강화, 지역주의의 변화 가능성을 살펴볼 것이다. 두 번째로 레이버의 정당경쟁모델은 행위자가 다른 행위자의 상호작용에 따라 적응하고 학습하면서 진화하는 보다 복잡한 행위자모형이다.[10] 레이버의 정당경쟁모델은 정당 지지자와 정당 지

10) 후기 행위자 기반계산모형의 기수는 조슈아 엡스타인(Joshua Epstein)이지

도자를 복합 행위자로 보고 서로에게 영향을 미치며 행동규칙을 변화해나가는 동학적 모델을 보여준다. 이 모델을 이용해 한국 정당경쟁의 모습을 설명할 수 있는지를 평가하려고 한다.

1) 초기 행위자 기반모형: 인종거주분리와 지역주의

1969년 쉘링은 "인종거주분리의 모델"(*Models of Segregation*)이라는 논문을 발표했다. 이 논문은 초기 행위자 기반모형의 대표적인 논문으로 평가받는다. 인종들 간의 거주지 분리(*segregation*)가 발생하는 원인은 인종차별주의와 같은 문화적 속성이나 의도에 의한 것이 아닐 수도 있으며, 단순한 행위자의 성향 때문에 이런 현상이 일어난다고 설명한다. 주변 이웃의 피부색이나 문화에 대한 선호도가 강하지 않은 경우에도 인종거주분리는 발생할 수 있다. 인종거주분리라는 창발현상은 일반 행위자들이 극단적 소수가 되기를 꺼리는 경우 발생할 수 있다는 것이다. 따라서 행위자의 관심과 행동규칙이 매우 지역적이라 하더라도 이들의 상호작용은 인종분리라는 거대한 규모의 구조를 창출할 수 있다. 쉘링의 모델은 "인간 세계에 대한 통찰을 얻으려면, 구성원 개인의 심리를 살펴봐야 한다는 고정관념을 버리고, 더 단순한 접근법을 따라야 한다는 것이다. … 사람이 원자나 분자처럼 단순한 법칙을 따른다고 생각하고, 그 법칙에서 나오는 결과가 어떤 패턴을 보이는지 알아보는 것"이 필요하다〔뷰캐넌 2010(2007) : 8〕.

만, 그의 연구 중 정당정치와 직접적으로 관련된 것이 없어 레이버의 연구를 선택했다. 그의 대표적인 모델로는 시민봉기(*civil violence*) 모형이 있다.

〈그림 7-2~5〉는 넷로고(NetLogo) 4.1 프로그램을 사용하여 보다 정교한 행위자 기반모형 방법으로 쉘링의 인종거주분리를 보여주는 모의실험을 한 것이다.[11] 쉘링의 원래 모델은 64개의 네모 칸에 60개에 행위자를 넣고 인종차별이 없는 형태로 초기 모델화했다. 아래 초기 모델의 환경은 2,000명의 인구를 임의적으로 분포시키고, 행위자로 2개의 다른 인종을 상정하여 색깔로 인종을 구분하였다. 초기 조건은 평균적으로 주변에 다른 두 인종이 약 50%가 있도록 하였다. 도시에 사는 두 인종은 이웃집의 인종에 민감하게 반응한다고 가정한다. 행위자의 규칙은 같은 인종과 가까이에 살고 싶어 하며, 같은 인종이 30%는 주변에 살아서 다른 인종에 의해 포위되는 것은 막으려고 한다고 가정한다.[12] 만약 행위자 주위에 같은 인종이 30%보다 적다면 가까운 곳으로 이동이 가능하도록 하였다. 시간이 지나감에 따라 같은 인종끼리 모이는 현상이 강화되고 결국 인종거주분리 현상이 발생한다. 〈그림 7-2〉가 초기 모델로, 다른 두 인종인 적색과 녹색이 임의적으로 분포되어 있다. 그러나 시간이 경과하면(이 모델에서는 13회) 적색과 녹색이 완전히 분리되는 인종주거분리 현상이 나타난다(〈그림 7-3〉). 초기 조건에서 주변 인종을 50%로 정했지만 동일 인종이 주변에 모여 사는 정도가 69.9%에 도달한다(〈그림 7-4〉 참조). 이와 동시에 다른 인종에 둘러싸여 불안감을 느끼는 사람들도 급격히 줄어든다(〈그림 7-5〉 참조).

---

11) 넷로고 프로그램의 자료실에서 쉘링의 모델을 제공한다. 실험자는 인구의 수, 최소 주변 동일 인종의 비율 등을 조정할 수 있다. 넷로고 프로그램은 무료로 아래 주소에서 다운받을 수 있다(http://ccl.northwestern.edu/netlogo/)

12) 쉘링의 모델에서는 이웃에 자신과 같은 피부색이 최소한 37% 이상인 경우 정착하고, 그보다 적으면 이사 간다는 행동규칙을 세웠다.

〈그림 7-2〉 초기 모델

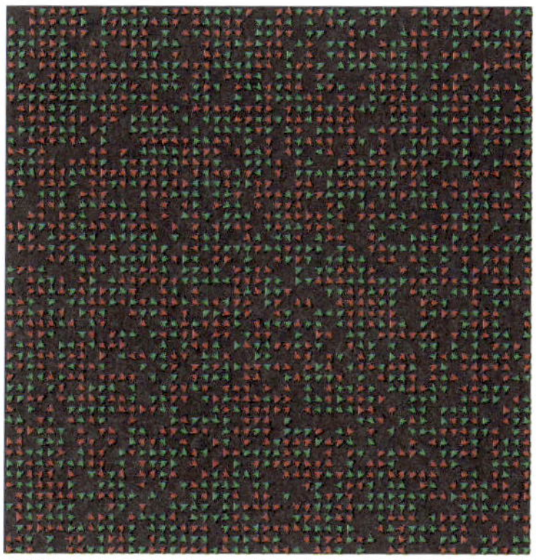

〈그림 7-3〉 후기 모델

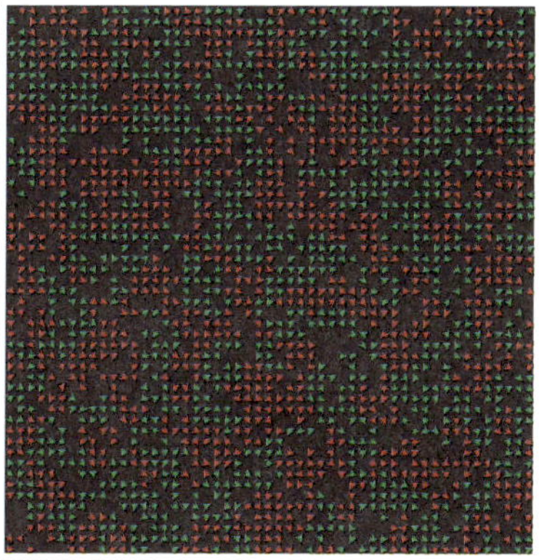

〈그림 7-4〉 주변 동일인종 비율

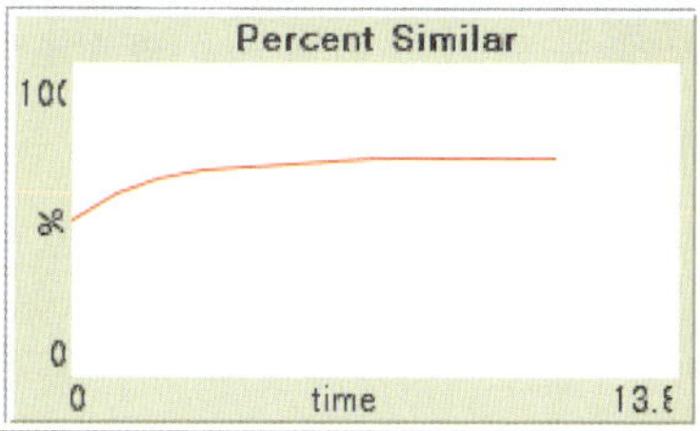

〈그림 7-5〉 불안감 비율

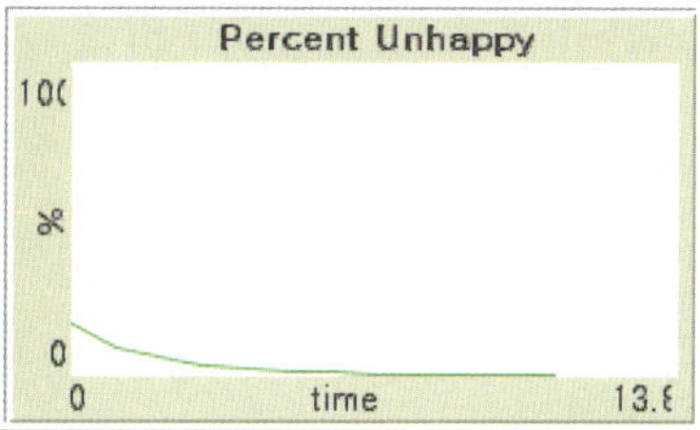

쉘링의 인종거주분리모델은 한국의 지역주의(*regionalim*)를 설명하는 데 많은 시사점을 준다. 넷로고 프로그램의 행위자 기반모형 사례 중 투표(*voting*) 모형이 있는데, 이 모형의 모의실험은 지역주의적 투표성향이 매우 쉽게 발생할 수 있다는 것을 보여준다. 그러나 행위자의 행동규칙에 변화를 준다면 집단적 투표행위는 발현되지 않을 수도 있다는 것을 모의실험을 통해 알 수 있다.[13] 투표모형은 매우 간단한 행위자 기반모형이다. 선거환경은 후보 A을 지지하는 사람(녹색)과 후보 B

를 지지하는 사람(청색)의 수를 같게 하고 임의적으로 분포시킨다. 행위자의 투표결정은 주변 사람들의 후보별 지지 분포에 따라 결정된다. 행위자의 주변에는 8명이 있고 그 중 5명 이상이 투표하는 후보에게 투표한다는 규칙이다. 만약 네 명이 후보 A, 다른 네 명이 후보 B를 지지한다면 자신의 지지후보를 변경하지 않는다.

모델에서는 두 가지 선택사항이 있다. 하나는 주변 사람들의 지지도가 같을 때 기존의 모델과 달리 자신의 기존 지지자를 변경하는 선택이다. 다음은 언더독(*underdog*) 효과의 한 유형을 모델에 포함시키는 것으로 한 후보에 대한 지지를 표명한 이웃이 5, 다른 후보에 대한 지지를 표시하는 이웃이 3인 경우에 다수가 지지하는 후보보다는 3명이 지지하는 언더독 후보에게 투표하는 경우이다. 〈그림 7-6〉은 넷로고 투표모형 인터페이스(*interface*)인데, 여기에 두 개의 스위치(*on*, *off*로 조절할 수 있는 창)가 있어 선택할 수 있다. 첫 번째 경우는 '동수일 경우 바꾸기'(*change-vote-if-tied?*) 스위치에서 선택할 수 있으며 두 번째 경우는 '경쟁적 약자 지원하기'(*award-close-calls-to-lose?*) 스위치에서 선택할 수 있다. 스위치를 '켜기'(*on*)로 변경하면 선택사항의 규칙이 적용된다.

두 가지 선택사항이 모두 '끄기'(*off*)로 되어 있는 초기 모델의 모의실험 결과는 〈그림 7-7〉이다. 쉘링의 인종거주분리와 매우 유사한 형태

13) NetLogo 행위자 기반모형의 사례를 사용하는 경우 아래 내용을 인용하도록 되어 있다. Wilensky, U. (1998), NetLogo Voting model, http:// ccl. northwestern. edu/netlogo/models/Voting, Center for Connected Learning and Computer-Based Modeling, Northwestern University, Evanston, IL. - Wilensky, U. (1999), NetLogo, http://ccl. northwe stern. edu/netlogo/, Center for Connected Learning and Computer- Based Modeling, Northwestern University, Evanston, IL

〈그림 7-6〉 넷로고 투표모형 인터페이스

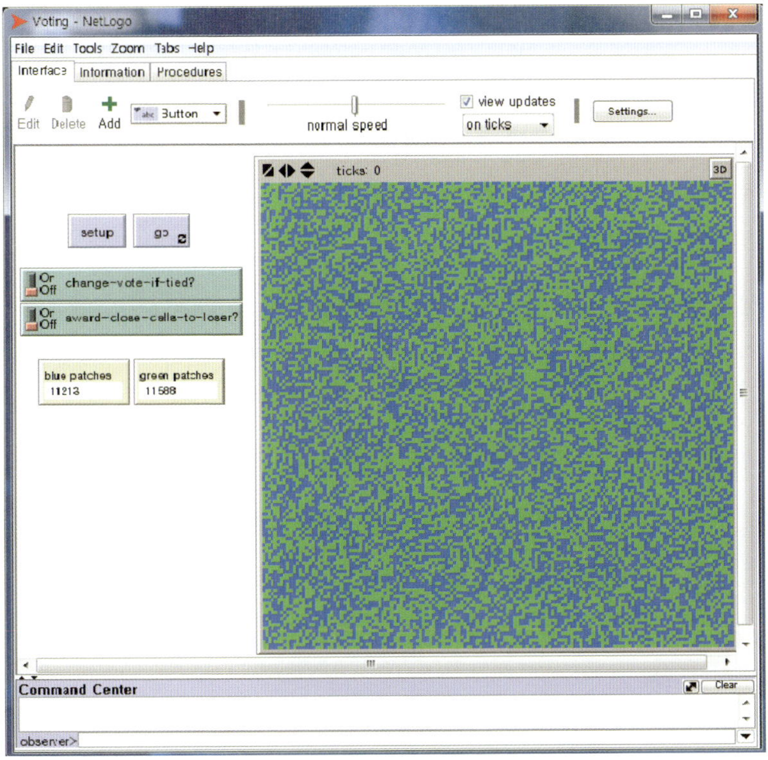

〈그림 7-7〉 선택사항 둘 다 '끄기'

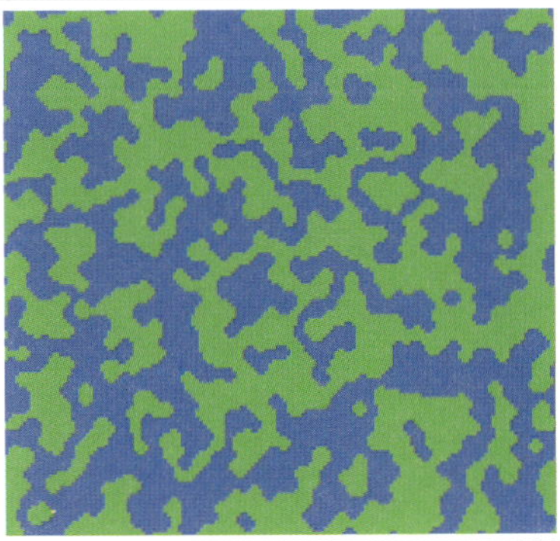

〈그림 7-8〉 *선택사항 둘 다 '켜기'

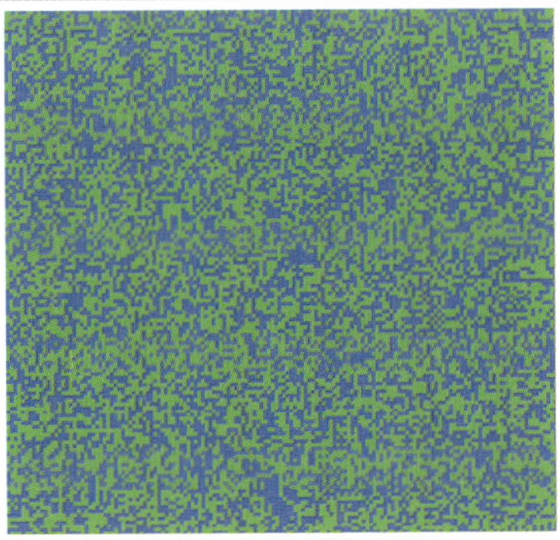

두 모의실험은 약 100회(about 100 ticks)의 상호작용 후 나타난 결과임.

로 나타난다. 이 결과는 선거환경이 두 후보에 공평하더라도 주변의 사람들의 의견에 쉽게 동조되는 경향을 보이면 집단적인 투표행태 현상이 나타난다는 점을 보여준다. 집단적 유사성과 정체성이 강한 한국의 지역주의에서는 이런 현상이 더 강화될 것으로 예상된다. 초기 모델에 변화를 주어 나타난 모의실험 결과가 〈그림 7-8〉이다. 〈그림 7-8〉은 주변 사람들의 지지도가 같을 때 기존의 모델과 달리 자신의 기존 지지자를 변경하여 투표하거나 한 후보에 대한 지지를 표명한 이웃이 5, 다른 후보에 대한 지지를 표시하는 이웃이 3인 경우에 다수가 지지하는 후보보다는 3명이 지지하는 후보를 선택하는 경우이다. 〈그림 7-8〉에서 보면 초기 환경과 매우 유사한 형태가 유지되는 것을 볼 수 있다. 물론 현실적으로 불가능한 일이겠지만, 이런 성향의 투표행태가 일어난다면 지역주의적 투표행태는 사라질 수도 있을 것이다.

2) 정당경쟁

레이버(Laver, 2005)는 기존의 정당경쟁 연구(Kollman, Miller & Page, 1992)를 기초로 다당제하에서의 정당경쟁(*party competition*) 모델을 만들고 모의실험 결과를 아일랜드 사례와 비교 분석하여 자신의 모델을 검증하였다. 그는 기존의 주류 정치학에서는 정당 간 정치적 경쟁을 주요 요인과 상호작용의 규칙이 외생적으로 이미 정해진 정적인 것으로 인식한다고 비판한다. 그리고 설사 정치학자들이 정치경쟁이 매우 복잡하고 동적인 과정이라고 인정하더라도 이런 과정을 모델화하고 설명할 수 없어 동적 분석을 포기한다고 주장한다. 레이버는 이런 복잡하고 동적인 과정을 행위자 기반모형을 사용하여 모델화한다면 현실정치에서 관찰된 경쟁을 동적으로 파악하고 현실을 보다 잘 설명할 수 있다고 주장한다.

레이버는 정당경쟁모델에서 행위자들이 개인 선호에 따라 개별적으로 의사결정을 할 수 있도록 모델화하는 행위자 기반모형을 사용하였다. 이 모델은 비록 전통적인 게임이론과 같이 공리를 이용해 증명하는 방식은 아니지만 보다 현실과 유사한 환경을 상정한다는 것이 장점이다.

레이버의 정당체제의 동학모델은 먼저 정당의 정책 위치와 유권자의 이상적 정책 위치를 임의적으로 분포시킨다. 유권자는 처음에 자신의 이상적 정책 위치와 가장 가까운 정당을 지지한다. 일단 유권자들이 어떤 정당을 지지하면 정당 지도자는 유권자의 정당 지지 패턴에 그 정당의 정책 위치를 적응시킨다. 정당 지도자가 정당의 정책 위치를 정하면 유권자는 재적응하고 이 중 자신의 이상적 정책 위치와 가장 가까운 정당을 지지한다. 다시 정당은 새로운 유권자의 지지 패턴에 따라 재적응한다. 결국 정당과 유권자는 지속적으로 상호작용하면서 적응하는 끊임없는 과정 속에 있다. 이런 점에서 정당의 경쟁체제는 복잡계의 성격과 매우 유사하다.

레이버는 정당(지도자)의 적응 양식을 네 가지로 구분하였다. 먼저 집합자형(*aggregator*)으로, 이는 정당 지지자와 가장 이념적으로 유사한 정책으로 적응하는 유형이다. 집합자형은 주로 정당 지도자보다 정당 지지자의 영향력이 강한 경우로, 정당 지도자는 정당 지지자와 가장 가까운 정책 위치로 재적응하고 지속적으로 정당 지지자의 선호 변화에 따라 위치를 재조정한다.

두 번째는 사냥꾼형(*hunter*)이다. 이 유형에서 정당 지도자는 지지를 더 받는 경우 정책적 변화를 계속해가며, 그렇지 않은 경우 기존의 입장과 반대되는 곳으로 임의적으로 이동한다. 이는 정당 지도자가 지지자로부터 자율성을 획득한 경우로 지도자는 좀더 많은 지지자를 얻기 위해 정당정책의 위치를 변경할 수 있다. 사냥꾼형의 경우 정당 지도자는 매우 간단한 규칙을 따른다. 파블로프(Pavlov) 식으로 이기면 기존의 결정을 유지하고 지면 바꾸는 규칙이다. 즉 지난번의 결정이 작동하여 지지를 확대했다면 그 전략을 유지하고 만약 그렇지 않았다면 새로운 것을 시도해보는 것이다.

세 번째는 약탈자형(*predator*)으로, 이 유형의 정당 지도자는 최대 정당의 정책입장 쪽으로 정당 정책 위치를 이동시킨다. 파블로브 학습과 정당 지도자가 비용 없이 사용할 수 있는 정보를 이용하는 방식이다. 특정 주기가 시작하기 전에 특정 정당이 다수정당이 아닐 경우 다수정당의 위치로 움직이고, 만약 이미 다수정당이라면 이 위치를 유지한다. 이런 전략은 유권자에 대한 정보가 부족할 때 사용할 수 있는 방법이다. 정당 지도자가 유권자의 정확한 이상적 위치를 알지 못할 때 적어도 좀더 많은 유권자가 다수정당의 정책적 위치와 매우 가깝다는 것을 알 수 있기 때문이다.

마지막으로 고정형(*sticker*)이 있다. 이는 정당정책을 절대로 수정하지 않는 유형이다. 보통 이념정당에서 나타나는 패턴으로 유권자의 이상적 정책 위치나 타 정당의 정책 위치와도 상관없이 기존의 정책 위치를 유지하는 유형이다.

단순한 모의실험에서 가장 우수한 정당 지도자 전략은 사냥꾼형으로 밝혀졌다. 비록 낮은 수준의 정보하에서도 파블로브 방식으로 정책 위치를 선정한 것이 가장 높은 지지를 유지하는 최선의 전략이었다. 사냥

〈그림 7-9〉 세 사냥꾼형, 하나의 약탈자형 정당체제의 경쟁 모의실험 결과

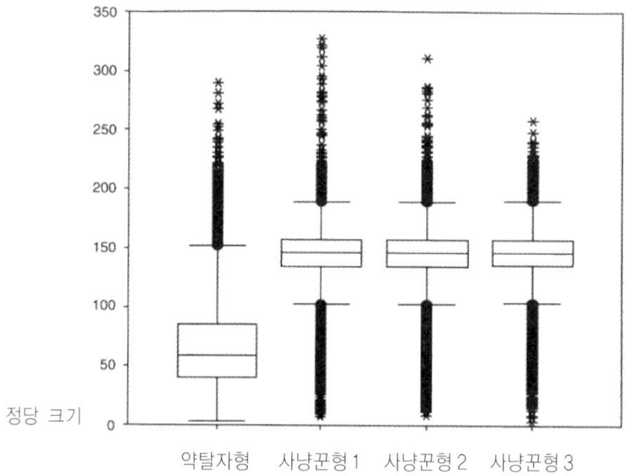

꾼형과 약탈자형, 사냥꾼형과 고정형의 대결에서도 모두 사냥꾼형이 우세한 것으로 나타났다. 〈그림 7-9〉는 정당 지지도를 보여주는 그림으로 사냥꾼형 정당이 약탈자형 정당보다 많은 지지를 받는 것을 알 수 있다. 레이버는 한국의 다당제 정당경쟁체제를 분석할 수 있는 모델을 제시하였다. 차후 한국 정당의 경쟁체제 전략을 파악하고, 이들 간의 경쟁을 모의실험한 후에 정당 지지율의 변화를 비교검토하는 작업이 필요하다.

4. 결론

복잡계에 대한 연구나 연구방법을 자연과학뿐만 아니라 사회과학에서도 점차 수용하고 있다. 한국 사회의 복잡성이 증가하면서 기존의 이론적 틀은 한계에 도달하였다. 복잡성 과학은 새로운 시각으로 정치사회

현상을 볼 수 있게 해준다는 측면에서 보다 많은 연구와 자료 축적이 필요하다. 정당정치 연구에서도 복잡계를 이용한 연구가 늘어나는 추세이다. 현실을 보다 정확히 모델화할 수 있는 복잡계 방법론을 이용한 한국 정치, 정당연구가 더 많이 진행되길 기대한다.

물론 복잡계 연구가 한국 정치를 모두 설명할 수 있는 것은 아니다. 모든 현상이 복잡계적 속성, 즉 창발성, 자기조직화, 프랙탈 등을 가지는 것은 아니다. 아직도 단순계적 설명으로도 많은 정치현상, 정당정치를 설명할 수 있기 때문에 기존의 방법론과 복잡계 방법론이 병행하여 발전한다면 한국 정치, 정당정치를 보다 잘 이해하여 이에 대한 효율적인 개선대안을 제시할 수 있을 것이다.

참고문헌

윤병수 · 채승병(2005), 《복잡계 개론》, 서울: 삼성경제연구소.

조희정 · 강장묵(2008), "네트워크 정치와 온라인 사회운동", 〈한국정치학회보〉 42권 3호: 311~332.

한 준(2009), "복잡계 이론과 사회과학", 2009년 사회과학연구원 학술대회 발표문, 서울대 사회과학대학.

Axelrod, R. (1997), *The Complexity of Cooperation: Agent-Based Models of Competition and Collaboration*, Princeton: Princeton University Press.

Beinhocker, E. (2006), *The Origin of Wealth: Evolution, Complexity, and the Radical Remakings of Economics*, 안현실 · 정성철 역(2007), 《부의 기원》, 서울: 랜덤하우스.

Buchanan, M. (2007), *The Social Atom*, 김희봉 역(2010), 《사회적 원자》, 서울: 사이언스북스.

Epstein, J. M. & R. Axtell(1996), *Growing Artificial Societies: Social Science from the Bottom Up*, Washington, D. C.: Brookings Institution Press.

Fowler, J. H. & O. Smirnov(2005), "Dynamic Parties and Social Turnout: An Agent-Based Model", *American Journal of Sociology*, *110*(4): 1070~1094.

Gilbert, N. (2008), *Agent-Based Models*, Thousand Oaks, CA: Sage Publications.

Johnson, S. (2001), *Emergence*, 김한영 역(2004), 《이머전스: 미래와 진화의 열쇠》, 서울: 김영사.

Kollman, K., J. H. Miller & S. E. Page(1992), "Adaptive Parties in Spatial Elections", *The American Political Science Review*, *86*(4): 929~937.

Krugman, P. (1992), *The Self-Organizing Economy*, 박정태 역(2002), 《자기조직의 경제》, 서울: 부키.

Laver, M. (2005), "Policy and the Dynamics of Political Competition", *The American Political Science Review*, *99*(2): 263~281.

Laver, M. & E. Sergenti(2010), "Party Competition: An Agent-Based Model", Princeton.

Miller, J. H. & S. E. Page(2007), *Complex Adaptive Systems: An Introduction to Computational Models of Social Life*, Princeton: Princeton University Press.

Schelling, T. C. (1969), "Models of Segregation", *The American Economic Review*, *59*(2): 488~493.

Simon, H. A. [1997(1945)], *Administrative Behavior*(4th eds), New York: Free Press.

Watts, D. (2003). *Six Degrees*, 강수정 역(2004), 《Small World》, 서울: 세종연구원.

제 8 장

온라인 매개적 접근*

장우영 대구가톨릭대
금혜성 SBS

1. 서론

급속한 정보통신기술 혁명이 한국 사회 전반에 미친 변화는 매우 심대하다. 그리고 인간과 사회를 더욱 조밀하게 연결하는 정보화 환경의 혁신에 의해 변화의 폭과 속도가 더욱 커지리라는 점에도 이론이 없을 것이다. 지난 10여 년간 우리 사회의 인상적인 정치실험 또한 상당 부분 ICTs (Information communication Technologies) 를 매개로 한 것이었다. 그 정치실험의 진원으로 간주되어온 인터넷은 최근에 들어 융복합과 웹 2.0 등 기술사회적 패러다임을 추동하며 이용자들의 정치 참여 잠재력을 더욱 크게 확대하였다. 이와 더불어 소수 특권세력의 전유물로 여

* 이 글은 〈21세기정치학회보〉 (21권 1호)에 게재된 원고를 수정한 것이다.

겨졌던 정치의 관념은 적지 않게 희석되었고 정치의 장은 일상의 생활세계로 깊이 침투되었다. 이러한 변화에 영향을 미친 사회정치적 요인들은 다양한데, 그 중에서도 뉴미디어를 매개한 다면적 연계·소통망의 확산은 특히 주의 깊게 각인된다. 요컨대 종래의 매스미디어는 독점적 정보생산자와 게이트키핑(*gate-keeping*) 그리고 일방향적 정보흐름과 수동적 수용자로 구성된 위계적 연계·소통 구조를 지속시켰다. 반면 근래의 뉴미디어는 독점적 정보생산자 집단의 해체, 게이트워칭(*gate-watching*), 그리고 쌍방향적 정보흐름과 능동적 공중으로 구성된 수평적 연계·소통 구조를 촉진한다. 나아가 ICTs의 부단한 진보는 앞으로 연계·소통 플랫폼을 다변화하여 온라인 정치과정의 심층과 저변을 더욱 확대할 것으로 전망된다.

뉴미디어를 매개한 정치과정의 혁신의 중심에는 정당이 자리 잡고 있다. 정당은 전통적으로 새로운 커뮤니케이션 기술과 미디어에 민감하게 적응하면서 내외의 위기에 대응하고 정치 자원을 충원해왔다(Sartori, 1976). 그리고 정당은 역사적으로 정당-시민사회 간의 커뮤니케이션 양식변화에 조응하는 발전경로를 보였다. 즉, 면대면(*face-to-face*) 소통에서 비인격적(*impersonal*) 소통으로의 구조적 변화는 정당의 조직, 기능, 사회적 관계, 캠페인 전략에 폭넓은 영향을 미쳤다(장우영, 2007). 나아가 오늘날의 정당은 웹은 물론 모바일과 소셜 미디어(*social media*)를 매개로 연계와 소통의 밀도를 비약적으로 증대하고 있다. 이러한 정황은 현대 정당정치 연구에서 다양한 온라인 매개 접근(*online mediated approach*) 방법들이 활용되어야 한다는 것을 시사한다. 즉 비대면적 상호작용과 광활한 정보 흐름 같은 온라인의 공간적 특성으로 인해 정당정치의 단서들을 기술적으로 포착하고 분석할 수 있는 연구방법의 개발과 동원의 과제가 뒤따른다. 이를 위해서는 전통적 사회과학 연구방법의 수용과 더불어 학문 간 경계를 넘어서는 새로운 연구방법의 교류와 창안이 필요하다. 특히 온라인공간이 네트워크 기반의 유기체적 아키텍처라는 점에서 기술공학적 접근 방법의 활용은 더욱 적극적으로 요청된다.

이 연구의 목표는 온라인공간의 정당정치 연구방법을 고찰하고 이를 활용한 연구 동향과 쟁점을 분석하는 것이다. 10여 년의 정치실험이 그러했듯이 정치학 연구에서 ICTs와 같은 기술적 변인이 차지하는 비중 또한 점증해왔다. 근래에 기술은 인간 행동을 촉진하거나 억제하는 제도로서의 위상을 점하고 있다. 따라서 이 새로운 분석변수를 효율적으로 다루는 연구방법의 동원은 연구자들이 담당해야 할 중요한 몫이 되었다. 즉 종래의 사회과학 연구방법을 혁신하거나 통학문적으로(*inter-disciplinary*) 새로운 연구방법을 창안·교류해야 할 필요가 커진 것이다. 이러한 맥락에서 이 연구는 우선 온라인 정당정치 분석에 활용되어 온 연구방법들의 개요와 의의를 논의한다. 다음으로 제반 접근 방법들에 의해 수행된 연구의 동향과 쟁점 및 한계를 고찰한다. 그리고 결론에서는 분석 요지를 정리하고 향후 연구의 과제를 모색하기로 한다. 이 글은 시론적 연구라는 점에서 연구자들이 온라인 매개 접근법에 기초한 정당정치 연구 동향을 전반적으로 검토할 수 있는 단초를 제공해줄 것으로 기대된다.

2. 온라인공간의 정치과정, 왜 다양한 연구방법이 필요한가?

온라인공간은 현실을 시공간적으로 확장하여 물리적 공간과 중첩됨과 동시에 독립적인 인간 행동의 장이다. 이 새로운 공간은 정치학 연구자들에게 있어 종래의 정치과정을 재구조화하는 블랙박스로 이해된다. 왜 그런가? 우선 그것은 기존의 정치과정의 주변부에 위치한 개인들에게 적지 않은 정치적 실존의 의미를 향유하게끔 한다. 민주주의의 발전에도 불구하고 시민으로 일컬어지는 절대 다수의 개인들은 권력지도와 일상적 정치 참여에서 배제되었다. 이는 정치적 효능감(*political efficiency*)의 저하와 그로 인한 대의민주주의 위기의 주된 요인이었다. 이러한 면에서 온라인공간은 참여비용을 감소시켜 다양한 목소리의 발화에서 조직화와 행동주의(*activism*)에 이르기까지 개인의 정치적 권능을 증대하고 있다.

다음으로 그것은 정부와 정당을 비롯한 기성 정치집단의 반응성과 책임성을 고무한다. 민심의 향방을 지시하는 다양한 온라인 기제들은 이들에게 적지 않은 관심과 긴장을 초래한다. 이에 따라 여론의 수용력이 강화되는 것은 물론 시민들과의 능동적 상호작용과 정책수립이 촉진될 수 있다. 정치엘리트 개인 수준에서 이러한 대응은 더욱 기민하고 활발하다. 중개조직을 우회한 시민과의 직접적인 커뮤니케이션은 지지층을 비롯한 정치적 자산 확보에 효율적이기 때문이다. 그리고 이는 정당의 조직기율로부터의 정치인의 자립과 세력화에도 크게 영향을 미친다.

이처럼 온라인공간은 행위자들에게 재활의 기회를 제공함으로써 정치과정의 변화와 역동성을 배가해온 것으로 여겨진다. 그렇다면 온라인 정치과정의 메커니즘은 어떻게 분석될 수 있는가? 물리적 공간과 마찬가지로 이 세계에서의 정치과정을 독해하는 방법은 유일하지 않다. 오히려 익명의 개인들과 이들을 잇는 거대한 정보 흐름 속에서 행동의 규칙성과 특이성을 규명하기 위해서는 더욱 과학적인 연구방법이 폭넓게 활용될 필요가 있다. 그렇지만 정치학 연구자들이 이를 논의하고 구체화하기 시작한 것은 비교적 최근의 일이다. 즉 학문적 관심사로 포착하기에는 정보통신혁명의 진전이 너무나 급격하였기 때문에, 초기에는 ICTs의 잠재력을 강조한 전망적 연구가 주를 이루었다. 이로 인해 연구자의 낙관적 혹은 회의적 선입견이 개입되거나, 단편적 사례분석을 통한 과도한 일반화가 표출되기도 하였다. 따라서 이러한 문제에 대한 연구자들의 성찰로부터 다양한 시각에서의 접근과 적실한 연구방법이 모색되기 시작하였다.

온라인 정치과정 연구는 기본적으로 인터넷으로 표상되는 뉴미디어와 정치 커뮤니케이션 연구의 연장선상에 놓여 있다. 뉴미디어는 매스미디어와는 달리 수용자 간의 다면적 상호작용에서 존립의 근거가 발생한다. 아울러 기술적 진화가 시시각각으로 반영되어 소통과 연계의 방식이 급속하게 다변화되는 것도 매스미디어와의 주요한 차이점이다. 이러한 미디어 특성에 따라 온라인 정치과정은 비대면적·비적소적 성격을 띤다. 그리고 이에 대한 분석은 아키텍처(*architecture*), 플랫폼(*platform*), 트래픽(*traffic*), 네트워킹(*networking*), 프로파일(*profile*), 콘텐츠(*content*)와 같은 포착하기 어려운 단서들로부터 시도된다. 이 각각의 단서들은 상호 연동적으로 기능하면서 온라인공간의 정치적 구조, 행태, 세력관계를 지시한다. 우선 구조적인 측면에서 아키텍처는 〈그림 8-1〉에 도해된 바와 같이 온라인공간의 계층을 구획하고 규약

〈그림 8-1〉 인터넷 계층구조 및 정보 흐름의 개념도

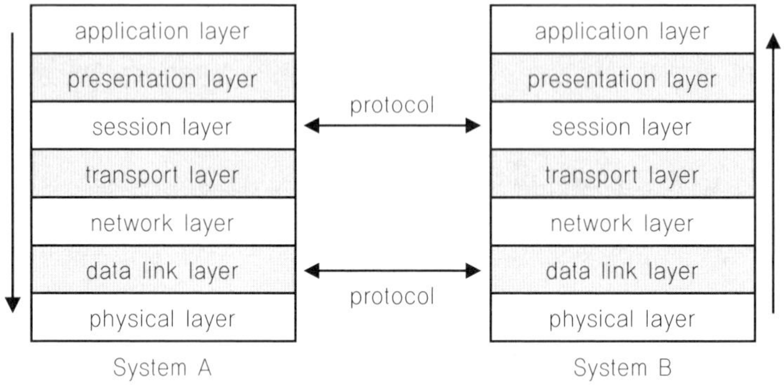

(*protocol*) 에 따라 하드웨어와 소프트웨어의 개입을 허용 또는 불허하면서 이용자 접속 및 정보의 생성 · 유통 · 현시를 구조화한다.[1] 따라서 온라인공간의 정치적 성격은 일차적으로 아키텍처의 설계 방식에 따라 좌우된다. 예컨대 권위주의 체제는 인터넷의 계층을 침해하여 검열과 차단을 제도화함으로써 정치 참여를 제약할 수 있다. 아키텍처가 온라인공간의 거대 하부구조라면, 플랫폼은 웹사이트와 같은 가시화된 개별 웹공간(*web sphere*) 의 미시적 상부구조이다. 개별 웹공간은 특정 기능들을 활성화하여 이용자들을 불러들이고 그들의 행동 습성을 선택적

---

1) 〈그림 8-1〉은 이용자들 사이에서 원활한 정보교환과 커뮤니케이션이 이루어지도록 계층(*layer*) 별로 구획된 표준 네트워크 아키텍처 개념도이다. 인터넷상의 정보들은 각 계층의 프로토콜에 의해 최상층의 응용 계층에서 디지털화되고, 링크 계층에서 패킷으로 분할되고, 네트워크 계층에서 기억장치에 담겨져, 링크 계층에 의해 물리적 계층에 전달된다. 요컨대, 이러한 아키텍처의 특성은 '계층화, 수직적 위계화, 수평적 네트워킹'으로 요약된다. 소프트웨어나 물리적 장치에 의한 계층 침해는 아키텍처 성격을 변형시켜 인터넷의 통제를 초래할 수 있다.

으로 유인할 수 있다. 웹공간은 초기에는 주로 정보제공과 관여에서 출발하여 최근에는 연계와 동원으로 정치적 기능을 확대하고 있다.

아키텍처와 플랫폼 외의 다른 단서들은 주로 정치 참여 행태와 정치적 세력관계를 드러내는 가늠자이다. 트래픽은 이용자 도달률, 접속 규모, 체류시간, 페이지뷰 등을 포괄하는 집합적 지표를 통해 개별 웹공간의 정치적 영향력을 드러낸다. 아울러 이용자의 반복적인 웹공간 유출입 경로분석을 통해서 그의 정치적 관심도와 이념 성향을 추론할 수 있다. 프로파일은 웹공간 참여자의 성·연령·지역·직종 정보를 집체적으로 나타낸다. 정당을 비롯한 정치집단들은 자신의 웹사이트 로그 파일 분석을 통해 지지·관심 계층을 파악하고 표적화된 동원 전략을 추진할 수 있다. 네트워킹은 웹공간, 집단, 개인 상호 간의 연결망 구조와 정치적 세력관계를 표현한다. 네트워킹되어 있는 각 노드들은 개별 혹은 집합적 수준의 노드정체성(*nodality*)을 가진 것으로 이해된다. 따라서 노드의 크기 및 다른 노드들과의 연결 규모와 방향성은 온라인 정치행위자의 성향과 영향력을 드러낸다. 나아가 계량적으로 표현되는 네트워크 중심성(*centrality*)과 유사 노드들 간의 밀집도(*density*)는 정치행위자들 간의 세력관계 및 통합성을 보다 구조적으로 나타낸다. 마지막으로 콘텐츠는 개별 웹공간과 참여자들의 이념 성향 및 정치적 목표와 전략을 가장 직접적이고도 가시적으로 드러내는 단서이다. 집적된 콘텐츠에 대한 내용분석은 온라인공간의 의제설정 경쟁도와 지배적인 여론을 매우 명료하게 보여준다. 나아가 정치하게 설계된 분석유목은 의견교환과 토론의 합리성을 측정함으로써 숙의민주주의(*deliberative democracy*)의 수준을 가늠케 한다.

종래의 정적인 미디어·수용자 연구방법으로는 온라인 정치과정에 대한 적실한 분석을 수행하기 어렵다. 무엇보다 그 속성을 포착하기 어려운 상기의 단서들을 분석적으로 다루는 것이 용이하지 않다. 따라서 기존 연구방법을 혁신하거나 새로운 연구방법을 통학문적으로 창안·교류하는 시도가 점증되었다. 우선 내용분석, 참여관찰, 설문조사와 같은 사회과학의 전통적 연구방법들이 웹의 기술적 이점을 통해 활성화되었다. 나아가 기술공학적 연구방법의 수용에 의해 트래픽, 네트워킹, 프로파일 등 비가시적인 정보 흐름과 이용자 속성 및 관계의 규명이 활발해지고 있다. 온라인 매개 접근으로 통칭할 수 있는 이 연구방법들은 크게 이용자 중심 접근과 콘텐츠 중심 접근으로 분류된다. 최근의 연구들에서는 온라인 정치과정의 인과적 규명을 위해 양 접근을 복합적으로 활용하는 추세가 두드러진다. 그렇지만 데이터를 구축하고 기술적 도구를 활용하는 분석절차에서 상당한 난제가 뒤따르는 것이 사실이다. 즉 분석데이터에 대한 접근의 제약(정보기본권과의 충돌 등), 방대한 데이터의 실시간적인 아카이빙과 분류, 표집 데이터의 대표성 확보, 데이터의 효율적인 가공과 처리, 연구 설계에 부합하는 기술적 분석도구 동원 등의 문제가 그것이다. 이러한 난제들은 학문 경계를 넘어서는 연구자들의 폭넓은 인식론적 공유와 연구방법론의 교류 및 나아가 연구 후방집단의 과감한 지원 필요성을 역설한다.

3. 온라인 정당정치 연구방법: 세 차원의 온라인 매개 접근

1) 전통적 연구방법의 혁신

온라인상의 정치과정을 분석하는 데 있어 기존의 질적 양적 연구방법들은 가장 빈번하게 활용된다. 기존 연구방법들은 크게 세 가지로 구분할 수 있는데, 질적 연구방법으로서의 내용분석과 참여관찰, 그리고 양적 연구방법으로서의 설문조사가 있다. 이 전통적인 연구방법들은 온라인이라는 비대면적·비적소적 환경에서 발생하는 텍스트 기반의 행위 및 행위를 유발하는 동기를 분석하는 데 활용된다. 오프라인보다 온라인에서 이 연구방법들의 활용에 따른 기능적 이점이 더 크다. 오프라인에서는 조사분석을 위한 준비 기간이 길고, 실험 환경의 변화 및 비용 측면에서 변수 발생의 가능성이 크기 때문이다. 반면 온라인공간은 자료에 대한 접근이 비교적 용이하고, 짧은 시간 내에 자료 수집과 이에 대한 분석이 이루어지며, 자료 수집 비용이 상대적으로 저렴하다는 장점을 갖는다.

(1) 온라인 내용분석

내용분석은 가장 보편적으로 활용되는 연구방법으로, 주로 인터넷상에서 교류되는 문자 텍스트의 내용을 분석하고 그 의미를 해석한다. 온라인 내용분석(Content Analysis)은 특정한 온라인공간에서 발생하는 메시지 스레드(*message thread*)들을 종합하여 그 의미와 요소들을 분석하는 방식이다. 이 연구방법은 특정한 키워드의 등장 빈도, 분석유목에 의거한 문맥의 의미 및 기타 수치들의 코딩(*coding*)을 근거로 메시지

〈표 8-1〉 내용분석의 수행 절차

단계	절차
개념화 및 목적	문제 파악
	이론 및 연구 검토
	구체적인 연구문제 및 가설 제기
설계	관련된 내용 정의(분석유목 설정 포함)
	형식을 갖춘 설계 구체화
	기표 작성
	조작화(코딩 프로토콜 및 용지)
	모집단 및 표집 계획 구체화
	사전 조사 및 신뢰도 검증절차 수립
분석	데이터 처리(신뢰도 확립 및 내용 코딩)
	통계적 절차 적용
	결과 해석 및 보고

출처: Riffe, Lacy & Fico(1998).

의 상관성을 도출한다. 오프라인에 비해 온라인상의 자료는 최신성과 개방성의 정도가 높기 때문에 자료 접근성이 우수하다는 장점을 가진다. 또한 최근에는 제한적이긴 하지만 키워드 인식과 빈도를 자동으로 코딩해주는 다양한 텍스트 마이닝 소프트웨어들[2]이 개발되어 신속한 분석이 가능해졌다. 그렇지만 한국어 분석을 적실하게 수행할 수 있는 소프트웨어가 없는 것은 아쉬운 점이다.[3] 그리고 접근을 허용하지 않는 폐쇄적 성격을 갖는 게시판이나 토론방의 경우 분석이 불가능하다

2) 텍스트 마이닝(Text Mining)이란 비정형 데이터를 대상으로 자연언어처리 기술과 문서처리 기술을 이용해 유용한 정보를 찾아내는 기술로써 대표적인 소프트웨어로는 AeroText, RapidMiner(무료), Diction 등이 있다.

3) 영남대학교에서 개발한 KrKwic은 한국어 내용분석이 가능하지만, 일반적 내용분석보다는 키워드 기반의 네트워크 분석에 적절하다.

는 단점이 있다.

정당 웹사이트와 시민 토론방 등 정치공론장(*political public sphere*)에 대한 온라인 내용분석은 의제설정의 경합 구도, 여론형성 메커니즘, 이용자 상호작용성, 메시지 및 커뮤니케이션 형식, 숙의(*deliberation*)의 수준, 정당 및 정치인의 반응성 등을 폭넓게 고찰할 수 있다는 장점이 있다. 정당의 입장에서도 여론 대표성이 높은 공론장 메시지에 대한 주기적 내용분석은 온라인공간의 주요 쟁점과 여론의 흐름을 파악하는 데 큰 도움이 된다. 특히 온라인공간에서 발원하여 오프라인으로 역진해 가는 역의제 설정(*reverse agenda setting*) 현상이 증대하기 때문에 내용분석의 현실적 필요성은 더욱 커지고 있다. 온라인 내용분석은 그 대상을 메시지에서 인터페이스(*interface*), 즉 메시지의 전달 기제로 확대하기도 한다. 가령 깁슨과 워드(Gibson & Ward, 2000)는 인터페이스의 기능적인 속성을 표현성(*presentation*), 접근성(*accessibility*), 가항성(*navigability*), 참신성(*freshness*), 책임성(*responsiveness*), 가시성(*visibility*)으로 구분하여 선거 메시지 전달 효과를 분석한 바 있다. 이러한 인터페이스 분석은 최근에 웹 피처 분석으로 수렴되어 주로 웹캠페인 연구에 폭넓게 활용된다.

(2) 온라인 참여관찰

참여관찰(Participant Observation)은 연구자가 직접 관찰대상 집단의 내부에 가담하여 공동생활에 참여함으로써 문제를 관찰하고 이에 대한 해답을 구하는 방법이다. 이 연구방법은 정당의 홈페이지 운용 효과, 온라인 커뮤니티에서의 정치토론 및 집단행동, 정책 입안의 효용성 등의 분석에 활용된다. 가령 연구자가 정부 및 정당 사이트에 직접 글을 게시하고 정부 및 정당의 대응을 관찰하거나 댓글의 진행과정을 살피는 것을 예로 들 수 있다. 또한 토론방이나 게시판 등 다양한 온라인 공론장에 연구자가 직접 글을 올리거나 토론에 참여함으로써 문제해결의 과정에서 드러나는 대상 집단의 커뮤니케이션 행태, 이해표출 과정 및 갈등, 그리고 집단행동의 가능성 등을 직접 관찰하는 것도 방법이다. 이 같은 온라인 참여관찰의 장점은 첫째, 외부로 잘 드러나지 않는 집단 내의 특수한 감정 및 행위의 동기와 생태적 특성까지도 직접 경험할 수 있고, 둘째, 관찰대상의 자연성과 유기적 전체성, 즉 관찰대상을 자연적인 상태에서 파악할 수 있으며, 셋째, 참여과정의 단순성, 신속성으로 인해 지역적 · 문화적 · 인종적 · 계층적인 참여 방해요인 등으로부터 비교적 자유로울 수 있다(정연정, 2001).

(3) 온라인 설문조사

온라인 설문조사(Online Survey)는 기존에 전화, 면접, 우편으로 실행하던 설문조사를 웹페이지로 대체하여 인터넷이나 통신망 이용자를 대상으로 실시하는 방식을 말한다. 온라인 설문조사는 컴퓨터를 사용한다는 점에서 기존 설문조사와 차이점을 가진다. 특히 초고속 인터넷이 빠르게 보급되면서 이를 통한 직접 질문과 응답 데이터의 구축은 전통적인 자료 수집의 대안으로 주목받고 있다. 온라인 설문조사는 설문방식에 따라 배너 조사와 이메일 조사로 구분되고, 설문대상에 따라 일반조사와 패널 조사로 나뉜다. 포털사이트에서 이루어지는 제반 설문조사는 주로 배너 조사의 형태를 띠는 경우가 많고 근래에는 응답률 확보 차원에서 패널(*panel*)을 구성한 설문조사가 이루어지는 경향이 두드러진다.

오프라인 설문조사와 비교했을 때, 조사방법론 자체에서는 큰 차이가 없지만 간편성, 신속성, 비용의 측면에서 온라인 설문의 장점이 부각된다. 부연하면 온라인 설문조사의 장점으로는 첫째, 자료 수집을 위한 면접원이나 전화 상담원이 필요 없기 때문에 간편하다(Garton et al., 1999). 둘째, 동시다발적으로 다양한 계층의 사람들이 참여 가능하며, 전문가 또는 계층적·문화적으로 특수한 성격을 띠는 집단에 대한 접근성이 용이하기 때문에 신속하고 시간 효율적이다(Garton et al., 1999; Wellman, 1997). 셋째, 전통적인 설문에 비해 설문조사를 실시간으로 수행할 수 있으며 응답 자료의 신속한 회수가 가능하다(Taylor, 2000; Yun & Trumbo, 2000). 넷째, 설문조사 비용이 상대적으로 저렴하며 표본수가 증가해도 추가비용이 거의 들지 않는다(Llieva et al., 2002). 이 밖에 웹페이지로 설문이 실시되기 때문에 다양한 멀티미디어와 인터페이스의 활용이 가능하다. 반면 단점으로는 첫째, 대면방식이 아니기 때문에 설문항목이 이해되지 않는 경우 잘못된 응답으로 인해 신뢰도가 떨어질 수 있다. 둘째, 인터넷 사용자를 대상으로 하기 때문에 비 인터넷 사용자가 제외됨으로써 응답자의 대표성이 취약할 수밖에 없다.

이 같은 단점에도 불구하고, 인터넷이 보편화되는 가운데, 앞서 말한 간편성, 신속성, 비용효율성 등의 장점들로 인해 온라인 설문은 그 중요성이 더해지고 있다. 예를 들어, 선거 이전에 유권자들의 투표의사를 묻거나, 네티즌들의 정치성향 혹은 정당 선호도 파악, 그리고 정치적 이슈에 대한 국민여론조사 등이 빈번하게 온라인 설문을 통해서 이루어진다. 특히 선거를 앞두고 투표율이나 당선자 예측을 파악하기 위한 설문조사는 많은 사람들을 대상으로 신속하게 이루어져야 하기 때문에 메일이나 전화, 방문을 통한 설문은 효율적이지 않다. 반면 온라인 설문을 통해서는 이러한 문제점들을 극복할 수 있다. 정당의 경우 표적화된 특정 네티즌 그룹의 여론을 청취할 수 있으며, 정보격차가 크게 해소됨에 따라 온라인 여론의 대표성도 개선되고 있다.

2) 이용자 중심 접근: 웹 로그 분석

기존의 연구방법 외에 온라인공간의 정치 행위자들을 직접 분석하여 의미를 파악하는 새로운 방법들이 창안되고 있다. 그 중 웹 분석(Web Analysis)은 방문자가 웹사이트에 남긴 발자국, 즉 웹 로그들(*web logs*)을 분석하는 절차이다. 이 같은 분석방법은 온라인에서 활동하는 행위자의 움직임을 추적하고, 그 과정에 연관된 다른 행위자 및 웹사이트와의 관계를 파악하고 의미를 해석하는 것을 목적으로 한다. 웹 로그 분석은 특정 온라인공간 이용자의 발자취를 추적하여 그 이용자의 특성, 성향, 의도 등을 분석하기 때문에 이용자 중심(*user-centric*) 분석방법으로 분류된다. 이용자 중심 분석방법은 방대한 양의 데이터 분석을 통해 논지를 일반화할 수 있는 장점을 가지는 반면, 일반화가 가능할 정도의 데이터를 수집하기 위해서는 상당한 시간과 데이터 분석을 위한 비용이 수반된다.

(1) 웹 트래픽 분석[4)]

트래픽 분석은 웹 로그 분석방법 중 가장 대표적인 기법이다. 트래픽은 해당 사이트에서 사용하는 프로그램 등의 파일이나 이미지의 전송량 즉, 사이트가 한 번 열릴 때마다 불러들이는 파일과 이미지 크기의 총합을 일컫는다. 트래픽 분석이란 대상 사이트의 트래픽을 수집하여 해당 사이트의 이용 현황을 모니터링하고 그 추세를 분석하는 것이다(윤성호 외, 2009). 이를 위한 트래픽 분석지표로는 사이트 방문자수, 페이지뷰, 체류시간 등이 있다. 이 지표들은 기본적으로 정보제공자로서의 웹사이트의 가치를 나타내며, 이렇게 분석된 트래픽 정보는 해당 사이트에 접속하는 이용자들의 개별적·집체적 특성과 기호, 경향 등을 파악하는 데 활용될 수 있다. 예를 들어 정당은 정치적 관심과 우호적 이미지를 소구하여 유권자들을 흡인하고 지지를 얻기 위해서 웹사이트를 구축한다. 따라서 이 웹사이트의 구조와 기능이 실제로 목적에 부합하여 작동하는지를 이해하는 것이 중요하다. 이를 위하여 웹사이트가 담고 있는 어떤 부분 — 예컨대, 당원소개, 정책, 발언대 등 — 의 트래픽 추이가 어떠한지 그리고 타 정당이나 정치집단에 비해 비교 우위를 섬하는지 등을 파악할 수 있다. 트래픽 분석은 홈페이지 방문자가 하는 모든 행동을 추적하여 의미 있는 정보를 수집, 분석함으로써 잠재적 유권자 혹은 지지자들이 정당으로부터 무엇을 기대하는가를 파악할 수 있게 한다.

웹 트래픽 분석(Web Traffic Analysis)은 크게 행위자의 움직임을 추적하여 분석하는 행위자 중심(*actor-centric*)의 측정방법과 행위자가 방

4) 웹 트래픽 분석의 설명은 김상훈·이시훈(2002)의 논의를 토대로 진행하였음.

〈표 8-2〉 주요 트래픽 분석 지표의 개념

지표	설명
도달률 (reach rate)	조사기간 동안 전체 패널 구성원들 중에서 특정 웹사이트의 방문자 비율
유지율 (revisit rate)	조사기간 동안 특정 웹사이트 방문자들이 그 웹사이트를 재방문한 비율
순방문자수 (unique visitor)	조사기간 동안 특정 웹사이트의 일일 중복되지 않은 방문자수
체류시간 (duration)	조사기간 동안 특정 웹사이트 방문자들의 평균 체류시간
페이지뷰 (page view)	조사기간 동안 특정 웹사이트 방문자들이 탐색한 평균 페이지수

출처: 김근배 · 임병훈 · 최성아(2002).

문한 사이트를 중심으로 분석하는 사이트 중심(*site-centric*) 측정방법이 있다. 행위자 중심의 측정 방식은 실제 인터넷 이용자의 컴퓨터에 특정 프로그램을 넣어서 이용자의 모든 인터넷 내비게이션 패턴 자료를 조사 회사의 서버로 가져와서 분석하는 방식이다(이석기, 1998; Cohen, 1996). 이 방식은 사전에 패널을 구성하여 그 패널로부터 트래픽 자료를 수집하는 패널 방식과 패널을 구성하지 않고 최대한의 로그 데이터를 수집하여 분석하는 비패널 방식이 있다. 패널 방식은 비패널 방식에 비해 더 많은 이용자 프로파일을 수집하여 다양한 분석을 할 수 있다는 장점을 갖지만, 전집을 구성하기 어려운 인터넷 이용자 특성상 표본의 대표성이 문제가 된다. 반면, 비패널 방식은 최대한의 로그 데이터를 수집하여 분석하기 때문에 대표성을 확보할 수 있다는 장점을 지닌다. 사이트 중심 측정 방식은 이용자가 사이트를 방문해서 탐색하는 과정들이 사이트의 서버 컴퓨터에 로그 파일(*log file*)의 형태로 기억되는데,

〈표 8-3〉 사이트 중심 측정방법과 이용자 중심 측정방법 비교

구분	사이트 중심	이용자 중심	
		패널 방식	비패널 방식
목적	• 사이트 공신력 확보 • 광고주 유치에 활용	• 정확한 레이팅 측정 • 마케팅 데이터 확보	• 표본의 대표성 확보 • 광범한 자료 수집
장점	• 전수조사 • 분석의 용이성	• 이용자 프로파일 분석 가능	• 대규모 자료 수집
단점	• 이용자 프로파일 분석 곤란 • 측정의 정확성 논란	• 표본 추출이 어려움 • 시간과 비용이 많이 듦	• 이용자 프로파일 분석 제한적
서비스 회사	• KABC • Double Click 등	• Internet Matrix, Nielsen • Intel Research 등	• ALEXA • Web Pattern Technology 등

출처: 김상훈 · 이시훈(2002).

이러한 로그 파일 분석을 통해 사이트의 트래픽을 측정함으로써 효과와 공신력을 입증하기 위해 실시된다. 이 방식은 전수조사이고 분석이 용이하다는 장점이 있으나, 방문자의 프로파일을 알 수 없다는 한계를 지닌다. 또 로그 파일에 기록된 IP(Internet Protocol) 주소 분석을 통해 방문자를 인식하는데, 이때 동일한 IP 주소를 여러 사람에게 부여하는 경우, 한 사람에게 다른 IP 주소를 할당하는 경우, 그리고 인터넷 서비스 업체에서 복수의 서버를 운영하는 경우 등에는 로그 파일의 기록을 분석해서 청중을 정확하게 측정할 수 없는 것 또한 단점이다.

(2) 사회연결망 분석

사회연결망 분석(Social Network Analysis)은 사회적 관계(혹은 연결망)에 대한 분석을 통해 사회구조를 연구하는 방법을 말한다. 이 분석방법은 사회현상을 독립된 개체들의 특성의 합으로 보는 환원론적 입장과는 달리, 독립적 개체들 사이에 맺어지는 관계의 습성을 이해하고 그를 통해 개체를 정의하고 여러 가지 사회적 현상에 대한 해석을 찾는다. 다시 말해, 사회적 구조와 개인의 행위를 연결시키는 방법론이다. 따라서 이 분석방법은 '사회는 개인의 특성의 합 이상'이라는 출현적 속성을 언급한 뒤르켐(Emile Durkheim)과 '관계의 기하학'을 주창한 짐멜(Georg Simmel)이 주장했듯이 관계론(*relationalism*)에 그 철학적 기반을 둔다(이재열, 1996). 사회연결망 분석은 1930년대 인적 네트워크를 관찰하기 위한 계량 사회학적 기법이 발전하면서 개발되었다. 이 분석방법은 집단을 구성하는 구성원 간의 관계를 그래프로 가시화함으로써 연결구조의 속성을 이해함과 동시에 네트워크 내에서 핵심적인 역할을 수행하는 개체를 파악할 수 있도록 한다. 밀그램(Stanley Milgram)이 실시한 좁은 세계(*small world*) 실험이 가장 잘 알려진 사회연결망 분석의 적용 사례이다. 밀그램은 미국 내의 모든 사람들이 단지 6단계의 연결로 타인과 분리되어 있다는 전제를 바탕으로 실험을 진행했으며, 이를 통해 '분리의 6단계'(*six degrees of separation*)라는 개념을 창안한 바 있다.

사회관계망 분석은 자료의 성격에 따라 전체 사회적 관계망의 양상에 대한 분석을 보여주는 '완결된 관계망'(*complete network*)과 개인의 연결망적 특징을 규모나 밀도 등의 다양한 지표를 사용하여 보여주는 '개인중심적 연결망'(*egocentric network*)으로 구분되며, 분석기법에는 이

〈표 8-4〉 사회연결망 분석을 위한 프로그램들

프로그램	개요
UCINET	보가티(Borgatti)와 에버레트와 프리먼(Everett & Freeman)에 의해 소개된 UCINET은 행위자들 간의 연결망 데이터를 분석할 수 있도록 고안된 분석프로그램으로써 가장 최근 버전인 UCINET 6는 그래픽 프로그램과의 연계를 강화시켜 입력한 자료를 곧바로 그래픽으로 출력할 수 있다. (자세한 설명은 http://www.analytictech.com)
PAJEK	PAJEK은 윈도우용 프로그램으로써 수천 이상의 대규모 네트워크를 분석하고 가시화할 수 있다. PAJEK은 이미 개발된 다양한 형태의 대규모 네트워크 자료들을 불러들여 분석할 수 있다. (자세한 설명은 vlado.fmf.uni-lj.si/pub/networks/pajek)
NETMINER	국내 벤처기업인 사이람에서 개발한 네트워크 분석 프로그램으로서, 자료의 입력과 편집, 네트워크의 분석과 그래프 출력까지를 모두 한꺼번에 시행할 수 있는 프로그램이다. 네트워크 분석의 기본적인 개념에 충실하며, 최근 버전 4가 출시되었다. (자세한 설명은 http://www.netminer.com)

웃(*neighbor*) 분석, 중심성(*centrality*) 분석, 클릭(*clique*) 분석, 구조 등량(*structural equivalence*) 분석 등이 있다(최창현, 2006). 이러한 분석 기법들을 통해서 인맥, 활동력, 영향력, 정보 획득 능력 등 개인적 의미 및 구속, 자율성, 유대감, 계층구조, 하위 네트워크(파당, 파벌) 등의 네트워크적 속성을 파악할 수 있다. 최근 사회관계망 분석을 이용해 페이스북(Facebook), 트위터(Tweeter), 미투데이(me2day)와 같은 다양한 소셜네트워크 서비스 가입자들의 인맥 네트워크를 그래프로 표현하여 개인 관계망의 밀접성, 층위성, 다양성, 영향력 등을 분석한 연구들이 제출되고 있다.

정당정치 연구에 있어서도 사회관계망 분석을 통해 정당 간 혹은 정당 내 당원들 간의 네트워크와 영향력을 파악함으로써 정당 네트워크

관계를 파악할 수 있다. 대표적인 사회연결망 분석 프로그램으로 UCINET, STRUCTURE, PAJEK, MATLAB, MATHEMATICA 등이 있으며, 국내에서 개발된 프로그램으로는 NETMINER가 있다.

(3) 하이퍼링크 분석

하이퍼링크 분석(Hyperlink Analysis)은 특정한 웹사이트에서 다른 웹사이트로 연결시켜주는 하이퍼링크를 추적함으로써 온라인공간에서 사회 구성원들의 사회적 관계를 파악하는 분석방법이다. 이는 하이퍼링크를 연결하는 사회적 개체들과 연결 받는 개체들은 상호 간에 커뮤니케이션 관계를 형성하고 유지하는 것으로 간주할 수 있다는 전제에 근거한다(박한우・남인용, 2004). 하이퍼링크 분석을 통해 사회에서 발생하는 특정 이슈들을 매개한 행위자 관계를 파악할 수 있다. 즉 하이퍼링크 분석에서는 웹사이트 구축자의 성향과 의도, 관심 등이 강하게 드러나, 사이트를 방문한 방문자와의 이슈 친밀성과 동조감 등을 추측해볼 수 있다. 예를 들어 어느 정당의 웹사이트에 담겨 있는 정보들이 하이퍼링크로 연결된 부분은 홈페이지 제작자, 혹은 제작을 의뢰한 의뢰자의 의도가 투영되어 있다. 보다 상세하거나 보충적인 설명이 필요한 부분이나 관심을 유도하기 위한 정보를 연결하는 것이 일반적이다. 따라서 웹사이트 방문자가 몇 개의 하이퍼링크를 얼마나 클릭했는지, 체류시간은 얼마나 길었는지 등을 측정해보면 그의 정치적 성향을 추측할 수 있다. 하이퍼링크의 분석 또한 사회연결망 분석에서 쓰이는 지표들 — 밀도, 중심성, 집합성, 다면성 — 을 측정하며, 보통 중심성과 밀도를 기준으로 웹사이트의 포지셔닝 — 허브와 같이 핵심적인 정보를 제공하는 중추 노드의 설정 — 이 결정된다.

3) 콘텐츠 중심 접근: 웹공간 분석

웹공간은 단일한(*single*) 웹사이트 혹은 여러 웹사이트들의 단순한 집합체를 의미하는 것이 아니라, 특정한 주제와 연관된 여러 웹사이트들이 개별 웹사이트의 경계를 넘어서 동적으로 변화하는 다양한 디지털 자원들이 하이퍼링크된 영역이다. 따라서 웹공간을 분석하면 여러 정치 웹사이트들의 다양한 사이버 활동을 촉진하는 온라인 구조를 파악할 수 있다(박한우 외, 2005).

(1) 웹 피처 분석

웹 피처 분석(Web Feature Analysis)은 온라인공간과 공간을 구성하는 구조, 구조를 통해 전달되는 콘텐츠를 분석함으로써 웹의 기능적·의미적 역할을 파악하는 분석방법이다. 웹공간은 개인 혹은 조직이 자유롭게 활동할 기회가 주어진 특정한 전자공간으로서 다양한 웹페이지, 콘텐츠 및 피처, 하이퍼링크, 그리고 텍스트로 구성된다(Schneider & Foot, 2005). 그 중에서도 피처 분석은 각각의 웹사이트 내부에서 발견되는 피처들에 초점을 맞춘 것으로, 피처는 웹에서 이용 가능한 정보 내용물, 커뮤니케이션 메시지, 서치 엔진, 프라이버시 정책, 다양한 웹 탐색 옵션의 존재와 같은 콘텐츠 및 서비스 등을 의미한다(Benoit, 2000; 박한우, 2005). 특히 웹캠페인 연구에서 피처 분석의 활용은 캠페인 조직이 유권자와 공유하고자 하는 객체(*object*) 뿐만 아니라, 웹사이트에서 생산되는 다양한 콘텐츠가 캠페인 조직에 의해 매개되는 선거 캠페인의 온라인 구조를 발견할 수 있다는 점에서 유익하다(장우영·박한우, 2009).

정치학 연구에서는 풋과 슈나이더(Foot & Schneider, 2005)가 정당의 선거캠페인에 활용한 웹사이트들을 분석하면서 활발하게 사용되었는데, 이들은 웹사이트의 피처들을 유권자에게 영향을 줄 수 있는 네 측면의 내용·기능으로 분류하였다. 풋과 슈나이더의 분류는 피처 분석에서 가장 폭넓게 준용되며 각 기능의 정의는 다음과 같다. 첫째, 정보제공(*informing*)은 웹사이트 방문자들이 정치 행위자들이나 선거 과정에 대해 정보를 얻도록 기회를 제공하는 온라인 구조를 뜻한다. 둘째, 관여(*involving*)는 이용자와 캠페인 조직 사이의 관계를 촉진하는 온라인 구조로 웹사이트 방문자들이 웹사이트 운용자와 상호작용하는 기회를 통해 입증된다. 셋째, 연계(*linking*)는 웹사이트 이용자와 다른 정치 행위자 — 캠페인, 언론, 정당, 정부기관, 선거 경쟁자 등 — 사이의 가교로 역할 하는 온라인 구조이다. 넷째, 동원(*mobilizing*)은 지지자들을 캠페인, 정당, 운동의 지원자가 되도록 촉진하는 온라인 구조로서, 우선 웹사이트 운용자가 이용자와 관계를 구축한 뒤 그 이용자가 다시 제3의 정치 행위자와 연쇄적으로 연결되도록 만든다(Foot & Schneider, 2005).

4. 온라인 정당정치 연구의 동향과 쟁점

1) 연구의 동향

부록의 〈표 8-1〉과 〈표 8-2〉는 각각 온라인 정당정치를 연구주제로 다룬 국내·외 문헌들을 정리한 것이다. 이 문헌들의 선정 기준은 다음과 같다. 우선 2000년도부터 2010년까지 〈한국정치학회보〉, 〈한국정당학회보〉, *Party Politics*에 출간된 논문들을 선정하였다. 그리고 한국정치학회 내 전문가 집단(IT정치연구회)으로부터 추천받은 논문들 중 연구방법론의 함의가 명료하다고 판단되는 논문들을 추가로 선정하였다. 이 문헌들의 연구주제는 크게 세 분야로 분류된다. 첫 번째 주제는 선거캠페인으로, 주로 웹캠페인 전략과 모델, 인터넷의 정치적 효과, 웹캠페인 규제제도에 관한 쟁점을 다룬다. 두 번째 주제는 정당조직으로, 온라인의 활용을 통한 정당의 조직, 기능 및 사회적 관계의 변화(강화 혹은 쇠퇴)에 관련된 문제들을 다룬다. 마지막으로 세 번째 주제는 정당의 네트워크로, 온라인공간에서의 정당 간 세력구도 및 정치적 통합·분절의 문제를 다룬다.

먼저 선거캠페인에 관한 해외 연구동향을 살펴보면, 주로 웹 피처 분석과 내용분석을 활용하며, 일부 연구들은 온라인 설문조사와 인터뷰(전화와 면대면) 그리고 하이퍼링크 분석을 수행하였다. 깁슨이 참여한 연구들(Gibson & Ward, 2000; Gibson & Rommele, 2001; Gibson et al., 2003)과 풋과 슈나이더(Foot & Schneider, 2002)의 연구는 정당과 후보 홈페이지의 피처를 분석하여 웹캠페인이 선거에서 차지하는 비중이 점증하고 있음을 논의하였다. 특히 이 연구들은 정당의 규모 혹은 후보의 지지율에 따라 선거용 홈페이지에 구축된 피처들의 성격이 대조적이라는 점을 규명하였다. 즉 우세 정당과 후보들은 주로 정보형 피처, 그리고 열세 정당과 후보들은 동원형 피처의 비중이 크게 나타났다. 그리고 피처의 역할과 관련해서는 군소정당(후보)의 동원효과가 보다 두드러지게 촉진되고 있음을 입증하였다. 이러한 분석 과정에는 내용분석이 병행되어 그 신뢰성을 강화하였다.

깁슨과 워드(Gibson & ward, 2000)의 연구는 정당 웹사이트의 기능과 효과를 측정하기 위해 피처 분석을 활용한 첫 연구로 간주된다. 이들은 웹사이트의 기능들을 정보의 방향성(*information flows*)에 따라 상, 하, 평등, 그리고 상호적으로 구분하여 피처들을 분류하였다. 웹 피처 분석은 풋과 슈나이더(2002)에 의해 보다 세련되고 명확한 기능 범주로 체계화되었다. 이들은 홈페이지 구조가 유권자에 대한 '정보제공, 관여, 연계, 동원'을 유인하는 데 얼마나 효율적으로 구축되어 있는지를 분석하였다. 그 결과 깁슨과 워드(2000)의 분석과 마찬가지로 정당의 성격에 따라 웹캠페인을 위한 웹사이트의 구조적 특징이 상이한 것으로 나타났다. 이는 유권자에 대한 정보전달에 비중을 둘 수도, 아니면 유권자의 특정 행위를 유인하는 데 비중을 둘 수도 있는 정당의 전략에 따라 홈페이지 피처의 주 기능이 달라지기 때문이다. 반면 선택된 전략이 유권자의 정치적 욕구와 어긋날 경우 그 효과는 감퇴될 수밖에 없다. 그러나 웹 피처 분석은 정당의 웹캠페인 전략을 추진하기 위해 웹사이트의 구조가 얼마나 효율적으로 설계되었는가에 초점을 맞추기 때문에, 실제 피처의 기능적 효과와 유권자의 반응이 어느 정도인지를 규명하기는 어렵다. 따라서 이 분석방법은 정당과 후보의 선거캠페인 전략의 특징을 밝히는 데 주력하며, 유권자의 정치적 행태는 분석의 대상으로 삼고 있지 않다. 한편 깁슨(Gibson, 2004)은 유럽, 미국, 호주 정당 웹사이트들에 대한 웹 피처 분석을 통해 웹캠페인이 주로 정당으로부터 유권자로의 하향식 정보전달에 치중하는 한계를 보인다고 설명하였다. 이밖에 머커지(Mukherjee, 2009)의 연구는 하이퍼링크와 트래픽 분석을 활용하여 정당의 선거캠페인 특성을 고찰하였다. 이 연구는 정당 웹사이트의 설계 변화에 따라 트래픽 규모도 증감한다는 점, 나아가 신규 방문자들에 의해 정당 웹사이트의 링크 구조가 변화한다는 점을 근거로 정당 웹사이트가 표적 유권자층에 대한 광고효과를 유발하는 기제라는 것을 논의하였다.

다음 일련의 연구들은 내용분석을 통하여 웹캠페인의 특징을 고찰하였다. 퓨오폴로(Puopolo, 2001)는 2000년 미국 상원의원 선거 기간에 60개 웹사이트의 메시지를 비교 분석하여 후보들이 웹사이트를 통해 왜곡되지 않은 정치 정보를 유권자에게 전달하고 지지를 소구하는 홍보형 웹캠페인이 주를 이루었다고 설명했다. 2005년 영국 총선과 2002년 미국 중간선거를 분석한 잭슨(Jackson, 2007)과 라티머(Latimer, 2008)는 웹캠페인이 자원동원능력에서 앞선 주요 정당 후보와 현직 후보들을 중심으로 전개되는 정상화 효과를 촉진하였음을 규명하였다. 선거 결과 또한 웹캠페인 전략에 더 많은 비용과 인력을 투자한 후보들의 우세가 두드러졌는데 이들은 대부분 대 정당 소속 후보들이었다. 제노스와 베넷(Xenos & Bennett, 2007)은 온라인상에서의 유권자의 정당 지지와 선거 참여 행태를 고찰하였다. 2002년부터 2004년까지 정당 웹사이트들의 메시지를 분석한 결과, 이들은 선거 기간 동안 유권자들은 젊을수록 정보습득률이 급격하게 높아진 반면, 정치인들의 경우 시간이 경과할수록 정보제공에 소극적인 경향을 나타냈다고 설명하였다.

다음으로 정당조직을 주제로 하는 연구들에서도 웹 피처 분석이 주를 이루고 이를 보완하기 위해 다른 연구방법들이 다양하게 병용되었다. 파머와 펜더(Farmer & Fender, 2005)는 웹 피처 분석과 내용분석을 통해 지역과 전국 단위에서의 정당의 온라인 활용을 비교하였다. 이들의 분석에 따르면 지역 수준에서 유권자들이 정당 웹사이트를 방문하는 것은 대부분 후보 등 정당 인사에 대한 정보를 얻으려는 정도의 목적을 가지기 때문에 지역 정당들(*state parties*)은 웹사이트 구축과 보수에 대한 투자가 제한적이다. 반면 전국 정당들(*national parties*)은 당내 의사소통과 조직 활성화 그리고 유권자 홍보에서 웹이 유력한 도구라는 것을 선험적으로 인식하고 웹사이트에 대한 과감한 투자를 추진한다. 이 때문에 인터넷은 기성 정치세력의 권능을 유지시키는 정상화 효과를 낳는 것으로 파악된다. 일련의 후속 연구들(Pedersen & Saglie, 2005; Anstead & Chadwick, 2009; Strandberg, 2009) 또한 이와 유사한 맥락에서 정상화 효과를 입증하는 분석 결과를 제시하고 있다. 그 중 앤스테드와 채드윅(2009) 그리고 스트랜드버그(2009)의 연구는 대 정당과 유력 후보일수록 ICTs 발전에 대한 적응력이 높아 유권자의 관심과 참여를 더욱 강하게 촉진한다는 것을 강조하였다.

근래에 풋과 그의 동료들(Foot et al., 2009)의 연구는 웹 피처 분석과 함께 하이퍼링크 분석을 병행하여 선거 기간 동안 정당(후보)과 정부, 언론, 시민단체들과의 연계 및 친밀성이 대단히 가시적으로 변화되고 있음을 실증하였다. 특히 온라인 지도에서 정당(후보)과 시민단체 노드들의 네트워킹이 급격히 팽창함으로써, 온라인공간이 정당과 시민사회의 연계를 활성화하는 데 유력한 기제라는 점이 가시적으로 드러났다. 그러나 이들 스스로도 인정하듯이 웹 피처와 하이퍼링크 분석은 변화의 증감 정도를 보여줄 뿐 그 원인에 대해서는 설명의 한계를 드러냈다. 다시 말해서 온라인을 매개로 정당의 사회적 관계가 선택적으로 활성화되는 반면, 정당과 후보의 지위(집권당, 반대당 / 현직, 도전자) 및 경쟁의 수준(고, 중, 저) 등 구조적 맥락에 따른 차이를 설명하지는 못하였다.

마지막으로 정당의 네트워크 구조를 분석한 연구들은 대부분 사회관

〈그림 8-2〉 온라인공간에서의 정당의 양극화 현상

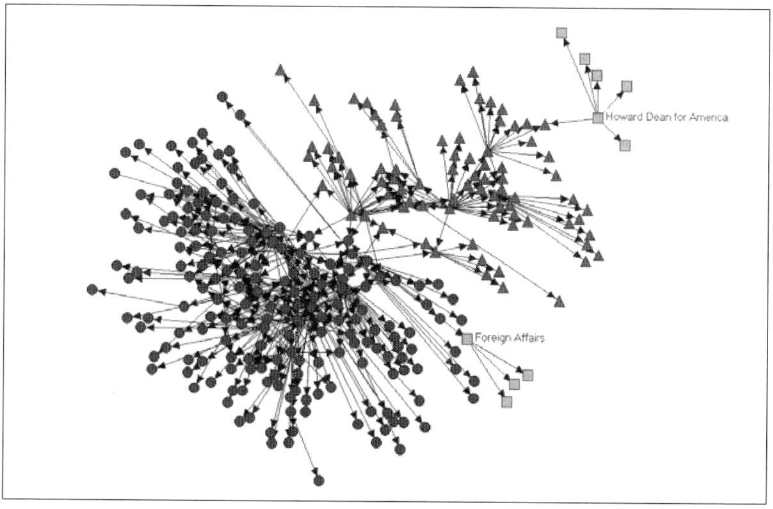

출처: Koger, Masket & Noel(2009). [민주당(O), 공화당(△), 기타(□)]

계망 분석을 활용하였다. 사회관계망 분석은 노드들의 상호 관계를 추적하여 그 관계에서의 위상과 역할을 파악해주며, 전체 네트워크에서의 중심과 고립 혹은 통합과 분열 같은 구조적 속성을 드러내는 장점을 가진다. 에크랜드와 깁슨(Ackland & Gibson, 2005)은 사회관계망 분석을 통해 호주와 유럽 5개국의 정당들과 다른 정치집단들과의 네트워킹의 공통점과 차이점을 찾고자 하였다. 분석 결과에 따르면 호주와 유럽의 정당들은 다른 네트워크 구조를 보였다. 즉 호주의 정당들은 보수와 진보 간의 네트워크 범위에서 큰 차이를 보이지 않았지만, 유럽의 경우 진보와 생태주의 정당들이 보수와 지역 정당들에 비해 훨씬 넓은 범위의 네트워크를 형성하였다. 그리고 분석된 모든 정당들이 공히 당내보다는 외부와의 네트워크 구축에 더 집중한 것으로 나타났다. 코거

(Koger et al., 2009)는 미국의 민주당과 공화당 그리고 이들과 연결된 지지층을 중심으로 정치적 통합성 수준을 분석하였다. 흥미롭게도 민주당 클러스터와 공화당 클러스터 간의 네트워킹은 단절되어 있으며, 두 군집 간의 거리감은 오프라인에서보다 더욱 극명하게 나타났다. 이는 전형적인 양극화 현상으로 유유상종의 네트워크가 온라인 정치과정에 공고하게 구축되어 있음을 입증한다. 코거(Koger et al., 2010)는 후속 작업으로 민주당과 공화당 네트워크 내의 당파적 경향과 협력적 관계를 분석하였다. 그 분석의 결과 첫째, 민주당이 공화당보다 밀접한 협력관계를 형성하고 있고, 둘째, 민주당 지지 세력들(*extended party networks*)은 상호 밀접한 협력관계를 형성하여 정보를 공유하는 것과 달리 보수적인 성향이 강한 기관들은 고립된 형상을 보였다. 상기의 두 연구를 통한 사회연결망 분석은 민주당과 공화당의 네트워크 지형과 그 밀도를 직접적으로 보여준다. 사회연결망 분석은 시각적으로 노드들의 네트워크 관계를 보여주기 때문에, 누가, 얼마나 직간접적으로 그리고 얼마나 넓은 범위의 관계망을 형성하였는지를 명료하게 드러낼 수 있다. 이런 점은 수치나 언어적 설명보다 훨씬 명확하게 독자들의 이해를 높이는 역할을 한다. 그러나 그러한 관계망의 구축 원인이 무엇인지에 대한 인과적 설명을 할 수 없다는 약점을 드러낸다.

이어서 선거캠페인에 관한 국내 연구동향을 살펴보면, 주로 웹 피처 분석, 온라인 설문조사 그리고 참여관찰이 활용되었으며, 그밖에 내용 분석과 트래픽 분석 등도 활발하였다. 연구방법을 기준으로 살펴보면, 우선 대개의 웹 피처 분석(김용철, 2004a · 2004b; 정연정, 2004; 박한우 외, 2005; 곽진영 · 고선규, 2006)은 인터넷의 정상화 효과를, 다른 일부 웹 피처 분석(장우영 외, 2010)은 인터넷의 동원효과를 논증하고 있다.

전자의 연구들은 총선에서의 웹캠페인을 분석 대상으로 하는데, 공히 대 정당과 유력 후보일수록 웹사이트 구축율과 유권자 흡인력이 크다는 분석 결과를 제시한다. 아울러 대선과는 달리 총선에서는 유권자들이 지역적으로 분산되기 때문에 상대적으로 웹캠페인 참여와 쌍방향 커뮤니케이션이 저조하다는 점이 설명되고 있다. 김용철(2004a, b)의 연구는 연구방법의 복합적 활용이 매우 인상적인데, 참여관찰, 내용분석, 온·오프라인 설문조사를 병행함으로써 분석의 적실성을 밀도 높게 기하였다. 이에 따라 다수당과 소수당 간의 인터넷 활용 격차가 크게 나타났으며, 그럼에도 웹캠페인의 위상이 기존의 거리유세나 매스미디어 선거운동에 미치지 못한다는 분석은 대단히 설득력 있게 받아들여진다. 곽진영·고선규(2006) 또한 오프라인에서의 자원, 경험, 이력의 격차가 온라인에서 재현되는 현황을 입증하였다. 참여관찰을 병행한 정연정(2004)의 연구는 보다 초점을 좁혀 남성 후보군과 다선 후보군에서 인터넷 활용률이 높게 나타나는 반면 지역격차는 발생하지 않았다는 점을 규명하였다. 박한우 등(2005)은 웹캠페인에서 참여유도성 피처보다 정보성 피처 활용이 두드러져 시민동원보다는 정보제공 중심의 선거운동이 전개되고 있음을 입증하였다. 그러나 상기의 연구들은 피처 유형을 너무 간소하게 분류하거나 피처의 세부항목들을 명료하게 범주화하지 않았다는 한계를 드러낸다. 한편 장우영 등(2010)은 2010년 서울시장 선거를 대상으로 웹 피처 분석을 수행하여 인터넷의 동원효과를 입증하였다. 이 연구는 풋과 슈나이더의 피처 분류를 준용하여 그동안 다루어지지 않았던 지방선거 웹캠페인을 고찰했다는 의의가 있다. 그렇지만 이 연구 또한 피처가 웹캠페인에 어느 정도의 효과를 미치는지를 인과적으로 규명하지는 못하였다.

내용분석과 트래픽 분석을 활용한 웹캠페인 연구들도 의미 있는 성과들을 거두었다. 이원태(2007)는 전문기관(랭키닷컴, 코리안클릭)의 트래픽 데이터를 토대로 온라인 설문조사를 병행하여 웹캠페인 연구 수준을 한층 끌어올렸다. 이 연구는 17대 총선 기간 중 정당을 비롯한 정치 공급자 웹사이트에 비해 시민 커뮤니티 등 정치 수요자 웹사이트의 트래픽과 커뮤니케이션이 더욱 활발하게 나타났으며 수요자 웹사이트가 정치적 효능감 배양에 더 큰 영향을 미친다는 것을 입증하였다. 그리고 윤성이(2008)는 17대 대선의 웹캠페인 분석을 통해 오프라인에서의 우세 후보가 온라인 자원을 활용하여 더욱 격차를 벌인다는 정상화 효과를 논증하였다. 이 연구는 기술결정론적 시각에서 탈피하여 선거환경, 인터넷 규제, 선거운동 전략을 분석변수로 활용하였다. 장우영(2008) 또한 UCC(User Created Contents) 활용을 중심으로 17대 대선의 웹캠페인 분석을 고찰하였다. 이 연구는 정책보다는 이미지, 그리고 정당보다는 후보 중심의 웹캠페인이 전개되어 매스미디어 선거모델이 온라인공간에서도 재현되고 있음을 강조하였다. 아울러 온라인공간의 정치적 세력균형 체제와 강화된 규제제도가 웹캠페인의 구조적 환경임을 설명하였다.

다음으로 정당조직을 주제로 다룬 연구들에서는 웹 피처 분석과 참여관찰이 주를 이루었다. 곽진영(2001), 서현진(2003), 송경재(2007)는 정당 웹사이트의 피처들을 기능적으로 분류하여 그 효과를 검증하였다. 곽진영(2001)은 정당 웹사이트의 접근성·공유성은 높게 나타난 반면, 수용성·응답성은 낮아 정보화 초기 환경에서 정치 커뮤니케이션의 흐름이 정당에서 시민사회로의 일방향성을 띠고 있음을 규명하였다. 서현진(2003)은 정당 웹사이트의 피처 항목을 정보제공, 시민참여, 조직기반 강화로 분류하여 미국 정당 웹사이트와 비교 분석하였다. 이 연구는 정보제공이 정당 웹사이트의 주된 기능이라는 것과 대정당이 온라인 자원을 활용하여 자신의 입지와 세력을 강화하는 정상화 효과를 입증하였다. 송경재(2007)는 전자정당의 구축으로 정당과 시민 간의 커뮤니케이션, 당내 민주주의, 상향식 선거캠페인이 활성화됨으로써 ICTs를 통한 정당강화 효과가 두드러진다는 점을 고찰하였다. 그렇지만 이 연구들 역시 포괄적이지 못한 피처 분류의 문제를 드러냈으며, 정당의 사회적 관계에서 당원과 당료 등 내부 조직을 논의하는 데까지는 미치지 못하였다. 한편 장우영(2007)과 장우영·송경재(2007, 2010)는 참여관찰을 통해 정보화시대 정당 모델의 연속과 변화를 논의하였다. 앞의 세 연구는 공히 정치적 사인화(*personalization*)와 선거캠페인 전문화를 온라인 정당정치의 가장 뚜렷한 특징으로 제시하였다. 그리고 ICTs와 리더십의 결합으로 정당의 대표 기능보다는 통치 기능이 현저하게 강화되고 있으며, 이로 인해 탈 대중정당화 흐름이 고착되고 있음을 논증하였다.

마지막으로 정당의 네트워크 구조를 분석한 연구들은 사회관계망 혹은 하이퍼링크 분석을 활용하였다. 그런데 이 분야의 연구는 특정 언론학자에 의해 주도되어 정치학 연구자들의 관심과 분발을 촉구하였다. 박한우(2005, 2007a, 2007b)는 일련의 연구들에서 주로 정당(국회의원) 네트워크 구조와 효과를 분석하였다. 우선 이 연구들은 소속만이 국회의원 네트워킹에 영향을 미친 유일한 변인이며 다른 요인들—성, 연령, 선수, 선거구—에 따른 차이는 유의미하게 나타나지 않음을 입증하였다. 그리고 국회의원 웹사이트와 블로그가 여타의 다른 웹사이트와 블로그에 비해 정치적 네트워킹을 추동하는 인플루언서(*influencer*)

의 기능을 수행하고 있음을 규명하였다. 마지막으로 정당과 국회의원의 네트워크는 집권당 국회의원들을 중심으로 확대되며, 전체적으로는 여야가 유유상종에 기초한 배타적 분절적 관계를 형성하고 있음을 고찰하였다. 그렇지만 이러한 분석 함의에도 불구하고 네트워크의 생성과 변화의 맥락이나 요인이 제한적으로 설명되는 한계를 드러냈다.

2) 연구의 쟁점들

앞에서 살펴보았듯이 온라인 정당정치 연구는 크게 세 분야에서 진척되었다. 첫째는 선거캠페인 분야로 웹캠페인 모델·효과·규제와 관련된 세부 쟁점들이 제기되었다. 우선 이 분야의 연구들은 뉴미디어가 어떤 선거캠페인 전략을 촉진하는지에 대한 쟁점을 다루었다. 특히 선거캠페인의 이니셔티브가 종래와 같이 정당(공직후보)에 귀속되는지 아니면 유권자들에게로 이양되고 있는지가 연구의 관심사이다. 그리고 이에 대한 분석의 요지는 정치공급자 중심의 하향식 전략과 정치수요자 중심의 상향식 전략이라는 상반된 모델로 대별된다. 전자는 정당과 후보가 구축한 온라인 플랫폼이 웹캠페인의 원천이라는 점을 규명한다. 이 모델에서 뉴미디어의 역할은 매스미디어와 유사한데, 정당정책의 홍보, 후보의 이미지 소구, 유권자 동원의 채널로 활용된다. 나아가 표적화된 선거운동과 지지 집단의 조직화를 효율적으로 도모한다(김용철, 2004b; 박한우·김효동·최경호·Kluner, 2005; Gibson & Ward, 2000; Foot & Schneider, 2002; Gibson, 2004; Mukherjee, 2009). 반면 후자는 온라인공간에 광범하게 구축된 뉴미디어가 유권자의 자발적 참여와 시민 주도의 선거의제를 활성화하는 기제라는 점을 강조한다. 이 모델에서 뉴미디어는 곧 시민 미디어로서 정당을 온라인 공론장에 포섭하고 개인을 비롯한 다양한 시민 결사체들이 선거에 개입할 공간을 확대한다. 이로써 정당과 매스미디어의 독점적 의제설정 권한은 제약되고 수동적 청중에 머물러온 유권자들은 능동적 공중으로 전화되고 있다(박주현, 2008; 이원태, 2007; Xenos & Bennett, 2007).

다음으로 이 분야의 연구들은 웹캠페인의 정치적 효과에 대한 쟁점을 다루었다. 뉴미디어의 활용이 정당 간 관계에서 정상화 효과(*normalization effect*)를 촉진하는지 혹은 평등화 효과(*equalization effect*)를 촉진하는지는 매우 논쟁적인 문제이다. 다수의 연구들은 선거에서의 뉴미디어 활용이 대 정당과 우세 후보의 기득권을 온라인공간에서도 지속시킨다는 정상화 테제를 뒷받침한다. 이는 자원동원 능력에서 우세한 정치세력이 온라인 정치자원 또한 더욱 풍부하게 사용할 수 있기 때문이다(곽진영·고선규, 2006; 김용철, 2004a; 윤성이, 2008; 장우영, 2008; 정연정, 2004; Stanyer, 2006; Jackson, 2007; Latimer, 2008). 반면 일군의 연구들은 뉴미디어가 정치적 거래비용을 감축시킴으로써 군소 정당과 열세 후보의 약진을 촉진한다는 평등화 테제를 지지한다. 이 시각에서 온라인공간은 현실 기득권과 분리된 새로운 헤게모니 추구 공간으로 각 정치세력이 동등하게 지지층을 조직화하고 그들과의 협업 가능성을 확대한다(김용철·윤성이, 2004; 윤성이, 2003; 장우영·민희·이원태, 2010; Gibson et al., 2003; Rommele, 2003).

마지막으로 이 분야의 연구들은 웹캠페인을 둘러싼 제도적 환경에 대한 쟁점을 다룬다. 웹캠페인 전략과 효과는 일련의 제도 배열(*institutional arrangement*)에 의해 촉진되거나 제약된다. 특히 법적·기술적·사회적 장치와 관행에 의해 구축된 인터넷 규제제도는 웹캠페인에 지대한 영향을 미친다. 보다 근원적으로 정치체제나 정보시민권 — 표현의 자유와 정보공유 등 — 의 민주적 정당성 수준은 규제제도의 성격을 지시하는 구조적인 요인으로 이해된다. 단적으로 인터넷의 개방에도 불구하고 정치적 권위주의와 제약된 정보시민권은 웹캠페인을 비활성화할 수 있다. 나아가 이러한 환경에서 정당의 하향식 캠페인은 오히려 정치적 탈동원을 불러일으키기도 한다. 한편 인터넷의 월경성과 독재자의 딜레마로 인해 강고한 규제가 항구적일 수 없다는 분석 또한 제기된다. 즉 장기적으로 풀뿌리들의 광범한 온라인 소통이 불합리한 규제제도를 상쇄시키고 웹캠페인 활성화와 정당정치의 복원에 기여하게 된다는 것이다(윤성이 · 송경재 · 민희, 2010; 장우영, 2010).

온라인 정당정치 연구의 두 번째 분야는 정당조직에 관련된 일련의 쟁점들을 제기해왔다. 요컨대 이 분야의 연구들은 정당의 온라인 활동이 종래의 정당 성격 · 기능 · 사회적 관계를 탈바꿈시키고 있는지의 쟁점을 다룬다. 우선 이 분야의 연구들은 정당조직 유형의 연속 혹은 변화를 둘러싼 논쟁을 제기한다. 연속론은 뉴미디어 환경에서도 정당 유형의 큰 변화가 일어나지 않는다고 주장한다. 산업화 이후 정당의 탈대중정당화 흐름은 정보화 시대에도 지속적이며 더욱 강화되고 있다. 그것은 뉴미디어를 통해 더욱 광범하게 표출되는 시민의 다원적 이해에 반응하여 정당이 특정 계급 · 계층의 대표 기능보다는 포괄적 통치기능을 강화하는 데 주력하기 때문이다. 이러한 면에서 현대의 정당이 다양한 수사들로 명명됨 — 전자 정당, 사이버 정당, 네트워크 정당, ICTs/Leadership 정당 등 — 에도 불구하고 그것은 연속된 탈 대중정당화 흐름의 증표로 받아들여진다(장우영 · 송경재, 2010, Pedersen & Saglie, 2005). 반면 변화론은 뉴미디어 환경에서의 정당의 미시적 변화에 주목한다. 역사적으로 정당은 새로운 커뮤니케이션 체제에 기민하게 적응하며 내외의 위기를 돌파해왔다. 가령 매스미디어 시대에 정당은 매우 효율적인 유권자 접촉과 동원을 추구하며 계급적 대중정당의 외피를 벗겨냈다. 그렇지만 관료적 정당위계, 하향식 정치과정, 중개기능 약화 등 과거의 유산으로부터 크게 벗어나지 못하였다. 이러한 문제들은 뉴미디어 시대에 점차 가시적으로 해소되는 것으로 분석된다. 즉 당내 민주주의 실험, 상향식 정치과정, 시민들과의 상호작용 및 이익중개 등이 온라인공간을 통해 활성화되고 있다. 이는 장기적으로 온라인 기반으로 정당조직을 재구조화할 것으로 전망된다(송경재, 2007; Strandberg, 2009).

다음으로 이 분야의 연구들은 정당의 위상을 둘러싼 보다 전망적인 논쟁을 제기한다. 우선 정당강화론은 뉴미디어가 대의제의 보완재로 활용될 것이라는 주장을 제기한다. 정당을 대체할 만한 고도의 정치조직이 부재할뿐더러 미디어와 같은 정치자원의 동원효과는 역사적으로 무엇보다 정당정치를 통해 입증되었다. 최근 온라인 시스템은 정당 내적으로 위계구조를 초월한 일상적인 의사소통과 정책토론 및 전자투표를 활용한 민주적 의사결정을 촉진하고 있다. 그리고 외직으로는 온라인을 통해 유권자들의 여론을 용이하게 파악할 수 있으며, 정당조직을 동조자들에게 폭넓게 개방하고 있다(곽진영, 2001; 서현진, 2003; 송경재, 2007; Farmer & Fender, 2005; Jackson, 2006). 반면 정당 쇠퇴론은 뉴미디어가 직접민주주의의 요소들을 현실적 대안으로 부상시킬 것이라고 주장한다. 정당에 의해 주도되어온 의제설정, 엘리트 충원, 시민교육 기능은 근래에 온라인을 매개로 다변화된 정치주체들에게로 분산되고 있다. 아울러 시민들의 직접적인 의사소통과 전자 국민투표의 활용은 정당의 이익대표 기능을 불필요하게 만들 수 있다. 정치인들 또한 정당을 우회하여 시민들과 연계·소통함으로써 정당 없는 정치(*partyless politics*)가 구현될 수도 있으며, 이로 인한 정치의 사인화가 팽배해지고 있다(김용철·윤성이, 2005; 장우영, 2007; 조희정, 2010; Foot et al., 2006·2009).

온라인 정당정치 연구의 세 번째 분야는 정당 네트워크의 속성들을 규명한다. 이 분야의 연구들은 거의 네트워크 분석에 의존하기 때문에 인과적 설명이 취약하다. 그렇지만 온라인공간에서의 정당 간 연계·분절 구조와 세력관계를 계량적으로 입증하는 장점을 가진다. 일련의 분석들에 의해 고찰된 정당 네트워크의 속성은 다음과 같다. 첫째, 정당 네트워크의 폐쇄성이다. 개별 정당들은 자당의 의원들과 지지 집단을 중심으로 강한 네트워크를 구축한 반면 타당과의 연계는 분절되어 있다. 이는 다른 온라인 세계에서도 흔히 드러나는 양상인데, 개별 노드들은 이념·이해·관심사에 바탕해서 배타적 군집(*cluster*)을 형성하였다. 이 같은 사이버 발칸화(*cyber-balkanization*)는 네트워크 세계(*network universe*)를 좁은 세계(*small world*)로 축소하여 노드들 간의 폐쇄적 정보교환과 강한 유대를 촉진한다. 따라서 분절된 정당 네트워크는 충성심 높은 동조자들을 규합하는 반면, 관망자와 반대자들의 진입 관문을 높여 정치적 소통·통합 효과를 상쇄시킨다(박한우, 2005·2007a; Ackland & Gibson, 2005; Koger et al., 2009·2010).

둘째, 정당 네트워크의 사인화이다. 즉 정당보다는 이를 우회한 개별 정치인과 유권자 간 네트워크 규모와 강도가 훨씬 크다는 것이다. 정치인과의 사적 연계가 정당과의 공적 관계를 압도하는 현상은 기대와 우려를 함께 자아낸다. 한편 정치인의 사적 네트워크 또한 이념적

이종 집단 간에 분절된 좁은 세계이다. 나아가 정치인 간 갈등에 따라 동종 집단 간에도 종종 네트워크의 분절화가 극심하게 나타난다. 이러한 '좁은 세계' 네트워크 또한 유력 후보일수록 규모가 상대적으로 크다. 최근 1인 미디어와 소셜네트워크는 네트워킹의 층위를 다각화하여 이러한 사적 연계를 더욱 공공연하게 강화한다(박한우, 2007b; Soon & Kluver, 2007).

이상에서 그동안 수행되어온 온라인 정당정치 연구의 쟁점들을 살펴보았다. 전통적 연구방법과 새로운 연구방법들에 의해 온라인 정당정치의 주요 논제들이 분석되었다. 특히 기술공학적 배경을 갖거나 통학문적으로 수용되는 연구방법들은 전통적 연구방법의 한계를 보완하고 연구 의제를 확대하는 데 크게 기여하였다. 그렇지만 다루어지는 연구의제의 범위가 협소하거나 왕왕 가설적 차원의 논의에 머무는 분석의 한계를 부인할 수 없다. 이는 부분적으로 관련 연구집단의 내재적 한계와 한정된 규모로 구축된 데이터에서 기인한다. 아울러 보다 본질적인 원인으로 연구방법의 한계를 지적할 수 있다. 온라인의 공간적 특성, 뉴미디어 플랫폼의 부단한 혁신과 다변화 그리고 이에 따른 이용자 층위와 행태의 변화는 이에 상응하는 보다 과학적인 연구방법의 발전을 요한다.

5. 결론

이 연구에서는 온라인 매개 접근법을 중심으로 정당정치 연구 동향과 쟁점을 고찰하였다. 이 연구는 온라인공간의 정치과정, 특히 정당정치 분야에서 어떠한 연구방법들이 활용되었으며 그 성과와 한계는 무엇인가라는 문제의식에서 비롯되었다. 주지하듯이 온라인공간의 연계와 소통을 도외시하고 오늘날의 정치현상을 논하기란 매우 어려워졌다. 온라인공간은 물리적 공간과 중첩된 또 하나의 거대한 생활세계이자 의제설정, 여론형성, 시민동원을 둘러싼 정치적 헤게모니 쟁투의 장이다. 나아가 웹 2.0과 미디어 융복합 등 뉴미디어 패러다임의 확산과 소셜네트워크 기반 미디어의 다변화는 온라인공간의 정치적 효용을 더욱 증대하고 있다. 이러한 면에서 온라인의 공간적 특성을 반영한 정치학 연구방법 또한 더욱 진보되어야 할 것이다.

연구방법은 단순히 자료를 모아 가설을 검증하는 방법이라기보다는 연구대상에 접근해 들어가는 인식과 분석의 총체적 틀로 이해된다(김웅진·김지희, 2005). 연구대상으로서의 온라인공간은 비대면적 상호작용과 거대한 정보 트래픽에 의해 구동되는 유기체이다. 이러한 면에서 존스(Jones, 2003)는 인터넷이 네트워크의 범위를 넘어 사회적 삶에 스며드는 현실에서 사회적 관계를 연구하고 이해하고자 할 때 제기되는 방법론적 쟁점들을 고민해야 한다고 강조한다. 이는 온라인의 공간적 특성에 조응하는 연구방법의 심층적인 교류와 검토 나아가 혁신과 창안의 필요성을 시사한다. 특히 가시적으로 포착하기 어려운 분석의 단서들을 데이터로 집적·가공·처리하는 데 있어 기술공학적 접근의 필요성은 더욱 커진다.

선행 연구들에 토대하건대 그동안 주로 활용되어온 온라인 정당정치 연구방법은 크게 세 측면으로 나누어진다. 우선 전통적 연구방법으로 내용분석, 참여관찰, 설문조사를 들 수 있다. 이 연구방법들은 온라인을 매개함으로써 대단위 규모의 분석자료 구축, 실시간적 조사와 관찰, 신속한 데이터 가공·처리, 비용절감 효과를 거둔다. 그리고 본연의 방법론적 이점들도 더욱 활성화되고 있다. 예컨대 온라인 내용분석은 메시지 의미를 넘어 인터페이스의 기능적 속성까지 다룸으로써 온라인 정치 커뮤니케이션 채널의 형태별 효과를 분석한다. 온라인 참여관찰은 시공간적 제약 없이 대상 집단의 정치행위 동기, 속성, 메커니즘을 유기적으로 고찰한다. 그리고 온라인 설문조사는 수행 절차가 대폭 간소화되어 다양한 쟁점들에 대한 신속한 여론 파악을 가능하게 한다. 다음으로 정치행위자의 웹 로그 분석으로 트래픽, 사회관계망, 하이퍼링크를 분석하는 기법들이 있다. 이 연구방법들은 네트워크상의 노드들의 정체성을 전제하는 이용자 중심의 접근에 입각해 있다. 각 노드들은 절멸과 유동의 패턴으로 집체적으로 네트워크 구조를 조형하고 그것에 규칙성을 부과한다. 일차적으로 각 노드들 간의 상이한 트래픽 규모는 정치적 관심도 혹은 충성도를 반영한다. 아울러 노드들의 연계와 분절에 의해 변화되는 네트워크 구조는 곧 정치행위자들의 세력관계 변화를 시사한다. 마지막으로 정치행위를 전략적으로 촉진하는 아키텍처 특징을 규명하기 위한 웹 피처 분석이 있다. 이 연구방법은 정치행위를 유인하는 웹공간의 기능을 강조하는 콘텐츠 중심 접근법이다. 이 연구방법은 정당을 비롯한 기성 정치집단이 어떠한 웹공간 구조를 통해 고객의 참여와 조직화, 동원을 추구하는지를 보여준다. 특히 선거캠페인에서 정당과 후보는 웹 피처를 활성화함으로써 유권자들을 포획하는 전략을 발전시키고 있다. 웹 2.0과 소셜네트워크의 확산으로 최근에 이 전략은 유권자 연계와 동원에 초점이 맞추어졌다.

온라인 정당정치에 관한 선행 연구의 고찰은 방법론과 연구주제의 측면에서 다음과 같은 몇 가지 과제들을 안겨준다. 우선 각 연구방법의 기능적 이점들을 고려하여 이를 복합적으로 활용할 필요가 있다는 것이다. 가령 웹 로그 분석과 웹공간 분석은 온라인 정치행위자들 간의 관계나 구조를 객관적으로 밝혀주는 방법론적 장점에도 불구하고 인과관계의 규명에는 취약하다는 약점이 있다. 따라서 이 분석기법들이 전통적 연구방법과 체계적으로 병용된다면 연구결과의 일반화에 한 걸음 더 가까이 다가갈 수 있을 것이다. 다음으로 오프라인의 정치적 환경과 제도적 맥락이 온라인 정치과정 분석에 보다 심층적으로 접합될 필요가 있다. 다양한 연구방법의 활용을 통해 상당히 극복되었지만 여전히 기술결정론적 혹은 기술중심적 세계관의 자취들이 엿보인다. 따라서 ICTs의 정치적 활용은 사회구성적 혹은 사회와의 상호작용적 속성을 띤다는 것을 유념할 필요가 있다. 마지막으로 연구주제가 확장되어야 한다는 점이 강조되어야 한다. 대체로 기존의 연구들은 개별 정당 수준에서 선거캠페인과 정당조직 문제를 중심으로 ICTs의 영향을 포괄적으로 다루었다. 즉 정당정치의 다양하고도 미시적인 측면들이 다루어지지 못하였다. 아울러 정당체제 수준에서의 온라인 정당정치의 문제는 전혀 다루어지지 않았다. 이러한 협애한 연구문제로부터 시야를 확대함으로써 이 분야의 연구는 더욱 활성화될 것이라 기대된다.

참고문헌

곽진영(2001), "한국 정당의 사이버공간을 통한 정치 커뮤니케이션: 새천년 민주당과 한나라당 홈페이지 분석을 중심으로", 〈한국정치학회보〉 35권 2호, 135~157.

곽진영·고선규(2006), "제17대 총선 후보자의 홈페이지를 통한 인터넷선거 운동", 〈21세기정치학회보〉 16권 2호, 147~169.

김근배·임병훈·최성아(2002), "포털사이트들의 인터넷 트래픽 형태와 결정 요인들 간의 관계에 대한 연구", 〈소비자학연구〉 13권 3호, 79~94.

김상훈·이시훈(2002), "웹사이트 측정방법의 정확성에 관한 실험 연구", 〈광고학연구〉 13권 1호, 7~24.

김용학(2004), 《사회연결망이론》, 서울: 박영사.

김용철(2004a), "한국과 미국 정당들의 인터넷 선거운동과 경쟁양상", 〈한국정당학회보〉 3권 1호, 63~94.

______(2004b), "제17대 총선과 인터넷 홈페이지를 이용한 선거운동: 선거운동 유형과 네티즌 참여를 중심으로", 〈21세기정치학회보〉 14권 2호, 75~96.

김용철·윤성이(2000), "인터넷의 정치적 활용과 16대 총선", 〈한국정치학회보〉 34권 3호, 129~147.

______(2004), "제17대 총선에서 인터넷의 정치적 영향력 분석: 선거관심도와 투표참여를 중심으로", 〈한국정치학회보〉 38권 5호, 197~216.

김웅진·김지희(2005), 《정치학 연구방법론》, 서울: 명지사.

박주현(2008), "인터넷 매체 이용과 의제파급 참여가 대통령 후보 인지 및 평가에 미치는 영향", 〈한국언론학보〉 52권 3호, 396~421.

박한우(2005), "제16대 및 17대 국회의원 웹사이트의 링크 분석", 〈의정연구〉 11권 1호, 193~221.

______(2007a), "블로그에 나타난 정치인 네트워크: 17대 국회의원을 대상으로", 〈한국언론학보〉 51권 3호, 385~406.

______(2007b), "사이버공간의 정치 커뮤니케이션에 대한 네트워크 분석", 〈대한정치학회보〉 15권 1호, 1~19.

박한우·남인용(2004), "인터넷 연구의 새로운 방법: 하이퍼링크 네트워크 분석", 〈언론과학연구〉 4권 2호, 69~100.

박한우 · 김효동 · 최경호 · Randolph Kluver(2005), “정치 웹사이트를 대상으로 한 웹 공간 분석: 17대 국회의원 선거의 웹 피처 분석”, 〈대한정치학회보〉 13권 1호, 293~318.

서현진(2003), “한국과 미국 정당의 정치 커뮤니케이션 수단으로서의 인터넷 활용에 관한 연구”, 〈한국정당학회보〉 2권 2호, 113~136.

송경재(2007), “e-party, 정당위기의 대안인가”, 〈21세기정치학회보〉 17권 1호, 21~44.

윤성이(2003), “16대 대통령선거와 인터넷의 영향력”, 〈한국정치학회보〉 37권 3호, 71~87.

______(2008), “17대 대선에 나타난 온라인 선거운동의 특성과 한계”, 〈한국정치학회보〉 42권 2호, 203~230.

윤성이 · 송경재 · 민희(2010), “인터넷 선거규제에 대한 네티즌 의식: 누가, 왜 찬성하고 반대하는가?”, 〈한국정당학회보〉 9권 2호, 181~208.

______(2010), “인터넷 선거규제에 대한 네티즌 의식: 누가, 왜 찬성하고 반대하는가?”, 〈한국정당학회보〉 9권 2호, 181~208.

윤성호 · 박진완 · 박준상 · 오영석 · 김명섭(2009), “인터넷 트래픽 분석을 위한 고정 IP-port에 관한 연구”, Proc. of the 19th Joint Conference on Communications and Information(JCCI), 광주 무등파크호텔, 4/15~17, 167~172.

이석기(1998), “광고매체로서의 World Wide Web: 사이트 사용량(site traffic)의 측정대상과 측정방법에 대한 연구”, 〈광고학연구〉 9권 3호, 111~122.

이원태(2007), “인터넷 정치참여의 두 가지 패턴에 관한 연구: 2004년 제17대 총선의 사례를 중심으로”, 〈사회과학연구〉 39권 2호, 77~96.

이재열(1996), “연결망분석: 지역감정과 정체성연구의 한 방법”, 〈제주대 지역사회연구소 심포지엄 발표논문〉.

장우영(2007), “ICTs와 정당의 적응: 정치인 팬클럽의 역할을 중심으로”, 〈국제정치논총〉 47권 1호, 95~119.

______(2008), “인터넷과 선거캠페인: 17대 대선 UCC 활용을 중심으로”, 〈한국정치학회보〉 42권 2호, 171~201.

______(2010), “인터넷과 선거규제: 미국 정책과의 비교”, 〈한국정당학회보〉 9권 2호, 209~241.

장우영 · 민희 · 이원태(2010), “지방선거와 웹캠페인: 제 5회 서울시장 선거를 중심으로", 〈정보와 사회〉 18호, 45~86.

장우영·박한우(2009), "인터넷 선거 경쟁의 특성과 효과: 17대 대선의 경우", 〈담론 201〉 12권 2호, 77~105.

장우영·송경재(2007), "정보화 시대의 선거와 유권자", 〈사이버커뮤니케이션학보〉 22호, 237~262.

______(2010), "뉴미디어와 ICT/Leadership 정당: 현대 정당의 변화와 지속", 〈21세기정치학회보〉 20권 2호, 1~30.

정연정(2003), "선거에서 인터넷의 활용과 한계", 〈한국정당학회보〉 2권 1호, 303~336.

______(2004), "17대 국회의원 선거에서의 후보자 인터넷 활용과 유권자 참여", 〈한국정당학회보〉 3권 2호, 43~78.

조희정(2010), 《네트워크사회의 정치와 민주주의》, 서울: 서강대학교 출판부.

Ackland, R. & R. Gibson(2005), "Mapping Political Party Networks on the WWW: How Active are the Far Right?", Paper presented for the Australian Electronic Governance Conference, http://voson.anu.edu.au/papers/far_right_political_networks.pdf.

Anstead, N. & A. Chadwick(2009), "Parties, Election campaigning, and the Internet", in A. Chadwick & P. Howard(eds.), *Routledge Handbook of Internet Politics*.

Farmer, R. & R. Fender(2005), "E-Parties: Democratic and Republican State Parties in 2000", *Party Politics*, *11*(1), 47~58.

Farrell, D. & P. Webb(2000), "Political Parties as Campaign Organizations", in R. Dalton & M. Wattenberg(eds.), *Parties without Partisans*, Oxford University Press.

Foot, K. & S. Schneider(2002), "Online Action in Campaign 2000: An Exploratory Analysis of the U.S. Political Web Sphere", *Journal of Broadcasting & Electronic Media*, *46*(2), 222~244.

Foot, K., S. Schneider, M. Dougherty, M. Xenos & E. Larsen(2006), "Analyzing Linking Practices: Candidate Sites in the 2002 US Electoral Web Sphere", *Journal of Computer Mediated Communication*, *8*(4), http://onlinelibrary.wiley.com/doi/10.1111/j.1083-6101.2003.tb00220.x/references.

Foot, K., M. Xenos, S. Schneider, R. Kluver & N. Jankowski(2009), "Electoral Web Production Practices in Cross-national Perspective", in A. Chadwick & P. Howard(eds.), *Routledge Handbook of Internet Politics*, 40~55.

Garton, L., C. Haythornthwaite & B. Wellman(1999), "Studying On-line Social Networks", in S. Jones(ed.), *Doing Internet Research: Critical Issues and Methods for Examining the Net*, Thousand Oaks, CA: Sage, 75~105.

Gibson, R.(2004), "Web Campaigning from a Global Perspective", *Asia-Pacific Review*, *11*(1), 95~126.

Gibson, R. & A. Rommele(2009), "Measuring the Professionalization of Political Campaigning", *Party Politics*, *15*(3), 265~293.

Gibson, R. & S. Ward(2000), "Methodology for Studying the Function and Effectiveness of Party and Candidate Wed Sites", *Social Science Computer Review*, *18*, 301~319.

Gibson, R., M. Margolis, D. Resnick & S. Ward(2003), "Election Campaigning on the WWW in the USA and UK", *Party Politics*, *9*(1), 47~75.

Jackson, N.(2006), "Dipping their Big Tow into the Blogosphere", *New Information Perspectives*, *58*(4), 292~303.

______(2007), "Political Parties, the Internet and the 2005 General Election: Third Time Lucky?", *Internet Research*, *17*(3), 249~271.

Kliduff, M. & W. Tsai(2003), *Social Networks and Organizations*, Thousand Oaks, CA: Sage.

Koger, G., S. Masket & H. Noel(2009), "Partisan Webs: Information Exchange and Party Networks", *British Journal of Political Science*, *39*, 633~653.

Koger, G., S. Masket & H. Noel(2010), "Cooperative Party Factions in American Politics", *American Politics Research*, *38*(1), 33~53.

Latimer, C.(2008), "Utilizing the Internet as a Campaign Tool: The Relationship Between Incumbency, Political Party Affiliation, Election Outcomes, and the Quality of Campaign Web sites in the United States", *Journal of Information Technology & Politics*, *4*(3), 8

1~95.

Llieva, J., S. Baron & N. M. Healey(2002), "Online Surveys in Marketing Research: Pros and Cons", *International Journal of Market Research*, *44*(3), 361~367.

Mukherjee, B. (2009), "Link Analysis of Indian Political Parties' Websites: a Temporal Comparison", *Annals of Library and Information Studies*, *56*(3), 201~211

Pedersen, K. & J. Saglie(2005), "New Technology in Ageing Parties", *Party Politics*, *11*(3), 359~377.

Puopolo, S. (2001), "The Web and U.S. Senatorial Campaigns 2000", *American Behavioral Scientist*, *44*, 2030~2047.

Riffe, D., S. Lacy & F. G. Fico(1998), *Analyzing Media Messages*, Lawrence Erlbaum Associates, Inc.

Rommele, A. (2003), "Political Parties, Party Communication and New Information and Communication Technologies", *Party Politics*, *9*(1), 7~20.

Sartori, G. (1976), *Parties and Party Systems: A Framework for Analysis*, London: Cambridge.

Schneider, S. & K. Foot(2006), "Web Campaigning by US Presidential Primary Candidates in 2000 and 2004", in A. Williams & J. Tedesco(eds.), *The Internet Election: Perspectives on the Web's Role in Campaign 2004*, Rowman & Littlefield, 21~36.

Soon, C. & R. Kluver(2007), "The Internet and Online Political Communities in Singapore", *Asian Journal of Communication*, *17*(3), 246~265.

Stanyer, J. (2006), "Online Campaign Communication and the Phenomenon of Blogging: An Analysis of Web Logs during the 2005 British General Election Campaign", *New Information Perspectives*, *58*(5), 404~415.

Strandberg, K. (2009), "Online Campaigning: an Opining for the Outsiders? An Analysis of Finnish Parliamentary Candidates' Websites in the 2003 Election Campaign", *New Media & Society*, *11*(5), 835~854.

Taylor, H. (2000), "Does Internet Research Work? Comparing Electronic Survey Results with Telephone Survey", *International Journal of Market Research*, *42*(1), 51~63.

Wellman, B. (1997), "An Electronic Group is Virtually a Social Network", in S. Kiesler(ed.), *Culture of the Internet*, Mahwah, NJ: Lawrence Erlbaum, 179~205.

Xenos, M. & L. Bennett(2007), "The Disconnection in Online Politics: the Youth Political Web Sphere and US Election Sites, 2002~2004", *Information, Communication & Society*, *10*(4), 443~464.

Yun, G. & C. Trumbo(2000), "Comparative Response to a Survey Executed by Post, Email, and Web Form", *Journal of Computer-Mediated Communication*, *6*(1), available from http://jcmc.indiana.edu/vol6/issue1/yun.html.

〈부록 8-1〉 온라인 정당정치 해외 연구동향

연구주제	문헌	주요 연구방법	분석의 요점
선거캠페인 • 웹캠페인 전략 · 모델 • 웹의 정치적 효과 • 선거규제제도	1. Gibson & Ward (2000)	내용분석, 웹 피처 분석	정당의 온라인 활용 경향
	2. Gibson & Rommele (2001)	웹 피처 분석, 회귀분석	정당별 온라인 활용 경향
	3. Puopolo (2001)	내용분석, 웹 피처 분석	정당별 온라인 활용 경향
	4. Foot & Schneider (2002)	내용분석, 웹 피처 분석	정당의 온라인 활동
	5. Gibson et al. (2003).	온라인 설문, 웹 피처 분석	인터넷의 동원효과
	6. Rommele (2003)	이론적 접근. 2차 문헌 분석	정보성 피처 중심의 웹캠페인, 인터넷 동원효과
	7. Conway & Dorner (2004)	웹 피처 분석, 하이퍼링크 분석	정당별 온라인 활용
	8. Gibson (2004)	내용분석	웹 피처 효과
	9. Stanyer (2006)	내용분석, 하이퍼링크 분석,	제한적 인터넷 정상화 효과
	10. Jackson (2007)	내용분석, 인터뷰	인터넷의 정상화 효과
	11. Xenos & Bennett (2007)	내용분석, 하이퍼링크 분석	젊은 층 유권자에 대한 정당의 온라인 활용효과
	12. Latimer (2008)	내용분석, 회귀분석	정당의 온라인 활용, 인터넷 정상화 효과
	13. Mukherjee (2009)	하이퍼링크 분석, 트래픽 분석	정당의 온라인 활용

〈부록 8-1〉 온라인 정당정치 해외 연구동향(계속)

연구주제	문헌	주요 연구방법	분석의 요점
정당조직 • 정당의 기능 • 정당의 사회적 관계	14. Farmer & Fender (2005)	웹 피처 분석, 내용분석, 인터뷰	정당 결집력 강화, 제한적 인터넷 정상화 효과
	15. Pedersen & Saglie (2005)	설문, 인터뷰, 웹사이트 분석	인터넷의 정상화 효과
	16. Foot et al. (2006)	하이퍼링크 분석, 웹 피처 분석	인터넷의 동원효과
	17. Jackson (2006)	웹 로그 분석, 인터뷰	정당 내 정체성 강화
	18. Anstead & Chadwick (2009)	2차 문헌 분석	제한적 인터넷 정상화 효과
	19. Foot et al. (2009)	웹 피처 분석, 회귀분석	제한적인 웹 피처 효과
	20. Strandberg (2009)	웹 피처 분석, 회귀분석	인터넷 정상화 효과
정당 네트워크 • 정당 간 온라인 세력 지형 • 온라인공간의 정치적 통합·분절 구조	21. Ackland & Gibson (2005)	소셜네트워크 분석	정당의 이념과 이슈 네트워킹
	22. Soon & Kluver (2007)	하이퍼링크 분석	정당의 온라인 세력지형
	23. Koger et al. (2009)	소셜네트워크 분석	정당의 정보 취득 네트워킹
	24. Koger et al. (2010)	소셜네트워크 분석	정당의 온라인 세력지형

〈부록 8-2〉 온라인 정당정치 국내 연구동향

연구주제	문헌	주요 연구방법	분석의 요점
선거캠페인 • 웹캠페인 전략 · 모델 • 웹의 정치적 효과 • 선거규제제도	1. 김용철 · 윤성이 (2000)	이메일 설문조사	정치적 관심도와 온라인 정치참여도 간의 상관성
	2. 윤성이 (2003)	참여관찰, 트래픽 분석	제한적인 인터넷 동원효과
	3. 정연정 (2003)	참여관찰	인터넷 효과의 사회적 재구성
	4. 김용철 (2004a)	참여관찰, 웹 피처 분석	인터넷의 정상화 효과
	5. 김용철 (2004b)	웹 피처 분석, 내용분석, 전화 설문조사, 네티즌 설문조사	제한적인 웹 피처 효과
	6. 김용철 · 윤성이 (2004)	인터넷 설문조사	인터넷의 동원효과
	7. 정연정 (2004)	웹 피처 분석, 참여관찰	제한적인 인터넷 정상화 효과
	8. 박한우 · 김효동 · 최경호 · Kluver (2005)	웹 피처 분석	정당의 온라인 이니셔티브 정보성 피처 중심의 웹캠페인
	9. 곽진영 · 고선규 (2006)	웹 피처 분석	인터넷의 정상화 효과 선택적인 인터넷 동원효과
	10. 이원태 (2007)	트래픽 분석, 인터넷 설문조사	시민사회의 온라인 이니셔티브
	11. 윤성이 (2008)	트래픽 분석, 내용분석	인터넷의 정상화 효과 인터넷 효과의 사회적 재구성
	12. 장우영 (2008)	내용분석	인터넷의 정상화 효과 인터넷 효과의 사회적 재구성
	13. 윤성이 · 송경재 · 민희 (2010)	설문조사	정치적 태도와 웹캠페인 규제 간의 상관성
	14. 장우영 (2010)	참여관찰	인터넷 규제제도의 정치적 효과
	15. 장우영 · 민희 · 이원태 (2010)	웹 피처 분석, 트래픽 분석	제한적인 인터넷 동원효과

〈부록 8-2〉 온라인 정당정치 국내 연구동향(계속)

연구주제	문헌	주요 연구방법	분석의 요점
정당조직 • 정당의 기능 • 정당의 사회적 관계	16. 곽진영(2001)	웹 피처 분석, 내용분석	제한적인 정당-시민 정치 커뮤니케이션 효과
	17. 서현진(2003)	웹 피처 분석	인터넷의 정상화 효과
	18. 송경재(2007)	웹 피처 분석	인터넷의 정당강화 효과
	19. 장우영(2007)	참여관찰	인터넷의 정당쇠퇴 효과
	20. 장우영 · 송경재(2007)	참여관찰, 인터넷 설문조사	인터넷 활용에 의한 탈 대중정당화
	21. 박주현(2008)	설문조사	시민사회의 온라인 이니셔티브
	22. 장우영 · 송경재(2010)	참여관찰	인터넷 활용에 의한 탈 대중정당화
정당 네트워크 • 정당 간 온라인 세력지형 • 온라인공간의 정치적 통합 · 분절 구조	23. 박한우(2005)	소셜네트워크 분석	소속당 중심의 폐쇄적 정당 네트워킹
	24. 박한우(2007a)	하이퍼링크 분석	소속당 중심의 폐쇄적 정당 네트워킹 소셜네트워크의 정상화 및 발칸화 효과
	25. 박한우(2007b)	소셜네트워크 분석	정당을 우회한 국회의원과 지지층 간의 사적 연계 소셜네트워크의 발칸화 효과

제 9 장

한국 정당연구에 대한 비판적 검토 :
정당조직 유형을 중심으로*

강원택 서울대

1. 들어가는 말

정당정치의 위기, 변화, 혹은 적응에 대한 논의는 1960년대 이래 서구 정당연구의 핵심적 주제가 되었다. 여기에 관심을 갖게 된 것은 대중정당의 쇠퇴, 시민과의 연계의 약화, 선거에서 정당 지지의 유동성 증대, 이에 대한 정당조직의 대응, 그리고 새로운 정당의 등장 등 정당정치를 둘러싼 환경의 변화와 함께 이에 대한 원인과 특성을 학문적으로 규명해야 할 필요성이 제기되었기 때문이다.

그동안 우리나라에서도 정당정치의 특성과 변화를 설명하기 위한 적지 않은 학문적 노력이 이뤄져왔다. 사실 정당쇠퇴 혹은 정당의 위기와

* 이 글은 〈한국정당학회보〉(8권 2호, 2009년)에 게재되었다.

관련된 현상은 우리나라에서 더욱 두드러진 듯이 보인다. 우리나라에서는 정당의 제도화 수준이 낮고 정당정치의 유동성이 클 뿐만 아니라 시민과 정당 간의 연계도 매우 취약한 모습을 보이기 때문이다. 각종 여론조사 결과에서 보듯이 지지하는 정당이 없다는 응답 비율이 언제나 높게 나타날 뿐만 아니라, 다른 정치·사회 집단과 비교할 때 정당의 신뢰도, 영향력에 대한 평가도 매우 낮다(〈중앙일보〉, 2008. 6. 14).

그런데 우리나라에서 그동안 이뤄져온 정당에 대한 연구는 주로 서구에서 개발된 개념을 통해 한국적 적실성을 판단하거나 한국 정당정치의 보편적 변화의 특성을 보여주려는 형태가 주를 이루었다. 이러한 시도는 한국 정당정치의 특성을 비교 가능한 보편적 범주 속에서 이해할 수 있게 해주었다는 점에서 그 의미가 적지 않다. 그러나 다른 한편에서는 우리 정당정치를 유형화하거나 정의하는 인식론적 범주가 서구 정당정치의 틀에 고정됨으로써 한국 정당의 상이한 역사적 경로나 정치적 맥락의 차이를 소홀히 했다는 문제점도 낳았다.

이 글은 간부정당, 대중정당, 포괄정당, 카르텔정당 등 기존의 한국정치에 대한 연구에서 자주 거론되어온 '서구적' 정당조직 유형을 한국에 적용한 기존의 연구경향을 비판적인 시각에서 검토하고자 하는 것이다. 이 연구에서의 비판이 그동안 축적해온 정당연구의 성과를 무시하거나 부정하려는 것은 아니라는 점을 미리 밝히고 싶다. 여기서 강조하고자 하는 점은 한국 정당이 외형적으로 서구 정당과 유사한 조직적 특성을 보인다고 하더라도 그러한 정당의 대응을 초래한 외부적 환경요인이 상이하기 때문에 그 의미에 대한 해석은 보다 조심스러워야 한다는 것이다. 다시 말해 서구의 연구 성과를 한국에 적용할 때 그 역사적, 맥락적 측면에 대한 고려가 필요하다는 점을 강조하고자 한다. 이 글에서의 논의를 통해 한국 정당정치 연구를 둘러싼 인식론적, 방법론적 토론이 보다 활발해질 수 있기를 기대한다.

2. 서구 정당연구의 주요 개념과 한국 정당 : 비판적 검토

이 절에서는 그동안 많이 논의되었던 서구 정당조직의 변화를 설명하는 '기본적 개념들'에 대해 한국 정당정치의 '경로의존성'이라는 관점에서 비판적으로 살펴보고자 한다.

1) 순차적이고 일방향적 정당조직 '진화'의 문제

서구에서 개발된 정당조직 변화의 개념을 한국에 적용할 때 생기는 문제점은 우선 변화와 발전의 '방향성'에 대한 것이다. 즉 정당조직 발전과정에 대한 논의이다. 유럽에서 논의된 정당조직은 간부정당(*cadre party*) 혹은 엘리트정당(*elite party*)의 형태로부터 노동계급의 선거권 획득과 사회주의 정당의 출현과 함께 대중정당(*mass party*, Duverger, 1954) 혹은 대중통합정당(*mass integration party*, Neumann, 1956)의 형태로 '발전'해왔다고 보는 경향이 있다. 또한 대중정당은 계급정치의 약화, 이념적 정체성의 약화 등 경제사회적 변화와 함께 포괄정당(*catch-all party*, Kirchheimer, 1966)으로 변모했으며, 이는 또 다시 국가에 대한 의존도 증가와 함께 카르텔정당(*cartel party*)으로 변화해갔다는 것이다. 이는 특히 캐츠와 메이어(Katz & Mair, 1995)가 카르텔정당의 출현을 설명하면서 제시한 '정당 진화'의 과정인데 우리나라에서의 정당연구도 대체로 이러한 관점을 취한다.

그런데 이러한 시각과 관련해서 크게 두 가지 문제점을 지적해볼 수 있다. 첫째, 과연 정당조직의 발전이 이러한 변화의 단계를 순차적이고 일방향적인(*uni-directional*) 형태로 거쳐 발전해왔는가 하는 점이다. 다시 말하면 이러한 정당조직 변화의 과정을 일반적이고 보편적인 변화의 틀로 보아야 하는가의 문제이다. 두 번째는 이러한 선형적 변화의 과정이 보다 '발전된' 형태로 진화한 것으로 간주해야 할 것인가 하는 점이다. 다시 말해 대중정당은 엘리트정당보다 우월하고 올바른 조직 형태라는 가치 평가를 부여할 수 있는가의 문제이다. 이 두 가지 문제점에 대해서 보다 상세히 논의해보자.

첫째, 정당조직의 변화 양상을 순차적으로 간주하는 인식 속에는 뒤에 나타난 조직 형태가 앞선 조직 형태를 대체한 것으로 보는 경향이 있다. 즉 뒤에 등장한 정당조직이 지배적인 형태가 되면서 이전에 존재한 조직 형태를 대신하였다는 것이다. 말하자면, 조직 형태로서 대중정당은 엘리트(간부)정당을 대체하였다는 인식이다. 그런데 현실적으로 본다면 대체의 과정을 통한 순차적 진화라는 시각을 반박할 수 있는 경험적 증거도 적지 않다. 미국 예외주의를 인정한다고 하더라도, '유럽형' 정당 가운데서도 오늘날 여전히 간부정당적 특성이 강한 정당이 존재한다. 캐나다의 정당들이 대표적인 사례가 될 수 있다(Carty, 2002). 캐나다의 자유당(Liberals), 진보보수당(Progressive Conservatives)은 전형적인 간부정당의 형태로 남아 있다. 원외 조직이 존재하지만 선거 때나 당내 후보 선출기간을 제외하면 대부분의 시기에 이 조직은 거의 활성화되지 않는다(Wolinetz, 2002: 136~137). 한편, 아일랜드에서는 다른 유럽 국가에서 계급투쟁의 열기가 고조되었던 시기에 독립의 방식을 둘러싼 정치적 갈등을 겪으면서 계급 대신 민족주의가 정당 균열의 기초를 형성했고, 그로 인해 정당조직 역시 대중정당의 단계를 뛰어넘어 곧바로 포괄정당의 특성을 갖게 되었다(김수진, 2005: 82~85). 이처럼 각국마다 정당조직이 변화해온 양상은 서로 다를 수밖에 없으며, 경우에 따라서는 한 국가의 정당체계 내에 각기 상이한 조직적 특성을 갖는 정당이 동시에 존재할 수도 있는 것이다. 즉 대중정당이 간부정당을, 포괄정당이 대중정당을, 카르텔정당이 포괄정당을 '대체'해왔다고만 보기는 어려운 것이다. 오히려 이러한 상이한 조직적 특성을 갖는 정당의 동시적 공존이 가능하며 각국별 혹은 각 정당별 정당조직의 발전 과정이 차별적으로 진행될 수 있다는 사실을 인식하는 것이 중요하다.

한편, 조직 변화의 과정 역시 한 방향을 향해 변화해온 것으로만 보기도 어렵다. 쿨(Koole, 1994)은 네덜란드의 정당의 조직적 특성을 분석하면서 이를 '현대적 간부정당'(*modern cadre party*)이라고 칭했다. 그는 네덜란드 정당이 투표자에 비해 당원의 비율이 적고, 당 지도부 등 원내 정당이 압도적인 우위를 차지한다는 점에 주목했다. 그리고 위계적, 수직적인 대중정당의 조직 형태를 유지하지만 계급에 의존하지 않으며, 포괄정당의 전략을 취하지도 않는다고 평가했다. 또한 당원들의 당비, 후원금이 여전히 중요하지만 국가보조금의 의존도가 크게 증가했다는 점도 지적했다. 쿨(1994: 298~299)은 '현대적'이라는 수식어가 중요하지만 이런 조직 형태는 본질적으로 간부정당적인 것으로 규정했다. 그의 주장에 따르면, 네덜란드 정당조직의 변화는 대중정당적 속성에서 오히려 간부정당적인 형태로 회귀하는 모습을 보인다고 할 수 있다. 즉 정당조직 변화가 일방향적 형태로 이뤄져왔다고만 볼 수는 없는 것이다.

이런 특성은 우리나라의 경우 더욱 두드러진다. 우리나라 정당의 변천도 순차적이고 선형적인 형태로 이뤄졌다고 볼 수는 없다. 우리나라 주요 정당들은 대중정당의 '단계'를 거치지 않았지만 포괄정당과 카르텔정당적 속성을 지니며, 간부정당적 특징도 지니고 있다. 즉 상이한 조직 형태가 공존한다. 따라서 캐츠와 메이어가 정리한 서구 정당의 변천 과정을 보편적이고 전형적인 것으로 간주하려는 것은 적절하지 않다.

두 번째 문제점은 뒤이어 등장한 조직 형태가 앞선 조직 특성보다 '발전된' 것이며 규범적으로도 보다 바람직하다는 인식이다. 이러한 인식의 기반에는 대중정당이 서구에서 선거권 확대라는 민주주의의 진전에 조응하는 보다 개방적인 조직 형태였다는 사실을 중시하는 시각이 존재한다. 즉, "서유럽 선진 민주주의의 역사에서 민주화를 위한 모든 투쟁은 1인 1표라는 보통선거권의 확대를 통해 대중 참여의 평등과 확대를 실현하는 데 초점이 맞추어졌으며, 그것은 노동자계급 정당과 같은 대중정당의 출현으로 나타났다"(최장집, 2007: 127)는 것이다. 따라서 우리나라에서도 조직적으로 엘리트정당, 이념적으로 보수정당 중심의 폐쇄적인 정당체계를 개혁하기 위해서는 대중정당의 건설이 규범적으로 바람직하다는 것이다(최장집, 2002; 강명세, 2006; 박찬표, 2003).

이러한 주장에 대한 비판은 대체로 두 가지로 요약해볼 수 있다. 첫째, 대중정당의 시대적 적합성에 대한 비판이다. 즉 "대중정당 모델을 이상적으로 보는 연구자의 시각이 계급적, 이념적 기반을 갖는 19~20세기 초의 대중정당들에 대한 분석에 근거하고 있다"는 지적(주인석, 2009: 23)이나, "20세기 초반 중심부 자본주의 사회 내부의 갈등구조를 토대로 서유럽의 민주화라는 공간에서 출현하였던 대중정당이 시간적 공간적 맥락의 차이를 넘어 보편적으로 실현될 수 있다는 믿음은 유럽 중심주의적 역사관"이라는 비판(장훈, 2009: 5~10) 등이 예가 될 수 있다. 두 번째 비판은 조직 형태로서 대중정당의 적실성(*relevance*)에 관한 것이다. 특히 이런 시각은 대통령제라는 통치형태의 원활한 작동을 위해서는 미국형 대통령제처럼 입법부의 자율성과 정책 역량을 강화해야 하는데 이런 점에서 볼 때 중앙집중화된 구조와 강한 정당 기율을 갖는 대중정당은 적절하지 않다는 것이다(정진민, 2008: 199~232).

대중정당을 둘러싼 이러한 (우리 학계에서 흔치 않은) 논쟁은 매우 흥미롭고 유익하다고 생각된다. 어떤 점에서 본다면 이는 정당조직의 변화에 대해 유럽과 미국이라는 두 가지 모델을 우리 정당정치가 나아가야 할 '규범적으로 옳은 이상적 목표'로 설정하고 그에 따른 논쟁을 행한 것이라고 볼 수도 있다. 이 논쟁은 유럽형 대중정당 모델의 보편성을 강조한 듀베르제(Duverger, 1954)의 '좌파로부터의 감염'(*contagion from the left*)과 이에 대해 미국형 정당 모델의 시대성을 강조한 엡스타인(Epstein, 2000: 257~260)[1]의 '우파로부터의 감염'(*contagion from the right*)의 공방을 떠올리게 한다. 그러나 여기서 지적하고 싶은 점은 앞서 논의한 대로 이러한 논쟁에서 제기된 시각 역시 모두 서구에서 정당조직이 변화해온 다원적 경로를 간과하고 있다는 것이다. 대중정당과 이른바 원내정당의 조직 형태는 어느 하나가 다른 것을 '대체'하거나 '발전'되어온 것만은 아니라는 것이다. 우리나라 현실정치의 문제를 풀

---

1) 이 책의 초판은 1967년에 발간되었다. 여기서는 2000년에 새로운 서문과 후기가 첨부된 Transaction Publishers의 4쇄본을 사용했다.

기 위한 대안의 모색을 외국의 '이상형'이나 경험에서 찾으려고 하는 노력은 필요한 시도겠지만, 정당조직의 변화에 대한 보다 다양하고 풍부한 사례의 검토가 필요하다는 점을 지적해야 할 것 같다. 이런 시각은 정당조직이 후진적 형태로부터 발전된 형태로 '진보'해온 것이라는 전제하에 우리 정당의 '후진성'을 극복하기 위한 이상적 모델을 서구에서 찾으려고 한 것이기 때문이다. 그러한 발전, 진보에 대한 가치 판단뿐만 아니라 우리나라 정당정치의 고유성에 대한 고민도 함께 이뤄져야 할 것이다.

2) 한국 정치에서의 카르텔정당과 포괄정당

(1) 카르텔정당

두 번째로 지적하고 싶은 점은 서구에서 이뤄져온 정당조직의 변화 양상에 주목하여 한국 정당의 특성을 설명하고자 한 연구 경향에 대한 것이다. 이러한 연구들은 한국 정당의 특성을 비교정치적 관점을 토대로 객관적·보편적인 틀 속에서 파악할 수 있게 해주었다는 점에서 그 의미는 적지 않다고 생각한다. 그러나 동시에 정당 유형의 특성이 제시된 맥락적(*contextual*)·역사적(*historical*) 특성에 대한 관심이 소홀했다는 문제점도 지닌다. 다시 말해 이런 논의는 정당조직 유형의 변화를 설명하는 개념의 발생론적 기원에 크게 주목하지 않은 채 진행된 것이다.

예컨대, 캐츠와 메이어(Katz & Mair, 1995)가 제시한 카르텔정당은, 앞서 지적한대로, 서유럽의 경험을 토대로 정당의 조직적 특성이 시기적으로 변모해온 것을 전제로 한다. 이들에 따르면, 서유럽의 정당 유형은 19세기의 엘리트정당(혹은 간부정당)으로부터 대체로 1960

년대까지의 대중정당, 그리고 1945년 이후 대두하기 시작한 포괄정당의 단계를 거쳐 1970년대 이후에는 카르텔정당으로 변모해왔다. 그리고 각 정당조직 유형은 각각 수탁자(*trustee*), 대리인(*delegate*), 정치적 기업가(*entrepreneur*), 그리고 국가의 중개자(*agent of state*)로 그 성격이 변해왔다. 특히 카르텔정당은 서구 민주주의에서 정당정치 위기에 대한 대응이라는 의미를 지닌다. 즉 당원의 감소, 충성심의 약화, 정치자금 기부자의 감소 등 정당의 조직적 동원 역량의 위축으로 인한 정치적 상황의 변화에 따른 결과인 것이다. 이런 점에서 볼 때 카르텔정당의 출현에는 정치적 기반의 변화에 대한 서유럽 정당의 조직적 대응이나 변형의 의미가 있다. 그런데 이 개념이 서유럽 지역이라는 지리적 범위를 넘어서는 경우에는 역사성, 혹은 발생론적 기원에 대한 의미가 퇴색될 수 있다.

한국 정당의 경우를 보면 카르텔정당으로 부를 만한 충분한 외형적 유사성을 갖는다고 할 수 있다. 앞서 지적한 대로, 한국 정당의 조직적 특성을 카르텔정당으로 규정하는 것은 비교정치적 차원에서 한국 정당정치의 특성을 이해하고 또 그로부터 현실정치적 함의를 이끌어낼 수 있다는 점에서 긍정적인 의미를 갖는다(Kwak, 2003). 그러나 서유럽이라는 정치적 맥락에서 카르텔정당이라는 조직적 유형이 갖는 발생론적 기원을 고려할 때 이 개념을 한국에 그대로 적용하는 것은 개념적 혼란을 일으킬 수 있다.[2]

2) 독일 정당의 경우에도 위기에 직면하여 약화된 조직을 강화시키기 위해 국가로부터의 보조금이 필요했던 것이 아니라 1960년대 이후 이미 확대된 조직을 유지하기 위해 국가보조금을 필요로 했으며, 그 과정에서 다른 정당과의 협력 관계가 필요했던 것이라는 지적에도 주목할 필요가 있다(주인석, 2009: 19).

이 개념을 한국에 도입할 때 무엇보다 문제가 되는 것은 우리나라 정당은 서유럽처럼 대중정당적 기반으로부터 변화해온 것이 아니라는 점이다. 카르텔정당을 설명하는 데 중요한 변수가 되는 정당 재정의 기반과 관련해서 볼 때, 우리나라 정당은 '카르텔정당'의 출현 이전에도 당 재정을 다수 당원에 의한 소액 기부금이나 당비에 의존하지 않았다. 즉 카르텔정당으로의 변신 이전에 우리나라 정당의 재정적 기반이 폭넓은 대중정당적 기초에 놓여 있었다고 보기는 어렵다. 사실 우리나라에서 정당에 대한 국고보조금의 지급은 1980년 12월 31일의 3차 정치자금법 개정으로 비롯되었다(심지연 · 김민전, 2006: 548~549). 정당 재정의 국가에의 직접적 의존은 이미 1980년부터 나타났던 것이다. 심지어 그 이전에도 정치자금법에서 규정하는 정치자금 기탁 절차는 정당을 국가에 의존적인 형태로 간주하였다. 1965년 정치자금법이 처음 제정되었을 때, 정치자금의 제공은 중앙선거관리위원회를 통한 간접적 방식에 의하도록 했고 그 배분 방식 역시 소속 국회의원 수의 비율에 따르도록 했다. "이는 정치자금의 기부가 자기가 좋아하거나 자기의 이익을 대표하는 정당에게 자금을 제공하는 의사표현의 한 행태라거나 정당은 사회 일부분의 이익과 정책적 선호를 반영하는 집단이라기보다는 정당이 준국가기관이라는 생각을 가지고 있었음을 보여주는 것이다"(심지연 · 김민전, 2006: 546). 즉 우리나라 정당들은 이미 1960년대부터 당 재정 마련과 관련해서 국가 기구에 의존적이 된 것이다. 당 재정의 국가 의존이라는 관점에서 볼 때 카르텔정당은 한국 정당의 '조직적 변화, 대응'을 설명하는 개념으로는 적절하지 않다고 할 수 있다.

더욱이 캐츠와 메이어가 도표를 통해 정당의 변모 과정을 제시한 것과 달리 우리나라 정당은 원래 시민사회에 속해 있다가 점차 국가 기구와 같은 형태로 변모되어온 것이라고 보기 어렵다. 오히려 우리나라 정당, 특히 권위주의 시대의 집권당은 국가 조직의 한 부분으로 출발했다고 보는 것이 적절하다. 이승만 집권기의 자유당이나 박정희 집권기의 공화당, 그리고 전두환 집권기의 민정당 모두 사실상 국가 기구의 한 부분으로 등장했다. 민주화 이후 그 특성에 다소 변화가 나타났지만, 민정당이 민자당, 신한국당, 한나라당을 거쳐 새누리당으로 이어져온 만큼 오늘날의 정당 가운데서도 적어도 새누리당의 발생론적 기원은 시민사회보다 국가로부터 찾아야 할 것이다. 다른 정당들의 경우에는 시민사회적 기원을 가졌다고 볼 수도 있겠지만, 적어도 우리나라 정당의 주요한 한 축은 국가 기구적 속성을 지녔다고 볼 수 있다. 그런 점에서 본다면, 우리나라 정당은 캐츠와 메이어가 말하는 것처럼 정당이 시민사회로부터 점차 이탈하여 국가 기구 쪽으로 옮겨간 것이 아니라, 그 역으로 국가로부터 출발하여 민주화와 함께 점차 시민사회 쪽으로 옮겨간 모습이 나타난다고 볼 수 있다. 따라서 외형상의 유사성에도 불구하고 과연 우리나라의 정당을 캐츠와 메이어가 말하는 카르텔정당이라고 분류하는 것이 적절한 것인가에 대한 의문은 남게 된다. 형태적인 유사함에도 불구하고 적어도 애당초 그 개념이 제시되었던 맥락이라는 측면에서 볼 때는 적지 않은 차이가 존재하는 것이다.

(2) 포괄정당

키르크하이머가 말하는 포괄정당의 개념 역시 논란의 대상이 될 수 있다. 우리나라의 정당은 종종 포괄정당으로 대다수 연구자에 의해 규정되었다. 그 원인은 무엇보다 정당 간 이념적 차별성이 크지 않으며 정책적, 이념적으로 실현하고자 하는 뚜렷한 지향점을 갖기보다 그저 선거 승리에 보다 집착하는 조직의 특성을 우리나라 정당들이 보였기 때문일 것이다. 우리나라 정당의 포괄정당적 속성을 무시할 수는 없지만 이 개념 역시 오래전부터 우리 학계에서 별다른 논의 없이 너무도 당연한 것으로 간주해온 경향이 있다고 생각된다.

그런데 키르크하이머가 말하는 포괄정당은 대중(통합) 정당(*mass integration party*, Neumann, 1956)이 유권자의 계급적 기반의 약화와 선거 유동성 증대라는 환경의 변화에 따라 발생한 위기를 극복하기 위하여 등장한 것이다. 키르크하이머의 표현을 빌리면, 유럽에서 포괄정당의 출현과 확산은 탈이념(*de-ideologization*, Kirchheimer, 1966: 187)의 시대에 등장한 것이다. 이념이 더 이상 '유권자들의 선택에 있어 충분한 동기적 자극'(*sufficient motivational forces in the voters' choice*)이 되지 못하는 상황에서 정당이 이에 대응하기 위한 형태로 변모해간 것이다. 그리고 포괄정당으로 변모한 정당의 선거 경쟁력 강화가 이러한 조직 형태의 확산에 기여했다는 것이다(Kirchheimer, 1966: 188). 따라서 서유럽 정당이 포괄정당으로 변모해간 것은 정당의 이념적 차별성을 완화하고 노동계급과 같은 특정 사회집단에 대한 의존도를 낮추고 선거에서의 지지를 전통적 기반을 넘어 확대하기 위한 조직적 대응이었던 것이다. 즉 포괄정당으로의 변신은 단순한 이념적 변신이나 지지 기반의 확충을 넘어 정당의 조직적 특성이 근본적으로 변화한 것을 의미하는 것이다(김수진, 2008: 26~27).

우리나라의 정당은 과연 '모든 유권자를 다 잡겠다'는 선거 목표를 추구하는 것일까? 두 가지 측면에서 다른 해석이 가능하다. 첫째, 우리나라 정당은 지역적으로 결코 모든 유권자를 대상으로 하지 않았다. 매우 제한된 지리적 영역 속의 유권자를 대상으로 한 정당의 득표 전략을 펴

왔다. 지역적 경쟁 관계, 심지어 적대감을 최대한 이용하여 어느 한 지역을 버리는 대신 우호적인 지역의 표를 독점하는 형태로 정당 경쟁이 전개되었다. 우리나라 정당을 포괄적 지지를 구하는(*catch-all*) 정당이라고 불러왔지만, 사실상 전국적으로 고른 지지를 받는 정당은 민주화 이후에는 없었다.

보다 중요한 두 번째 문제점은 키르크하이머가 전제로 한 이념적 특성에 대한 것이다. 과거 한국 정당은 모두 보수 정당이었다. 이념 요인은 과거 우리나라 정당 경쟁에서 별로 중요한 변인이 아니었으며, 민주화 이전에는 '권위주의 대 민주화'의 균열, 민주화 이후에는 지역주의 균열이 보다 중요한 영향을 미쳤다. 그러나 2002년을 고비로 하여 이제 우리 정치에서도 정당 간 이념적 차별성은 이전에 비해 점차 강화되어 가는 추세를 보인다. 물론 키르크하이머가 설정했던 것과 같이 노동 대중을 기반으로 한 계급성을 갖는 이념적 특성은 우리나라에서는 두드러지게 나타나지 않는다. 그러나 오늘날 이념적 요인은 정당 경쟁을 구분하는 대단히 중요한 변인이 되고 있다. 여러 경험적 연구에서 이러한 이념 요인의 영향이 확인되었다(예컨대, 이갑윤·이현우, 2008; Kim, Choi & Cho, 2008; 강원택, 2003). 특히 대북정책이나 대미관계 등 안보 이슈나 자유지상주의 대 권위주의 틀 속에서 설명될 수 있는 이슈들에 대해서는 정당 간 뚜렷한 이념적 차이가 확인되고 있다. 국가 개입과 시장 경쟁 등 경제 분야에 대한 정당 간 이념적 차별성도 점차 그 차이가 뚜렷해지고 있다. 구체적으로 볼 때도 새누리당, 민주통합당, 통합진보당, 자유선진당 간의 이념 지향점의 차이는 확연하게 구분된다.

즉 서유럽 정당들이 차별적인 이념적 기반으로부터 이념적 중간지대로 그 속성을 완화시켜갔다면, 우리나라의 경우에는 이념적 무차별의 상태에서 이제는 각 정당마다 고유한 이념적 색채를 강화하고 있다. 이런 모습은 우리나라 정당의 변화가 키르크하이머가 1960년대에 서유럽 정당의 변화를 통해 설명한 이념성의 퇴색과 포괄정당화의 방향과는 반대로 진행되고 있다는 점을 시사해준다. 사회경제적 요인의 영향은 여전히 강하게 나타나지는 않지만, 자신에 대한 주관적 이념 평가, 쟁점 정책에 대한 태도 등 유권자의 개인적 이념 성향은 정당 지지에 중요한 요인이 되어가고 있다. 이처럼 이전과 비교할 때 이념적 분극화가 오히려 강화되는 한국 정치의 변화 경향을 감안할 때 과연 우리나라 정당이 서구에서 나타난 대로 이념적 탈색 경향과 함께 좌우 이념을 넘나들며 모든 유권자를 다 잡으려고 하는 포괄정당의 전략을 취한다고 보아야 하는지 의구심이 들 수밖에 없다. 정당의 이념적 분화와 지역주의적 선거 전략을 두고 볼 때, 우리나라 정당은 '전부를 잡으려고' 하기보다는 유권자들 가운데 일부분에 의존(*catch-some-of-the-electorate*) 하고자 하는 전략을 취하는 것은 아닌지 논의해볼 필요가 있다. 이처럼 포괄정당이라는 개념이 가진 역사적 맥락을 고려하면 상이한 특성이 확인되는 것이다.

3) 정당조직의 변화와 설명의 다양성

세 번째로 지적하고 싶은 점은 정당연구의 논의가 제한적이고 정체되어 있다는 점이다. 서구의 정당연구에서는 새로운 유형의 정당 등장에 대한 관심이 높고 이를 설명하기 위한 이론적 시도가 비교적 활발하게 이뤄져왔다. 이에 비해서 우리나라의 정당연구는 여전히 간부정당, 대중정당, 포괄정당, 카르텔정당과 같은 '교과서적인' 정당 분류의 수준에 머물러 있다는 인상을 준다. 즉 역동적으로 변화하는 특성을 추적해 가기보다 이상형(*ideal type*)을 기준으로 한 논의에 국한되어 있다는 것이다.

예를 들면 포괄정당에 대해서도, 앞서 언급한 대로, 쿨(Koole, 1996)은 네덜란드의 정당이 대중정당으로부터 현대적 간부정당(*modern cadre party*)로 그 특성이 변화해왔다고 주장한다. 퓰(Puhle, 2002)은 포괄정당이 이익 결집이나 경제 위기에 대한 대응에 어려움을 겪으면서 포괄정당적 요소만으로는 부족하며 이제 'catch-all party plus'로 변화해갔다고 주장한다. 이 모두 대중정당에서 포괄정당으로의 변화라는 기존의 단조로운 해석과는 다른 연구 결과들이다. 이와 함께 새로운 형태의 조직적 특성을 갖는 정당에 대한 연구도 나타나고 있다. 홉킨과 파올루치(Hopkin & Paolucci, 1999)는 포괄정당이나 혹은 선거-전문가 정당의 틀 속에서 설명될 수 없는 새로운 정당조직의 형태에 주목하면서 이를 기업형 모델(*business firm model*)로 규정했다. 이들은 스페인의 UCD(Unión de Centro Democrático)와 이탈리아의 전진 이탈리아(Forza Italia)를 기업형 모델의 정당조직을 갖춘 사례로 제시했다. 사실 우리나라에서 1992년 총선과 대선에 등장했던 정주영의 통일국민당 역시 이와 같은 시각에서 설명이 가능할 것으로 보이지만, 이러한 흥미로운 현상을 새로운 틀 속에서 해석하고 범주화하려는 우리 학계의 노력은 부족했다.

한편 유럽의 정당연구에서는 극우 정당이나 분리주의 정당의 출현과 같은 기존 정당체계를 변화시키는 새로운 정당의 출현에 대한 논의도 적지 않다. 이러한 연구 성과가 우리 정치 현상을 설명하는 데 직접적인 연관성을 지녔다고 보기는 어렵지만, 예컨대 이탈리아의 북부동맹

(Lega Nord)이나 영국의 스코틀랜드 민족당(Scottish National Party) 등과 같이 지역적 정서에 기반한 분리주의 정당에 대한 연구로부터 조직적, 정치적 특성을 비교함으로써 한국 지역주의 정당을 보다 보편적인 설명의 틀 속에서 해석해내려는 시도도 그다지 많지 않았다.

또한 우리와 유사한 정치적 변혁의 과정을 겪고 있는 중·동유럽 신생 민주주의 국가의 정당정치 변화와 우리의 경험을 비교하고, 그로부터 제3의 물결을 탄 신생 민주주의 국가의 정당조직이나 정당정치의 유사점을 찾아내려는 노력도 충분하지 않았다고 생각된다. 요약하면, 정치적 환경의 변화와 그에 따른 정당조직의 대응과 변화에 대한 서구 학계에서의 다양한 논의에도 불구하고 우리나라에서 이에 대한 논의는 그다지 활발하지 않았다. 대체로 캐츠와 메이어가 논의한 네 가지 정당 형태를 토대로 한 연구, 그리고 여기에 (전형화한) 미국형 정당조직에 대한 논의가 그동안 우리나라 정당연구의 대부분을 차지해왔다.

물론 우리 학계에서도 한국 정당의 특성을 앞서 지적한 네 가지 '도식적' 모델로부터 벗어나 평가하려고 한 시도가 없지 않았다. 심지연·김민전(2006)은 당시 한국의 정당조직이 '포스트 카르텔형' 정당의 특성을 지니고 있다고 보았다. 카르텔이라는 폐쇄적인 구조는 유지되고 있지만, 국민참여경선 등 참여 확대를 위한 시도가 이뤄지고 있다는 점에 주목하여 이를 포스트 카르텔로 명명했다. 장훈(2009)은 한국의 정당정치가 '계승형 카르텔정당'에서 '유목형 정당정치'로 변화하고 있다고 주장했는데, 이러한 시도들은 그동안 우리 정당정치를 설명해온 개념적 틀의 협소함을 벗어나게 하는 것이라는 점에서 그 의미가 적지 않다고 생각된다. 그러나 이러한 개념이 한국적 특수성이나 일시적 상황에 대한 묘사를 넘어서 보다 보편적 틀 속에서 개념화하려는 작업으로 진행될 수 있다면 더욱 바람직할 것이다.

이런 문제점과 관련하여 지적하고 싶은 것은 최근 우리 학계에서 논의되는 '원내 정당'이라는 용어의 문제이다. 그동안 원내 정당이라는 표현은 우리나라 정당 개혁과 관련하여 대중정당 모델에 대한 대안적 모델로 제시되었다. 즉 원내 정당 모델은 대중정당 모델에 대한 대비어가 되었다. 그 이후 정당 개혁에 대한 논의에서도 이러한 대중정당 대 원내 정당의 이분법적 구분이 자주 사용되었다(예컨대 강원택, 2008: 70~74). 그러나 과연 원내 정당이라는 용어가 대중정당에 대비되는 정당의 조직적 특성을 표현하는 보편적인 개념으로 사용될 수 있을 것인가에 대해서는 의문을 제기할 수 있을 것 같다.

우선 지적해볼 수 있는 점은 원내 정당의 반대 개념은 원외 정당이 되어야 하고, 대중정당의 반대 개념은 간부(엘리트)정당이 되어야 한다는 점이다. 원외 정당이 대중정당과 동일한 개념이고, 원내 정당이 간부정당과 대체로 유사한 개념이라고 한다면 이러한 대비로 인한 개념적 혼란의 문제는 해결될 수 있을 것이다. 그러나 원내 정당과 대중정당이라는 용어는 서로가 전제로 하는 분석의 단위나 수준이 다르다고 할 수 있다. 원내 정당이라는 용어는 정당 자체의 조직적 속성보다 의회 정치와의 연관성을 강조하는 의미로 보인다. 즉 일체감을 가진 조직으로서의 정당의 특성보다 의원들의 역할, 자율성 등을 강조하는 '정부 내 정당'이라는 기능적 속성이 강조된 것이다. 또한 엄격한 개념적 틀에서 제시된 개념이기보다 실천적 의미, 즉 당 소속 의원들의 자율성과 독립성을 강조하는 정당 개혁이라는 '실천'을 염두에 둔 용어인 듯하다. 다시 말해 대중정당, 포괄정당 등의 용어는 현실적으로 존재하는 정당의 조직적 특성에 주목한 것에 비해 원내 정당의 개념은 정치 개혁이라는 실천적 시각의 차원에서 나아가야 할 조직의 방향을 제시한 것으로 보인다. 대중정당을 포함한 다른 정당조직 개념이 현실 여건의 변화에 따른 정당의 '주도적 대응'의 결과로 생겨난 것임에 비해, 원내 정당은 규범적 차원에서 제시된 이론적 조직 형태라는 특성이 강해 보인다.

그런 점에서 과연 대중정당 개념에 대비되는 형태로 원내 정당이라는 것이 적절한 개념적 용어인지 생각해볼 필요가 있다. 원내 정당론은 정당조직과 관련해서는 변형된 형태의 간부정당적 속성, 그리고 유권자와의 관계에서는 파네비안코(Angelo Panebianco)가 말하는 선거・전문가 정당적 속성을 강조하는 것으로 봐야 할 것 같다. 따라서 원내 정당이라는 용어 대신, 마치 쿨이 '현대적 간부정당'이라는 개념을 만들었던 것처럼, 그 조직적 특성을 정당연구의 흐름 속에서 자리매김할 수 있는 새로운 용어의 마련이 필요할 것으로 생각된다. 이 역시 앞서 지적한 대로 우리나라의 정당연구를 보다 다양하고 풍부한 개념적 틀에 의해 설명해야 한다는 문제의식과 연관이 있는 것이다. 원내 정당의 개념이 적절한 것이라고 하더라도 대중정당에 대비되는 개념으로서만 논의되는 것은 그 설명력에 한계가 있을 수밖에 없을 것이다.

3. 한국 정당정치 연구의 새로운 도전

지금까지 논의한 대로 그동안의 한국 정당연구는 서구에서 개발된 이론적 틀이나 모델을 수용하여 이를 통해 한국적 현상을 설명하고자 하는 많은 학문적 노력을 이뤄왔다. 이러한 시도는 한국 정당정치 연구의 보편성과 비교가능성을 높이고 보다 '객관적인' 틀 속에서 현상을 이해하고 속성을 평가할 수 있게 해준다는 점에서 그 의미는 결코 작다고 할 수 없다. 그러나 이에 비해 한국 정치에서 나타난 독특하고 고유한 현상에 대한 이론화 작업이나 모델링의 시도는 상대적으로 그다지 활발했다고 보기 어렵다. 즉 서구 정당과의 외형적인 유사성으로부터 한국 정당정치를 설명하려는 노력은 있었지만 한국 사회 내부의 고유한 문제로부터 보편적인 속성을 찾으려는 시도는 많지 않았다는 것이다.

한국 정당정치는 서구의 오래된 민주주의 국가는 물론이고 이른바 민주화의 제 3의 물결을 타고 등장한 다른 신생 민주주의 국가와도 상이한 경험을 하고 있다. 한국 정당정치의 가장 큰 문제점은 현상적으로 본다면 시민사회와 국가를 연계해주는 매개체로서 정당의 역할이 커다란 도전에 직면해 있다는 점이다. 그러나 사실 이런 문제점은 비단 우리나라만의 특수한 현상은 아니다. 앞에서 본 대로 포괄정당이나 카르텔정당 모델 모두 이러한 정당의 기능적 약화에 대한 서구 정당의 조직적 대응의 결과로 볼 수 있기 때문이다. 오히려 우리나라에서 주목해야 할 점은 결과로서의 정당 약화보다 그 원인에 대한 것이다. 오늘날 정당정치의 약화와 관련한 우리의 특수한 조건(혹은 도전)은 크게 두 가지로 정리해볼 수 있다.

첫째는 정보화 사회에서 나타나는 새로운 정치 참여 방식의 등장이다. 인터넷은 우리 사회에서 정치 참여의 양식을 크게 바꿔놓았다. 과거처럼 국가와 시민사회를 연계해주는 중간 매개 기구를 통하는 대신 개별 시민이 직접 국가와 접할 수 있고 보다 효율적 접촉을 가능하게 하는 연결의 창구가 생겨난 것이다. 이 때문에 인터넷을 통한 정치 참여가 기존의 전통적인 정치 기구를 통하는 것보다 더 선호되는 방식이 되었다. 즉 인터넷의 등장은 이제 시민사회가 정치적 매개 조직 없이 자발적으로 결집하고 행동할 수 있는 도구를 갖추었다는 것을 의미한다.

실제로 2002년의 미군 장갑차 사건 촛불시위, 노사모와 같은 대통령 후보자 지지자 결집, 2008년 미국 쇠고기 수입 관련 촛불시위 등 중요한 정치적 사건을 맞이할 때마다 정치적 집단을 조직하고 이끌었던 것은 정당이 아니라 인터넷 공간이었다. 2008년 쇠고기 수입 촛불집회에서 여실히 드러난 대로 정당은 주도적 역할을 잃었을 뿐만 아니라 정치집회 참여자들로부터도 외면 받았다. 김용호(2008: 70)가 "노사모와 같은 네티즌 정치 집단에게 정당과 같은 역할을 부여하여 국민의 대표 기능을 담당할 수 있도록 공직을 맡기고 정치적 책임을 물을 수 있는 제도가 가능한지 토론해보아야 한다"고 지적한 것은 현재 한국 정당이 정치과정에서 이익의 결집 및 표출 기능과 관련하여 얼마나 심각한 위기에 놓여 있는지를 역설적으로 잘 보여준다. 여기서 지적하고 싶은 점은 한국 정당의 조직적 특성을 설명하고 유형화하기 위해서는 이러한 위기의 속성이 그 설명 속에 반영되어야 한다는 점이다. 그러나 인터넷의 등장이 어디에서나 이와 같이 정당정치의 기반을 약화시키는 기능을 하는 것은 아니다. 정당정치가 확립된 서구 민주주의 국가에서는 인터넷의 등장이 반드시 정당의 기능을 약화시키지는 않았다(Smith, 1998; Gibson & Ward, 1998). 그러나 우리나라에서 인터넷의 등장은 정치권 전반에 대한 만연한 불신과 혐오감으로 인해 더욱 정당정치에 거리감을 두는 계기를 마련했다. 이러한 사실은 인터넷이 취약한 한국 정당정치의 기반을 더욱 약화시킴을 보여주는 것이다.

두 번째는 정당의 시민사회와의 '구조적, 조직적 연계'가 최근 들어 더 취약해졌다는 점이다. 사실 한국 정당의 시민사회에의 침투가 약하다는 것은 새로운 사실은 아닐 것이다. 한국 정당들이 "사회구조적인 갈등이나 정치균열을 기반으로 하는 지지층과 정당 간의 연계가 강하지 못하다"(주인석, 2009: 20)는 점은 기존 연구에서 종종 지적되어온 사실이다. 그러나 민주화 이후 적어도 선거 수준에서 지역주의는 효과적으로 정당과 유권자를 연결하는 고리로 작용해왔다. 규범적인 차원에서 지역주의를 비판할 수는 있겠지만, 다수의 유권자들이 출신 지역을 대표하는 '우리 정당, 내 정당'과의 일체감이나 연대감을 지니고 있었다. 지역주의를 통한 연계가 구조적 요인뿐만 아니라 특정 인물에 대한 충성심이라는 점에서 '제도화'(*institutionalization*)의 수준은 낮다고 할 수 있겠지만, 그 속에서도 일정한 정도의 정치적 연계는 분명히 존재했다고 말할 수 있다. 한국 정당은 서유럽 정당에서와 같이 계급적 정체성에 기반한 것도 아니고 당원으로 가입하여 당비를 내고 활동하는 '대중정당'과 같은 조직적 특성을 지닌 것도 아니었지만, 지역이라는 균열 축 위에서 강한 정치적 일체감을 유지하면서 안정적이고 지속적인 정당 지지의 패턴(*alignment*)을 형성해왔다. 즉 당원 중심의 정당이었다고 할 수는 없지만, 정당들은 매우 강력한 충성심과 지지도를 갖는 안정적인 지지자들을 확보하고 있었다.

하지만 3김의 정치적 퇴장 이후 이들 정당과 유권자 간의 연계는 급격히 약화되는 것으로 보인다. 선거 수준에서도 지역주의의 강도나 범위에서 변화가 감지된다(예컨대, 강원택, 2009). 최근 더욱 두드러지게 나타나는 정당 충성심의 약화, 무당파 유권자의 증가, 정치적 효능감의 약화 등은 바로 이러한 지역주의의 퇴조 속에서 정당과 유권자 간의 '구조적 연계'가 취약해지고 있음을 보여주는 예가 될 수 있다. 서유럽에서 정당정치의 위기가 산업구조의 변화나 경제적 풍요 등으로 인한 계급의식의 약화에서 기인한 것이었다면, 최근 우리나라에서 나타나는 정당정치의 위기는 지역주의 균열의 퇴조에도 불구하고 이를 대신할 새로운 정치적 균열이 확고히 자리 잡지 못한 데서 비롯된 것으로 볼 수도 있다. 정치 이념이 지역주의를 대신하여 그 영향력을 확대해가고 있지만, 우리나라에서의 이념 갈등은 계급성과 같은 구체적인 이해관계에 기반한 것이라기보다 추상적이고 가치 지향적 속성을 지닌 이데올로기를 반영하는 것이라는 점에서 지역주의만큼 정당과 유권자 간의 강력한 연계를 만들어내기는 어려울 것으로 보인다. 즉 여기서 강조하고 싶은 점은 외형상 현재 우리 사회에서 나타나는 정당정치의 약화가 서구 정당정치에서 나타나는 현상과 유사하지만 그 기원과 속성에서는 적지 않은 차이를 보인다는 점이다. 정당과 시민사회의 연계의 특성 역시 당원보다는 충성스러운 지지자와의 관계가 더욱 중요했다는 점도 서구 정당정치와 구분되는 점이다.

이러한 '구조적, 조직적 연계'의 약화라는 환경 속에 추구된 정당 개방화의 노력이 공직후보 선출에서 여론조사의 확대 도입으로 이어지면서 정당정치는 더욱 그 기반을 잃고 있다. 여론조사에 대한 의존은 근본적으로 정당 내부보다 정당 외부에서 높은 지지를 받는 인물을 선호하는 것이므로, 정치 엘리트의 육성과 충원이라는 정당의 기능은 이제 더욱 더 위축될 수밖에 없다. 또한 정당에 대한 불신이 팽배한 상황이라면 정당 외부에 머물다가 공직 후보 선출 시기에 참여하는 것이 보다 유리한 상황을 만들어낼 수 있으므로 정당정치는 그만큼 더 취약해질 수밖에 없다. 그리고 이런 추세는 대중의 환심을 얻어내려는 포퓰리스트 정치인의 등장을 부를 수 있는 위험성도 높이게 된다.

이런 점에서 볼 때 한국 정당정치가 직면한 위기는 서구 민주주의와는 다소 다른 특징을 지닌다고 할 수 있다. 우리나라에서는 대중정당의 약화가 아니라 인터넷을 통한 직접 참여가 시민사회와 국가를 연계하는 정당의 기능 약화로 이어졌고, 계급성의 약화보다는 지역주의의 퇴조 조짐이 정당과 지지자 간의 연계의 약화를 초래한 것이다. 따라서 결과적으로 유사한 현상을 보인다고 하더라도 우리 정당정치에 특징적인 현실과 변화의 원인에 대한 인식이 전제되어야만 한국 정당을 설명하는 보다 건실한 이론적 논의가 가능할 것으로 보인다.

4. 결론

지금까지 기존 한국 정당정치 연구에서 나타난 경향을 몇 가지 점에서 비판적으로 검토해보았다. 사실 한국 정당정치 연구는 쉽게 풀기 어려운 퍼즐과 같다. '비동시적인 것의 동시적 존재'라는 특성은 우리 정당정치에도 적용될 수 있다. 이 때문에 하나의 정형화된 유형으로 우리 정당정치를 바라보는 것이 어렵다. "한국 정당은 여전히 유동적이며 무정형의 정당으로 대중정당, 포괄정당, 카르텔정당, 선거 전문가 정당의 요소를 모두 조금씩 가진 잡동사니(*hodge-podge party*)에 불과하다"(김용호, 2008: 74)는 표현 역시 이러한 특성을 지적한 것으로 보인다.

그동안 정당연구에서 시도된 바처럼 서구적 틀 속에서 한국 정당정치의 보편성을 찾아내려는 기존의 연구 성과는 나름대로 적지 않은 의미를 찾을 수 있지만, 한국 정당정치의 혼재적 속성을 고려할 때 그러한 수준을 넘어서는 새로운 학문적 노력이 필요한 시점이 되었다. 특히 서구와의 비교 가능성, 보편적 발전 과정에 대한 주목이 너무 경직된 해석으로 이어지거나 지나치게 일반론적인 논의로 흐르는 경우도 적지 않았다. 이런 경향을 극복하고 보다 유연하고 다원적인 개념의 정립, 그리고 새로운 개념적 틀을 만들어내려는 노력이 필요하다.

이른바 '민주화의 제 3의 물결' 이후 정당을 핵심적 기제로 하는 대의제 민주주의는 이제 전 세계적으로 보편적인 정치체제가 되었다. 그런 만큼 서유럽과 미국 등 '민주화의 제 2의 물결'을 탄 국가들과 상이한 정당정치의 변화 발전 과정을 겪는 많은 경험적 사례가 등장하였다. 우리나라의 정당정치를 규정하고 유형화하기 위해서는 오히려 이와 같이 유사한 역사적 경험을 공유하는 아시아, 중·동유럽이나 라틴아메리카 국가 정당정치의 유형과 특성의 변화에 주목하는 것이 더 중요할 수 있다. 정당정치 연구에서 기존의 이른바 '선진 민주주의' 국가의 변화 양상에 기초한 학문적 참조 범주를 넘어서는 발상의 전환이 필요한 시점이라고 생각된다.

참고문헌

강명세(2006), 《한국의 노동시장과 정치시장》, 백산서당.

강원택(2009), "지역주의는 변화했을까: 2007년 대통령 선거와 지역주의", 이현우·권혁용 편, 《변화하는 한국 유권자 2: 패널조사를 통해 본 2007 대선》, 동아시아연구원, 65~93.

______(2008), "민주화 20년의 정당정치: 평가와 과제", 〈경제와 사회〉 74호, 66~83.

______(2007), 《인터넷과 한국정치: 정당정치에 대한 도전과 변화》, 집문당.

______(2003), 《한국의 선거정치: 이념, 지역, 계급과 미디어》, 인간사랑.

곽진영(2008), "비교정치: 정당정치", 한국정치학회 편, 《정치학 이해의 길잡이: 정치과정》, 법문사, 128~165.

김수진(2008), 《한국 민주주의와 정당정치》, 백산서당.

김용호(2008), "한국 정당연구의 학문적 정체성 확립을 위한 성찰", 〈한국정당학회보〉 7권 2호, 65~82.

박찬욱 · 장 훈(2005), "정당과 선거", 김세균 · 박찬욱 · 백창재 편, 《정치학의 대상과 방법》, 박영사, 303~345.

박찬표(2003), "한국 '정당 민주화론'의 반성적 성찰: '정당 민주화'인가 '탈정당'인가?", 〈사회과학연구〉 11호, 137~164.

심지연(2004), 《한국정당정치사: 위기와 통합의 정치》, 백산서당.

심지연 · 김민전(2006), 《한국정치제도의 진화경로》, 백산서당.

이갑윤 · 이현우(2008), "이념투표의 영향력 분석: 이념의 구성, 측정 그리고 의미", 〈현대정치연구〉 1권 1호, 137~168.

장 훈(2009), "민주화 20년의 정당정치: 회색 지대 속의 현실과 이론의 전개", 〈한국과 국제정치〉 25권 1호, 1~31.

정진민(2008), 《한국의 정당정치와 대통령제 민주주의》, 인간사랑.

주인석(2009), "한국 정당 발전의 유형화에 대한 비판적 검토: 조직 변화의 실제와 개혁방안 간의 모순", 〈한국정당학회보〉 8권 1호, 5~36.

채진원(2009), "원내 정당 모델의 명료화: 포괄정당-선거전문가 정당과의 차이점", 한국정치학회 춘계학술회의 발표논문.

최장집(2003), 《민주화 이후의 민주주의: 한국 민주주의의 보수적 기원과 위기》, 후마니타스.

Carty, K. (2002), "Canada's Nineteenth-Century Cadre Party at the Millennium", in P. Webb, D. Farrell & I. Holliday(eds.), *Political parties in Advanced Industrial Democracies*, Oxford: Oxford University Press, 345~378.

Duverger, M. (1954), *Political Parties: Their Organization and Activity in the Modern State*, translated by North and North, 3rd ed, London: Metheun & Co.

Epstein, L. (2000), *Political Parties in Western Democracies*, New Brunswick: Transaction Publishers.

Gibson, R. & S. Ward(1998), "UK Political Parties and the Internet:

Politics as Usual in the New Media", *Harvard International Journal of Press/Politics*, 3(3), 14~38.

Hopkin, J. & C. Paolucci(1999), "The Business Firm Model of Party Organization: Cases from Spain and Italy", *European Journal of Political Research*, 35, 307~339.

Katz, R. & P. Mair(1995), "Changing Models of Party Organization and Party Democracy: The Emergence of the Cartel Party", *Party Politics*, 1(1), 5~28.

Kim, H. M., J. Y. Choi & J. Cho(2008), "Changing Cleavage Structures in New Democracies: An Empirical Analysis of Political Cleavages in Korea", *Electoral Studies*, 27, 136~150.

Kirchheimer, O.(1966), "The Transformation of the Western European Party Systems", in J. LaPalombara & M. Weiner(eds.), *Political Parties and Political Development*, Princeton: Princeton University Press, 177~200.

Koole, R.(1996), "Cadre, Catch-all or Cartel? A Comment on the Notion of the Cartel Party", *Party Politics*, 2(4), 507~523.

______(1994), "The Vulnerability of the Modern Cadre Party in the Netherlands", in R. Katz & P. Mair(eds.), *How Parties Organize: Change and Adaptation in party Organizations in Western Democracies*, London: Sage, 278~303.

Kwak, J. Y.(2003), "The Party-State Liaison in Korea: Searching for Evidence of the Cartelized System", *Asian Perspective*, 27(1), 109~135.

Neumann, S.(1956), "Toward a Comparative Study of Political Parties", in S. Neumann(ed.), *Modern Political Parties: Approaches to Comparative Politics*, Chicago: The University of Chicago Press.

Panebianco, A.(1988), *Political Parties: Organization and Power*, Cambridge: Cambridge University Press.

Smith, C.(1998), "Political Parties in the Information Age: From Mass Party to Leadership Organization?", in Snellen & van de Donk (eds.), *Public Administration in an Information Age*, Amsterdam: IOS Press.

찾아보기

ㄱ

ㄴ~ㄷ

ㅁ～ㅂ

ㅅ

ㅇ

ㅈ

ㅊ～ㅎ

기타

인명

저자 소개

장 훈 미국 노스웨스턴대(Northwestern University) 정치학 박사
미국 민주주의재단(National Endowment for Democracy)
레이건-파셀 펠로(2005)
전 한국정당학회장
현 중앙대 정치외교학과 교수
한국의회발전연구회 이사장

김용호 미국 펜실베이니아대(University of Pennsylvania) 정치학 박사
영국 옥스퍼드대(St Antony's College) 초빙교수(1996~1997)
전 한국정당학회 회장
한국정치학회 회장
현 인하대 정치외교학과 교수

박명림 고려대 정치학 박사
고려대 아세아문제연구소 북한연구실장 및
하버드대 하버드-옌칭연구소 협동연구학자 역임
현 연세대학교 지역학 협동과정 교수

김재한 미국 로체스터대(University of Rochester) 박사
미국 후버연구소(Hoover Institution) 내셔널 펠로(2008~2009)
현 한림대 정치행정학과 교수
한국공공선택학회 회장
DMZ학술원 원장

유진숙 독일 브레멘(Bremen)대 정치학 박사
현 배재대 정치·언론학과 조교수

이현출 건국대 정치학 박사
한국학중앙연구원 초빙연구원
일본오사카시립대학 객원연구원
현 한국정당학회 회장
국회입법조사처 정치의회팀장

임성학 미국 펜실베이니아주립대(Pennsylvania State Univ.) 정치학 박사
경남대 극동연구소 객원연구원
현 서울시립대 국제관계학과 부교수
의회발전연구회 의정연구 편집위원장

장우영 건국대 정치학 박사
서강대 사회과학연구소 전임연구원
현 대구가톨릭대 정치외교학과 조교수
국회 입법조사처 조사분석지원위원
한국정당학회 연구이사

금혜성 미국 플로리다주립대(The Florida State University) 정보학 박사
숙명여대 다문화통합연구소 선임연구원
현 SBS 전문연구위원

강원택 영국 런던정경대(LSE) 정치학 박사
전 한국정당학회 회장
숭실대 정치외교학과 교수
현 서울대 정치외교학부 교수
대통령 직속 미래기획위원회 위원